任康磊 ◎ 著

绩效

管理工具

OKR、KPI、KSF、MBO、BSC

应用方法与实战案例

第2版

人民邮电出版社

北京

图书在版编目（CIP）数据

绩效管理工具：OKR、KPI、KSF、MBO、BSC 应用方法与实战案例 / 任康磊著. -- 2 版. -- 北京：人民邮电出版社，2025. -- ISBN 978-7-115-65918-7

Ⅰ. F272.5

中国国家版本馆 CIP 数据核字第 2025400WQ7 号

内 容 提 要

本书案例丰富、模板齐全、实操性强、通俗易懂。全书共8章，第1～5章分别介绍OKR、KPI、KSF、MBO、BSC绩效管理工具的用法。第6～7章主要介绍在绩效管理工具实施过程中相关的绩效管理重点程序及其常见问题。第8章介绍了AI在绩效管理中的应用。

本书适用于人力资源管理各级从业人员、企业各级管理者、备考人力资源管理师及其他人力资源管理专业相关证书的人员、各高校人力资源管理专业的教师生、需要人力资源管理实战工具书的人员，以及其他对人力资源管理工作感兴趣的人员。

◆ 著　　　　任康磊

　责任编辑　孙燕燕

　责任印制　周昇亮

◆ 人民邮电出版社出版发行　　北京市丰台区成寿寺路 11 号

　邮编　100164　电子邮件　315@ptpress.com.cn

　网址　https://www.ptpress.com.cn

　天津千鹤文化传播有限公司印刷

◆ 开本：700×1000　1/16

　印张：16.25　　　　　　　　2025 年 4 月第 2 版

　字数：273 千字　　　　　　 2025 年 4 月天津第 1 次印刷

定价：69.80 元

读者服务热线：(010)81055296　印装质量热线：(010)81055316
反盗版热线：(010)81055315

实务技能锻造精英，务实品质助力前行

有人问我，人力资源（Human Resource，HR）从业者最重要的技能是什么？

我说，是贴近业务的实操工作能力。

如果人力资源从业者的职业生涯发展是建造一座大厦，人力资源管理的实操工作能力就是这座大厦的地基。想要大厦够高，地基就要足够深厚；想要大厦牢固，地基就要足够坚实。

没有深厚坚实的地基，再宏伟的大厦也只能是空中楼阁，难以抵御外部环境变化的侵袭，甚至一碰就倒，一触即溃。

有一次我去拜访由自己常年提供管理咨询顾问服务的公司，该公司总裁张三一见面就开始不停地向我诉苦。

事情是这样的：这家公司准备推进绩效管理，于是招聘了一位人力资源高级经理李四，分管绩效管理工作。

之前，李四在竞争对手公司工作多年，有丰富的相关从业经历。面试时，他也讲得头头是道，于是就被招了进来。

李四入职后不久，张三就要求李四深入业务一线，和业务部门管理者一起探讨，为业务部门制定切实有效的绩效管理策略。

然而，李四并没有按张三的要求亲临业务现场，而是发了一封邮件，要求业务部门上报绩效管理指标。根据业务部门上报的结果，李四再结合前从业公司的做法，自行调整修改后，想当然地制定了一套绩效管理方法。

这套绩效管理方法推行下去后，引发了业务部门的诸多抱怨和强烈不满。一位业务部门负责人说，这套方法不仅没帮自己做好管理，业绩没得到提升，效率

也没得到提高，反而给自己带来了不小的负担和麻烦。

过去，就算把全部工作时间都用于业务，时间仍不够用，如今还要去"应付"人力资源管理部门的额外工作，浪费大家不少的时间。绩效管理和业务工作成了不相关的"两层皮"，绩效管理显得多余且没有意义。

张三找到李四问责，李四却不认为有什么不妥。张三质疑李四，为什么不了解实际情况后再制定更有针对性的绩效管理方法？李四却信誓旦旦地说，别的公司能用，这家公司不能用，那就说明是本公司有问题，而不是方法有问题。

张三质疑李四，难道就不能用其他方法吗？李四狡辩说，自己从业这么多年，用的都是这套方法，之前也没出过问题。

最终，张三辞掉了李四，他为自己这次失败的用人感到懊悔。

天底下的绩效管理只有一套方法吗？当然不是！

关于如何实施绩效管理，我写了3本书：关于基础方法论的有《绩效管理与量化考核从入门到精通》；关于工具应用的有《绩效管理工具：OKR、KPI、KSF、MBO、BSC应用方法与实战案例》；关于实战案例的有《薪酬绩效：考核与激励设计实战手册》。

3本书总共有约80万字的干货解析，但我仍觉得远未涵盖全部。公司的不同类型、阶段和状态，岗位的不同设计、分工和目标，叠加不同的绩效管理工具、程序和方法，能衍生出成千上万种绩效管理的实施方法。

如果人力资源从业者的实务技能不强，又不懂脚踏实地、因地制宜，只会照搬过去经验，那么用他对公司来说就是灾难。他自己的职业生涯，也将因此终结。

你有没有发现一个现象，随着市场环境的变化和组织机构的调整，中层管理者成了很多公司里非常"脆弱"的群体。公司要裁员，最先想到的往往就是裁掉一部分中层管理者。

为什么会这样呢？

因为很多人成为中层管理者之后，既没有高层的格局、眼光、信息和权力来做决策，又失去了基层的实务工作能力和务实品格，每天不接触实际工作，夹在中间，定位很尴尬。

这类人每天做得最多的事可能就是开会、写报告和做PPT，把自己变成了高层和基层间的传话筒，守着自己固有的认知不思进取，不求有功，但求无过。

当经济形势好，公司规模较大、业绩较好的时候，也许容得下这样一群人。

当经济形势发生变化，或公司开始追求人力资源效能最大化的时候，这群人就危险了。

裁掉了这类中层管理者，从事实务工作的基层员工还是照常工作，而高层的命令可以直接传达给基层员工，实现了组织扁平化，效率反而更高了。

这类中层管理者被裁之后很难再找到合适的工作，因为一线的工作不愿干，或者长时间远离一线后已经不会干了；高层的事又没接触过，也没那个能力干；最后高不成低不就，迎来了所谓"中年危机"。

这种"中年危机"，究竟是社会造成的、公司造成的，还是他们自己造成的呢？

如果中层管理者可以做到将高层的战略决策、目标和愿景转化为具体的行动计划，传达给基层员工，以身作则，榜样示范，以自身较强的实务技能带出高技能的员工，不断为公司培养人才，同时又具备务实的态度，能保障计划执行、推进任务进度，打造出高绩效团队，这样的中层管理者，哪个公司不爱呢？

可如果像李四那样，人力资源管理的实操工作能力不强，又不思进取，不实践，不学习，只见过一条路，且只想在这一条路上走到黑，那他迎来的就只会是被淘汰。

在日新月异的商业世界中，人力资源从业者作为连接组织业务与全体员工的重要桥梁，不仅要具备足够的理论知识，更要贴近实务，为公司创造实实在在的价值。千万不要"飘在空中"，自己把自己的职业道路堵上了。

人力资源管理是一门实践艺术。出版"HR技能提升系列"的目的就是为人力资源从业者提供实务技能的参考和指导。

这套书经过时间的检验，已经成为中国人力资源管理品类较为畅销的经典套系，成为各大公司人力资源从业者案头必备的工具书，并被选为许多高校的教材。

实务意味着贴近业务，拒绝空谈理论；务实意味着注重实际，反对华而不实。

一个拥有丰富的实务技能，同时又拥有务实品格的人力资源从业者能让自己立于不败之地，成为公司不可或缺的人才。

前　言

不知道从什么时候开始流传着这样的说法——目标与关键成果（Objectives and Key Results，OKR）比关键绩效指标（Key Performance Indicator，KPI）更先进，或者 KPI 已经过时了，是 20 世纪的产物，OKR 才是现代公司应该采用的绩效管理工具。

受这种思想的影响，很多人纷纷抛弃 KPI，投入 OKR 的怀抱，甚至有人开始大肆批评 KPI 的落后。可事实真的是这样吗？

阿里巴巴公司的主要创始人马云在湖畔大学讲领导力的时候说："什么叫领导力？领导力就是给下属制定 KPI 的能力。"马云的这句话得到了很多管理者的认同。有人说马云把领导力说得这么简单，其实并不全面，但马云实际上是在强调领导力的核心是给下属制定绩效目标，并且帮助下属提高完成目标的能力。

马云在湖畔大学的演讲中说："虽然所有人都讨厌 KPI，但没有 KPI 是不行的，我们必须设定 KPI。"马云的这句话说明了 KPI 的重要性。阿里巴巴公司内部应用的绩效管理工具正是 KPI。

小米公司的主要创始人雷军对 2016 年小米手机的销量未做硬性规定，只是表示"开心就好"。但在 2016 年时，小米手机的销量出现了问题。2017 年 1 月，雷军在小米公司年会上发表演讲，提出了销售破千亿元的指标，并确定了开零售店的计划。雷军当时表示，在未来 3 年内小米公司要开设 1 000 家小米之家。雷军提出的小米公司的目标，其实也是 KPI。

事实上，绩效管理是一种非常古老的管理方法。可以说，自从人类出现大规模的协作劳动开始，就有了绩效管理思想的雏形。例如，秦汉时期的考课制度，就是通过对官员政绩的考核来决定对官员的赏罚；商鞅变法中的赏罚制度，其本质上也是一种绩效管理制度。从古老的绩效管理制度到现代的绩效管理制度，绩效管理的本质并没有比较大的变化。

不论是 OKR 还是 KPI，其实都是绩效管理的工具，而不是绩效管理程序，其有各自的应用场景。如果能正确应用这两种工具，公司管理都不会脱离绩效管理的基本框架，也不会影响绩效管理的核心理念，更不会改变绩效管理的核心本质。

绩效管理中有 3 个关键词，分别是绩效管理工具、绩效管理程序、绩效评价方法。正是因为很多人分不清楚这 3 个关键词之间的差异，并且总是把它们混为一谈，所以才会对绩效管理产生很多误解，做不好绩效管理。

绩效管理工具、绩效管理程序和绩效评价方法之间有很强的关联性——都是为了做好绩效管理。但它们是完全不同的 3 种概念。

在绩效管理的过程中，常见的绩效管理工具包括目标管理（Management By Objective，MBO）、关键过程领域（Key Process Area，KPA）、关键成果领域（Key Result Area，KRA）、关键绩效指标（KPI）、目标与关键成果（OKR）、关键成功要素（Key Success Factors，KSF）、平衡计分卡（Balance Score Card，BSC）等。

绩效管理程序一般包括绩效指标分解、制订绩效计划、进行绩效辅导、进行绩效评价、绩效结果反馈和绩效结果应用等过程。

绩效评价方法一般包括360度评估法、关键事件法、行为锚定法、行为观察法、加权选择法、强制排序法、强制分布法等。

管理公司如烹小鲜。假如某人肚子饿了，出门买菜回来自己做饭。这时，他可以选择用电磁炉炒菜，也可以选择用天然气炒菜；可以选择用不粘锅炒菜，也可以选择用铁锅炒菜；可以选择用铁铲子炒菜，也可以选择用木头铲子炒菜。

选择什么样的炒菜工具，与当时所处的环境、个人的用餐习惯、一起用餐人员的接受程度以及成本、效率等多个因素有关。炒菜的工具确实会在一定程度上影响菜品的口味，但它不会影响炒菜的基本流程。

不论用何种炒菜工具，炒菜时都要经历洗菜、切菜、炒制、调味、装盘等一系列程序。不论用什么工具，都不会改变炒菜的最终目的——吃饱和吃好。在炒菜过程中用到的工具，就类似于在公司管理中需要用到的绩效管理工具；炒菜的流程，就类似于绩效管理程序；人们对炒菜结果的评价，就类似于绩效评价方法。

那些说 KPI 过时了、鼓吹 OKR 的人，是在主观定义两种绩效管理工具的好与坏，是把 KPI 假想或曲解成一个落后的工具。这就类似于有人说："用铁铲子炒菜已经过时了，用木头铲子炒菜才对。因为用木头铲子炒菜，炒菜的流程会更简单。而且本来用铁铲子炒不熟的菜，现在用木头铲子就炒熟了。"这种观点听起来是多么荒谬！

不论用什么锅、用什么铲子炒菜，其基本流程都差不多。绩效管理也是这个道理，不论公司用 KPI 还是 OKR，还是用更复杂的 BSC，整个绩效管理的程序和流程其实是差不多的。最能决定公司的绩效管理能否有效落地的，不是公司用的是何种绩效管理工具，而是绩效管理程序能否有效进行。

绩效管理工具没有过时与不过时之分，只有适合与不适合的区别。如果把公司所处的阶段比作相应的人生阶段，绩效管理工具不像外穿的衣服，有过时与不过时的说法，而更像是人在不同阶段看的书，不同年龄、不同阶段的人会看不同的书。对某些人来说已经不需要看的书，可能对处在另外一个阶段的人来说却是需要的。

针对绩效管理过程中不同绩效管理工具的应用，笔者总结了 5 种常见的方法。笔者针对这 5 种常见的绩效管理工具的应用方法，以实战为基础，以解决问题为导向，总结出其功能、应用技巧、在实施过程中的常见问题，并结合实战案例编写了本书。

读者通过了解不同绩效管理工具的用法，能够对绩效管理有更全面的认识，能够学会选择适合自己的绩效管理工具并加以应用。

为了便于读者理解，本书解析 5 种绩效管理工具时采用功能介绍、应用方法和实战案例的 3 段结构。书中的内容不仅有"是什么""为什么"，还有更多的内容讲解"如何做"以及"如何做得更好"。

随着人工智能（Artificial Intelligence，AI）技术的飞速发展，其已经在公司管理各个领域中得到广泛应用。在人力资源管理的绩效管理方面，AI 技术也正在发挥重要作用。

通过应用 AI 技术，绩效管理工作将变得更加科学和智能。人们利用数据和算法可实现高效决策，帮助公司提高效率、降低成本并优化人才策略。目前，AI 在绩效管理中的应用主要涵盖辅助绩效评估、制定绩效提升方案和预防绩效问题。

为此，本书顺应时代需要，新增了"AI 在绩效管理中的应用"一章，期望通过介绍、解析相关应用和案例，帮助读者学习、理解和应用 AI。

此外，为保证书中内容与时俱进，本次修订根据最新的法律法规做了相应修改；同时还修正了个别错误和表达方式。

本书包含大量的实操工具、实操方法及实操案例，可以帮助读者更系统、更完整地学习和提升绩效管理实操技能。希望本书能够持续为各位读者的绩效管理实践提供帮助。

如有更多人力资源管理和团队管理的学习需求，欢迎关注任康磊的其他人力资源管理系列和团队管理系列图书、线上课、线下课和社群。

最有效的学习是通过解决问题来学习。建议读者拿到本书后，不要马上开始从头阅读，而是先带着问题，根据公司当前的具体情况，选择最薄弱的环节，查找本书中对类似问题的解析和操作方法，思考、制定、实施和复盘解决方案。

当具体问题得到缓解之后，读者可以由问题点切入，查找知识点；由知识点延伸，找到流程线；由流程线拓展，发现操作面；由操作面升华，全面掌握整个绩效管理体系的实施方法。这时再从整个体系的角度，自上而下地看问题，又会有新的、更深刻的认识。

祝读者能够学以致用，更好地将相关知识、技巧应用在工作中。

本书难免有不足之处，欢迎读者批评指正。

⚙ 本书特色

1. 通俗易懂、案例丰富

读者拿到本书后能够看得懂、学得会、用得上。本书不仅知识点全面，而且包含丰富的实战案例，有利于读者快速掌握5种常见绩效管理工具的操作方法。

2. 易于操作、轻松上手

本书不仅拆解、分析了5种绩效管理工具的实施原理，还为绩效管理工具的实施提供了可复制的方法。这些方法清晰明确、易于操作，经验不足的人力资源从业者也可以轻松上手操作。

3. 上手迅速、模板齐全

本书把大量复杂的理念转变成能在工作中直接应用的、简单的工具和方法，并把这些工具和方法可视化、流程化、步骤化、模板化。

4. 知识点足、实操性强

本书有超过140张图表，所有知识点的选择都立足于解决工作中的实际问题。阅读本书，读者可以更快速地学会绩效管理工具的应用方法。

⚙ 本书内容及体系结构

本书分析了 5 种常见绩效管理工具的用法，通过对这 5 种绩效管理工具的拆解和分析，形成可复制、可操作的工具和方法，并结合大量实战应用案例，提示读者在应用过程中可能存在的潜在风险或应注意的事项，帮助读者快速掌握这 5 种常见绩效管理工具的用法。

本书的主要内容结构如下。

第 1 章　OKR 的用法。本章的主要内容包括 OKR 的实施逻辑、组成要素、优点和缺点、使用场景、设计步骤、指标设计维度、关键成果落地方法、实施步骤、实施周期选择、结果反馈方法、对管理者的要求、结果评价方法、结果应用方法，以及 OKR 在不同公司、不同岗位的实际应用案例。

第 2 章　KPI 的用法。本章的主要内容包括 KPI 的实施逻辑、组成要素、应用场景、优点和缺点、分类、分解流程、顶层分解、分解结构、权重设计、考核周期设计、结果评价方法、结果改进方法、结果应用方法，以及某制造业上市公司应用 KPI 的案例。

第 3 章　KSF 的用法。本章的主要内容包括 KSF 的实施逻辑、组成要素、应用场景、优点和缺点、操作流程、指标设计、指标选择、目标设计、权重设计、奖罚设计、考核周期、注意事项、法律风险，以及 KSF 在不同公司、不同岗位的实际应用案例。

第 4 章　MBO 的用法。本章的主要内容包括 MBO 的实施逻辑、组成要素、应用特点、使用场景、岗位目标设计方法、岗位目标周期设计、层级目标分解方法、层级目标设计方法、层级目标关注重点、平行分解目标的方法、目标设计的 4 类角色、总结和计划的 6 个步骤、目标评估改进方法，以及某零售业上市公司应用 MBO 的案例。

第 5 章　BSC 的用法。本章的主要内容包括 BSC 的实施逻辑、组成要素、应用特点、使用场景、战略地图法、指标分层设计、常见指标库、指标分解工具、目标分解法、部门指标分解、绩效实施计划、问题分析方法，以及某大型跨国外资公司应用 BSC 的案例。

第 6 章　绩效管理程序。本章的主要内容包括在选定绩效管理工具之后，在绩效管理落地实施过程中，绩效管理程序经常出现问题的 3 个环节中涉及的相关知识：绩效计划沟通环节的内容、基本流程、注意事项；绩效辅导环节的阶段、程序、适合的人群和步骤；绩效诊断环节的实用工具、具体步骤、实施案例和注意事项。

第7章　绩效管理工具实施常见问题解析。本章的主要内容包括在绩效管理工具落地实施的过程中，经常会发生的10个实际问题，其中包括绩效指标设置环节的问题、绩效管理实施效果的问题、绩效过程管控的问题、绩效评价相关的问题及绩效管理实施环节一些异常状况的处理问题等。本章会对这10个实际问题进行解析，并提供解决方法。

第8章　AI在绩效管理中的应用。本章的主要内容包括如何将AI技术应用在绩效管理中，从而帮助公司高效地实施绩效管理，其中包括利用AI制定绩效考核标准、实现绩效评估透明公正、分析绩效评估报告、帮助员工技能成长、提供绩效改进建议、助力团队整体发展、可视化绩效评估报告、应用绩效预测模型和发现绩效问题等。

⚙ 本书读者对象

人力资源管理各级从业人员；

分管人力资源管理各模块的专员、主管、经理、总监、副总经理；

公司各级管理者；

备考人力资源管理师及其他人力资源管理专业相关证书的人员；

各高校需要人力资源管理实操教材的教师或学生；

需要人力资源管理实战工具书的人员；

其他对人力资源管理工作感兴趣的人员。

目 录

第 1 章

OKR 的用法

目标与关键成果（Objectives and Key Results，OKR）的创始人是英特尔公司（Intel Corporation）前 CEO 安迪·S. 格鲁夫（Andrew S. Grove）。在 1976 年左右，英特尔公司面临从存储器业务到处理器业务的转型，格鲁夫为了让公司全体员工都明确工作重心，提出了高产出管理（High Output Management，HOM），开始在公司内部推行 OKR。

1.1 OKR 功能介绍

OKR 把公司、团队和岗位的绩效成果分成 O（Objective，目标）和 KR（Key Result，关键成果）两个部分。通过岗位 OKR 的达成保证团队 OKR 的达成，通过团队 OKR 的达成保证公司 OKR 的达成，从而达成公司的目标，实现公司的战略。

1.1.1 OKR 的实施逻辑

甲骨文公司（Oracle）在英特尔公司实施 OKR 的同一时期也实施过类似 OKR 的绩效管理工具。1999 年，谷歌公司（Google）成功实施了 OKR。看到谷歌公司成功实施了 OKR，领英公司（LinkedIn）、脸书公司（Facebook）、Zynga 公司（主营业务为社交游戏）等也相继开始实施 OKR。后来，谷歌在其投资的所有公司中都实施了 OKR，并专门对员工进行了 OKR 绩效管理系统的培训。

OKR 多应用在与互联网相关的行业。我国也有很多互联网公司应用 OKR，如字节跳动公司（主要产品为今日头条、抖音等）、百度公司和知乎公司。不论国内或国外，目前来看，OKR 在传统行业成功应用的案例较少。

OKR 的整体应用逻辑如图 1-1 所示。

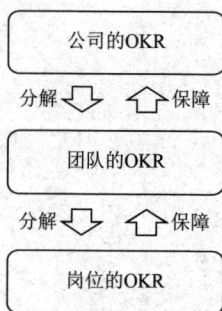

图 1-1 OKR 的整体应用逻辑

OKR 通过自上而下的目标分解和自下而上的目标保障，最终保证实现公司的目标。在 OKR 中，目标制定的顺序是自上而下的，目标达成的方向是自下而上的。OKR 目标制定的过程强调上级和下级的沟通。下级的目标应当在与上级充分沟通的情况下完成设计。

举例

某互联网电商公司采用 OKR 作为绩效管理工具，以月度为单位实施 OKR 的操作与复盘。

某互联网电商公司制定的公司层面的 OKR 如表 1-1 所示。

表 1-1　某互联网电商公司制定的公司层面的 OKR

O 序号	O 内容	O 权重	KRs 序号	KRs 内容	KRs 权重
O1	本月销售目标达到 100 万元	60%	KR1	0～10 天，销售目标达成 32 万元	32%
				11～20 天，销售目标达成 32 万元	32%
				21～31 天，销售目标达成 36 万元	36%
O2	本店访问量超过 5 万人次	20%	KR2	0～10 天，访问量达成 1.6 万人次	32%
				11～20 天，访问量达成 1.6 万人次	32%
				21～31 天，访问量达成 1.8 万人次	36%
O3	推出 4 款新产品	20%	KR3	0～7 天，推出 1 款新产品	25%
				8～14 天，推出 1 款新产品	25%
				15～21 天，推出 1 款新产品	25%
				22～31 天，推出 1 款新产品	25%

销售团队根据公司层面的 OKR 制定的销售团队的 OKR 如表 1-2 所示。

表 1-2　某互联网电商公司制定的销售团队的 OKR

O 序号	O 内容	O 权重	KRs 序号	KRs 内容	KRs 权重
O1	本月销售目标达到 100 万元	60%	KR1	0～10 天，销售目标达成 32 万元	32%
				11～20 天，销售目标达成 32 万元	32%
				21～31 天，销售目标达成 36 万元	36%
O2	投放流量广告，获得超过 50 万次的阅读量	20%	KR2	0～10 天，阅读量目标达成 16 万次	32%
				11～20 天，阅读量目标达成 16 万次	32%
				21～31 天，阅读量目标达成 18 万次	36%
O3	实施 4 次营销活动	20%	KR3	0～7 天，实施 A 营销活动	25%
				8～14 天，实施 B 营销活动	25%
				15～21 天，实施 C 营销活动	25%
				22～31 天，实施 D 营销活动	25%

采购团队根据公司层面的 OKR 制定的采购团队的 OKR 如表 1-3 所示。

表 1-3　某互联网电商公司制定的采购团队的 OKR

O 序号	O 内容	O 权重	KRs 序号	KRs 内容	KRs 权重
O1	推出 4 款符合公司网店销售特点和毛利率要求的新产品	40%	KR1	0～7 天，推出新产品 A	25%
				8～14 天，推出新产品 B	25%
				15～21 天，推出新产品 C	25%
				22～31 天，推出新产品 D	25%
O2	寻找 40 款符合公司网店销售特点和毛利率要求的备选新产品	40%	KR2	0～7 天，寻找 10 款备选新产品	25%
				8～14 天，寻找 10 款备选新产品	25%
				15～21 天，寻找 10 款备选新产品	25%
				22～31 天，寻找 10 款备选新产品	25%
O3	配合营销活动，获取新产品供应商的支持	20%	KR3	0～7 天，获得新产品 A 供应商的支持	25%
				8～14 天，获得新产品 B 供应商的支持	25%
				15～21 天，获得新产品 C 供应商的支持	25%
				22～31 天，获得新产品 D 供应商的支持	25%

销售团队中的网店宣传岗位根据公司层面的 OKR 和销售团队的 OKR 制定的本岗位的 OKR 如表 1-4 所示。

表 1-4　某互联网电商公司制定的网店宣传岗位的 OKR

O 序号	O 内容	O 权重	KRs 序号	KRs 内容	KRs 权重
O1	本店访问量超过 5 万人次	40%	KR1	0～10 天，访问量达成 1.6 万人次	32%
				11～20 天，访问量达成 1.6 万人次	32%
				21～31 天，访问量达成 1.8 万人次	36%
O2	投放流量广告，获得超过 50 万次的阅读量	40%	KR2	0～10 天，阅读目标达成 16 万次	32%
				11～20 天，阅读目标达成 16 万次	32%
				21～31 天，阅读目标达成 18 万次	36%
O3	实施 4 次营销活动	20%	KR3	0～7 天，实施 A 营销活动	25%
				8～14 天，实施 B 营销活动	25%
				15～21 天，实施 C 营销活动	25%
				22～31 天，实施 D 营销活动	25%

销售团队中的采购品类经理岗位根据公司层面的 OKR 和采购团队的 OKR 制定的本岗位的 OKR 如表 1-5 所示。

表 1-5　某互联网电商公司制定的采购品类经理岗位的 OKR

O 序号	O 内容	O 权重	KRs 序号	KRs 内容	KRs 权重
O1	寻找 40 款符合公司网店销售特点和毛利率要求的备选新产品	40%	KR1	0 ~ 7 天，寻找 10 款备选新产品	25%
				8 ~ 14 天，寻找 10 款备选新产品	25%
				15 ~ 21 天，寻找 10 款备选新产品	25%
				22 ~ 31 天，寻找 10 款备选新产品	25%
O2	寻找 8 个优质供应商，比较新产品的性价比	30%	KR2	0 ~ 7 天，寻找 2 个优质供应商	25%
				8 ~ 14 天，寻找 2 个优质供应商	25%
				15 ~ 21 天，寻找 2 个优质供应商	25%
				22 ~ 31 天，寻找 2 个优质供应商	25%
O3	配合营销活动，获取新产品供应商的支持	30%	KR3	0 ~ 7 天，获得新产品 A 供应商的支持	25%
				8 ~ 14 天，获得新产品 B 供应商的支持	25%
				15 ~ 21 天，获得新产品 C 供应商的支持	25%
				22 ~ 31 天，获得新产品 D 供应商的支持	25%

除了销售团队、采购团队、网店宣传岗位、采购品类经理岗位，公司的其他团队、其他岗位也要根据公司层面的 OKR 制定自身团队 / 岗位的 OKR。

1.1.2　OKR 的组成要素

在应用 OKR 时，可以将其分成 O（Objective，目标）、KR（Key Result，关键成果）和 T（Task，任务）3 个部分。每个 O（目标）都对应着 KR（关键成果），每个 KR 都对应着不同的 T（任务）。当 T 完成时，相应的 KR 也能够完成；当所有 KR 全部完成时，对应的 O 也应当能够全部完成。

OKR 的逻辑组成关系如图 1-2 所示。

OKR 的逻辑组成关系就像一架火箭：O 就像火箭的头部，是火箭承载的关键部位；KR 就像火箭的助推器，起到承载火箭的作用；T 就像发动火箭的燃料，起到全面推进的作用。

1. O（目标）

制定 OKR 中的 O 时要遵循 SMART 原则，即具体的（Specific）、可以衡量的（Measurable）、可以达到的（Attainable）、与其他目标具有一定的相关性的（Relevant）、有明确截止期限的（Time-bound）。

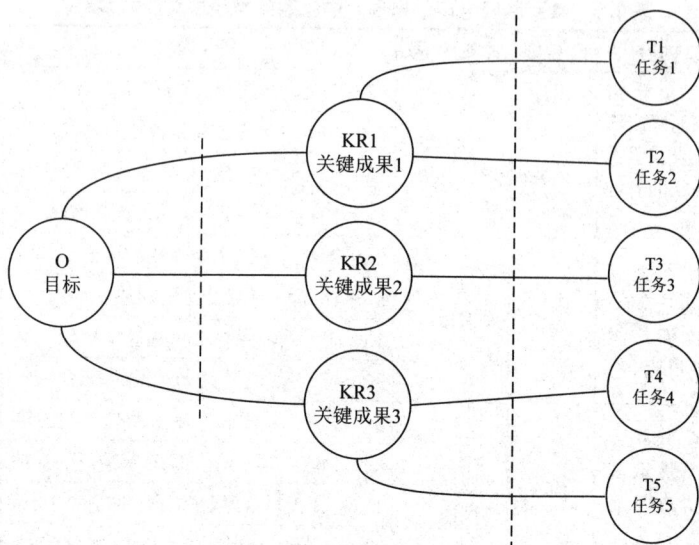

图1-2　OKR 的逻辑组成关系

　　这里需注意，OKR 中的 O 不必刻意追求"定量"，可以是"定性"的描述。有时候为了鼓舞团队的士气，O 可以是比较宽泛、比较宏观的目标。例如，某互联网公司某 App 产品项目团队的目标是"在年底之前，在 × 领域，成为市场上用户数量最多的 App 产品"。

　　这个目标虽然没有明确量化的数字，但也是比较"具体的"目标，遵循 SMART 原则。而且"最多"比较具有挑战性，具有煽动性，具有鼓励团队的性质。相比之下，如果该团队的目标改成"在年底之前，在 × 领域，App 产品的用户数量超过 100 万"，虽然有了明确的数字，但在鼓励人心的情感成分上却逊色不少。

　　另外需注意，OKR 中的 O 不刻意追求量化并不代表能量化的时候故意不量化，也不代表为了鼓舞团队士气，可以把目标定得不切实际。例如，某公司产品的用户规模只是当前在同类市场中第 1 名的用户规模的十分之一，却盲目地将公司目标设定为"在年底前，在 × 市场中成为产品用户规模最大的公司"。这种不切实际的目标对实施 OKR 并无益处。

　　OKR 中的 O 要能够为组织创造价值，在制定出之后要能鼓舞和促进团队达成目标，该目标必须是团队通过努力能够达到的而且是可以衡量的，要有明确的截止期限。

　　2. KR（关键成果）

　　KR 是能够保证 O 实现的必要条件。设计 KR 时同样应当遵循 SMART 原则。

1 个 O 通常对应着 3 ～ 4 个 KR。多个 KR 也常被表示为 KRs（表示复数）。多个 O 与对应的 KRs（多个关键成果）也常被表示为 OKRs（多个目标与关键成果）。

这里需注意，OKR 中的 O 可以定性描述，但 KRs 应当追求定量描述。KRs 是保证 O 实现的必要条件，对 O 的达成具有直接的支持作用。KRs 不必强调情感成分，而是越具体、越量化越好。

设计 KRs 时只需要关注关键项，而不需要把所有与 O 相关的事项全部列出。KRs 的内容要简单明了，要考虑到所有的可能性。在设计公司层面的 KRs 时，要设计好责任人。KRs 的描述最好使用积极、正向的语言。例如，"错误率达到 0"的 KR 描述就不如"正确率达到 100%"的 KR 描述。

KR 是结果导向而不是行为导向。结果导向是指 KR 的输出物是结果，而不一定是某个具体行为。KR 或 KRs 同样要有具体的目标。也可以这样理解，O 是大目标，KRs 是为了完成大目标的多个不同的小目标。这些小目标分别从不同的角度，支持 O 这个大目标的达成。

举例

某公司以周为周期实施 OKR，其制定的人力资源部经理的 OKR 如表 1-6 所示。

表 1-6　某公司人力资源部经理的 OKR

O 序号	O 内容	O 权重	KRs 序号	KRs 内容	KRs 权重
O1	本周末之前，招聘满足率达到 85%	50%	KR1	本周获取不低于 100 份符合岗位要求的简历	40%
			KR2	本周完成 80 人的面试	30%
			KR3	本周末之前，确定 30 个即将入职的候选人	30%
O2	本周末之前，全部完成最新公司文化思想的培训工作	30%	KR1	本周内，组织 1 场针对全员的最新公司文化思想的培训	40%
			KR2	本周内，组织 1 场关于最新公司文化思想的考试	30%
			KR3	本周内，联合行政部一起启动学习最新公司文化思想的内刊投稿活动	30%
O3	本周末之前，完成薪酬的测算与发放工作	20%	KR1	本周前 3 天完成全部薪酬测算工作	30%
			KR2	薪酬测算的正确率达到 100%	40%
			KR3	本周内完成五险一金的测算和缴费工作	30%

3. T（任务）

OKR 要得到有效的实施，除了 O 和 KR，还要有 T 的支持。OKR 的 T 是与 KR 对应的。要达成每个 KR，需要完成 KR 对应的 T。设计 T 的基本原则是 T 要对 KR 形成明显的支持作用，每一个 T 都来自某个 KR。

KR 与 T 之间并非一一对应。有时，某个 KR 可能对应着多个 T。也就是说，要达成该 KR，需要完成多项任务。也有的 T 对应着多个 KR，也就是说，当完成某个任务时，其对多个 KR 都具有支持作用。

在运用 OKR 时，公司和部门 / 团队层面一般不体现 T，主要体现 O 和 KR。但到了岗位层面，因为关系着绩效落地，则需要体现 T。T 经常以岗位层面的任务计划或行动计划的形式出现。

1.1.3　OKR 的优点和缺点

OKR 能够抓住工作的重点，所有与岗位相关的 O（目标）都有相应的 KR（关键成果）对应。被正确定义的 KRs 能够对 O 形成比较直接的支持作用。实施 OKR 能够为整个公司带来 3 个方面的价值，具体如下。

对于组织层面（公司层面）来说：实施 OKR 有助于形成以绩效为导向的组织文化；能够形成上级和下级就绩效问题持续沟通的组织氛围，提升上级的领导能力，提高下级的满意度和敬业度；有助于明确组织层面的目标与方向。

对于团队层面（部门层面）来说：实施 OKR 有助于团队内部上级和下级的双向沟通，保持团队内部行动的一致性；有助于定期查找问题，找到业绩增长点，及时调整工作方向；有助于保持团队的目标，让团队目标既能够支持战略，又能够为员工目标提供参考。

对于个人层面（岗位层面）来说：实施 OKR 有助于员工抓住工作的重点，明确工作的方向，让员工的行动更加聚焦；使员工的工作能够得到及时评价，有助于增强员工的信心；能够让员工的工作成果得到持续反馈，有助于提高员工的绩效意识，同时有助于员工个人能力的提升。

与其他绩效管理工具相比，OKR 的优点主要包括以下几点。

（1）OKR 实施起来比较简单，每个团队或个人最多设置 5 个目标，每个目标一般包含 3 ～ 4 个关键成果。实施 OKR 后，每个岗位的员工都能明确工作的重心，既有目标，又有完成目标的导向性，员工的目标感更强。而每个部门或岗位一般会设置 5 ～ 8 个关键指标。

（2）OKR 比较透明，实施 OKR 的公司一般要求整个公司、所有部门、全部岗位的 OKRs 都是公开透明的。OKR 的这种公开透明，让员工的思维跟得上公司的目标和团队的目标，以免某岗位员工因为原本的岗位职责或工作惯性所限而偏离方向。

公开透明的 OKR 有助于增强员工的全局意识。上级与下级的 OKR 关联比较紧密，更能体现公司上下拥有一条心，拧成一股绳，以强化公司整体的凝聚力。而若实施其他绩效管理工具，员工很难知道其他部门或岗位的指标。

（3）在 OKR 中，目标的设置不仅强调顶层目标的分解，同时也非常强调基层员工的意见。基层员工的目标是由员工和管理者共同制定的，因为基层员工与直接客户的接触更紧密，对客户的需求更了解，对工作的要求更实际。

这样做能够充分调动员工的积极性。基层员工的充分参与有助于促进员工主动执行，有助于让员工对待工作的态度由"要我做"变成"我要做"。而有的绩效管理工具特别强调自上而下分解目标的过程，自下而上的沟通相对比较少，员工的参与感比较弱，员工被动执行的意味更强。

（4）OKR 中的 O（目标）并不强调明确量化，有时甚至一些比较具有鼓动性的口号也可以作为目标。OKR 中的 KR（关键成果）比较强调量化。其他的绩效管理工具对指标的要求普遍比较强调量化。

（5）OKR 剥离了员工的直接利益因素，其结果通常不直接和绩效工资挂钩。OKR 将组织的工作重心由"考核"转移到了"管理"，更强调员工的行为纠偏和能力提升，这与其他的绩效管理工具，尤其与 KPI 大不相同。

OKR 同样存在缺点，OKR 的缺点主要包括以下几点。

（1）适用性存在局限。OKR 并不适合所有的公司，对于一些生产经营非常稳定的公司，有时候实施其他的绩效管理工具反而更合适。

（2）OKR 特别强调绩效管理的过程管控，特别强调沟通，所以对管理者和员工的沟通能力都有一定要求。并不是所有员工都能快速理解和实施 OKR，在适合采取 OKR 的公司实施 OKR，有时候也会因为管理者或员工沟通能力的参差不齐而让 OKR 的推行举步维艰。

（3）OKR 不把绩效结果与员工薪酬挂钩的做法是一把双刃剑。这样做有时候可以在一定程度上激励员工创新，但在有些情况下，这样做会让员工失去对目标的敬畏，反而不容易达成目标。

1.1.4 OKR 的使用场景

从公司的发展周期来看，处在初创期的公司比较适合采取 OKR。从行业的角度来看，OKR 比较适用于互联网行业，或者变化速度比较快的行业。从岗位的角度来看，OKR 比较适用于工作内容变化比较快、需要不断创新的岗位，如技术研发类岗位。

从 OKR 的实际应用情况来看，OKR 在互联网行业中的应用最为广泛。互联网行业通过应用 OKR，让自身的经营管理更加灵活，从而能应对市场的快速变化。除了互联网行业，技术密集型行业、知识密集型行业也比较适合采用 OKR。

许多传统产业的公司正在向新兴产业开展业务渗透和实施战略转型。例如，原本以生产制造为主的公司正在成立网店，做网络直播销售，通过互联网接触终端消费者，为自己树立品牌形象。对新业务、新产业的绩效管理同样可以采取 OKR，以保证公司上下目标一致。

当公司出现如下情况时，可以考虑实施 OKR。

（1）市场的发展变化比较快，公司需要根据市场变化及时做出调整。

（2）产品迭代的速度比较快，技术的发展更新速度较快，需要公司持续创新。

（3）公司扩张的速度比较快，公司规模迅速扩大，日新月异，需要员工适应这种变化。

（4）公司实施项目团队运作的组织模式，部门的边界不明显，团队成员的职责不清晰，以共同完成某项任务为目标。

（5）团队成员中，年轻人的比例比较高。他们不喜欢强压式的管理模式，不喜欢被束缚，希望在工作上获得一定的自主权。

对于不同人数规模的公司，实施 OKR 的主要作用也是不同的，如表 1-7 所示。

表 1-7 不同人数规模的公司实施 OKR 的主要作用差异

人数规模	实施 OKR 的主要作用	实施 OKR 侧重解决的问题
500 人以下	培养员工的绩效意识	增强团队凝聚力
500～2 000 人	帮助公司形成绩效管理体系	帮助实现公司发展目标
2 000 人以上	承接战略，形成绩效管理文化	激活员工队伍，鼓励员工创新

1.2　OKR 应用方法

OKR 能够比较好地将公司的战略目标自上而下地落实到部门 / 团队，最终落实到员工，帮助员工认清工作的方向，厘清工作的价值，让公司上下朝着统一的目标前进。OKR 在应用环节的关键是下级对上级目标的承接，上级与下级的绩效沟通，下级对任务的执行，以及上级对下级关键成果的评估改进。

1.2.1　设计 OKR 的步骤

设计 OKR 的步骤可以分成以下 3 步。

第 1 步，找到重点目标（O）。

重点目标是指能够创造关键价值，带来关键改变的目标。公司、部门和岗位可能存在很多目标，但是重点目标并不多。

在判断重点目标时，可以借助 8020 原理。8020 原理的含义是 80% 的价值是由 20% 的要素创造的。实际上，这个原理也普遍存在于工作和生活的方方面面。

例如，在一个组织中，有约 20% 的人创造了约 80% 的价值，另外约 80% 的人创造了约 20% 的价值；对于某个项目，有约 20% 的时间创造了 80% 的价值，另外约 80% 的时间创造了约 20% 的价值。

重点目标指的正是能够为公司、部门和岗位创造 80% 价值的那约 20% 的目标。识别出这类目标，等于抓住了事物的关键，抓住了事物的核心，聚焦了事物的价值。把重点目标作为公司、部门和岗位的目标将会事半功倍。

第 2 步，找出关键成果（KRs）。

找到重点目标后，接下来要对应目标找到关键成果。每个目标都对应着很多成果，有的成果是关键成果，有的成果是非关键成果。要找到关键成果，可以参考重要紧急情况判断依据，如图 1-3 所示。

当某项成果既重要又紧急时，应当优先完成，可以直接判断其为关键成果。

当某项成果重要但不紧急时，可以重点关注，但也应寻找时机完成，可以将其列为关键成果的备选项。

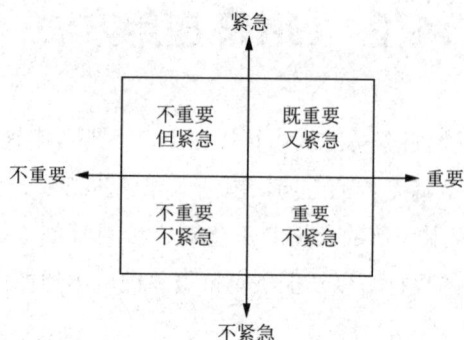

图 1-3　重要紧急情况判断依据

　　当某项成果不重要但紧急时，应当判断其是否值得做，是否有价值。如果总是先做不重要但紧急的成果，将会占用重要但不紧急成果的时间，导致重要但不紧急的成果无法达成。但如果完全忽略不重要但紧急的成果也是偏颇的，因为有些成果很容易就能得到，并不会占用太多时间。所以，对于重要但不紧急和不重要但紧急的成果，要做好取舍。

　　当某项成果既不重要又不紧急时，如果时间、精力和资源有限，可以忽略这项成果。但要注意忽略的前提是无法兼顾，如果有能力兼顾这项成果，同样应当做好。

　　第3步，关键成果量化。

　　有的关键成果是天然量化的，有的是非天然量化的；有的是能够被量化的，有的是不能够被量化的。对于非天然量化的成果，首先要实施量化定义。对于不能被量化的成果，可以尝试继续推演，推出能够被量化的成果。最终的关键成果应当是能够被量化的。

　　为便于管理，OKR 中每个岗位的 O（目标）数量不超过 5 个，KRs（关键成果）数量一般为 3 ~ 4 个。由于 OKR 的目标周期比较灵活，所以目标的数量也可以随着目标周期的变化而变化。一般越近期的目标，岗位目标的数量可以越少，越远期的目标，岗位目标的数量可以越多。

1.2.2　OKR 指标设计维度

　　很多人在设计 OKR 指标时，不知道从哪些角度设计。下面介绍一个设计

OKR 指标的"万能"设计工具,以帮助读者找到设计 OKR 指标的思路。

这个工具是一种"元工具"。元工具这个词来源于元认知。元认知是指对认知的认知,也是最底层的认知。掌握了一些元认知之后,人们可以生发出很多其他的认知。在工具的层面,也有类似于元认知的工具,可以叫元工具。元工具就像元认知一样,可以生发出很多工具和方法论。

例如,PDCA 管理循环工具,是一种计划(Plan)、执行(Do)、检查(Check)、处理(Act)的管理循环,就是一种非常典型的元工具。人们日常工作中很多有效做事的步骤,实际上都遵循 PDCA 原则。

OKR 指标设计的元工具实际上是 4 个指标设计维度,如图 1-4 所示。

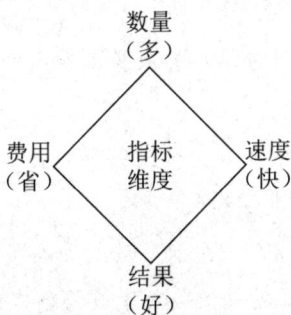

图 1-4 OKR 指标设计的 4 个维度

设计 OKR 指标时,可以从 4 个维度着手。这 4 个维度分别是数量、速度、结果和费用,也可以简单地记忆,就是"多快好省"。这个工具看起来比较简单,要用好这个工具,关键是要在设计 OKR 指标时,从这 4 个维度出发去思考问题。

数量,可以是某件事应该完成多少数量。

速度,可以是某件事应该在多长时间内完成。

结果,可以是某件事应该达到什么样的结果。

费用,可以是某件事应该花费多少费用。

举例

某公司运用 OKR 指标设计的 4 个维度为负责招聘工作的人力资源经理设计的 OKR 指标如下。

从数量的角度，要关注招聘人才的数量有没有达到公司的要求，对应的指标可以是招聘满足率。

从速度的角度，要关注招聘人才的到位时间有没有满足公司的要求，对应的指标可以是人才到位及时率。

从结果的角度，要关注招聘人才的质量能不能满足公司的要求，对应的指标可以是人才入职后的绩效情况，或人才工作后的能力达标情况。

从费用的角度，要关注招聘人才的成本有没有控制在公司要求的范围内，对应的指标可以是人均招聘成本。

该公司运用OKR指标设计的4个维度为负责培训工作的人力资源经理设计的OKR指标如下。

从数量的角度，要关注举办培训的数量，对应的指标可以是培训人次或培训课时数量。

从速度的角度，要关注培训有没有根据时间要求按期举办，对应的指标可以是培训举办及时性或培训计划完成率。

从结果的角度，要关注培训之后员工的行为有没有改变，绩效有没有改变，对应的指标可以是培训后员工的绩效改善率或培训成果转化率。

从费用的角度，要关注培训一共花费了多少成本，对应的指标可以是培训总成本或人均培训成本。

OKR指标设计的4个维度其实不仅可以用来设计OKR的指标，也可以用来设计其他绩效管理工具的指标，还可以用来做个人绩效成果的分析。

对于自身的工作，人们可以分析自身完成工作的数量、工作完成的效率、工作完成的结果、工作花费的成本或节省的成本。实际上，很多数据分析、绩效分析的角度，都可以从这4个维度中生发出来。

为了更好地运用这个工具，可以把这个工具的4个维度抽象一下之后再用。

数量，其实是空间问题。

速度，其实是时间问题。

结果，其实是质量问题。

费用，其实是资源问题。

举例

某公司针对员工的离职情况，想要设计出更多的细分指标。

离职员工的数量或比率本身就可以作为指标，也可以再抽象一下，抽象成空间问题，这时可以将其细分成离职员工的流向问题。公司可以围绕离职员工的流向设定指标。离职员工是流向竞争对手、流向同行业还是自主创业，对公司的影响是不同的。

在时间问题上，不仅可以把某个单位时间内，离职员工的数量情况作为指标，还可以要求在某个时间段内，离职员工的司龄情况应不低于某个水平。

在质量问题上，可以定义离职员工的质量，也就是离职的员工是优秀员工还是一般员工，是高绩效员工还是低绩效员工，是核心部门员工还是非核心部门员工等。公司可以把离职员工的质量作为指标。

在资源问题上，可以定义离职员工带走了哪些资源，或给公司造成的损失。当然这里的资源或损失有的容易量化，有的不容易量化。容易量化的资源可以作为指标。

在运用这个工具时，需要注意务实，人们通常从主观上期望所有的工作都能做到"多快好省"，但实际上，"多快好省"这 4 个维度之间是相互矛盾的。通常情况下，要多，就不一定快，不一定好，也不一定省钱；要省钱，就不一定多，不一定快，不一定好。

"多快好省"这 4 个维度，能做到其中某 1 个维度或某 2 个维度就已经比较有难度了，4 个维度面面俱到是不现实的。

另外，在给不同的岗位设计 OKR 指标时，有人说这个工具并不能生发出全部的指标。这其实是在运用这个工具时把逻辑弄反了。这个工具可以为设计 OKR 指标提供思路，可以生发出很多指标，但不代表所有的指标都可以从这个工具中生发出来。

也就是说，对于某个岗位，当人们不知道该怎么设计指标时，可以借助这个工具理清思路，查漏补缺。但如果已经知道该岗位应当如何设计指标，就不必非要往这个工具上套。

1.2.3 OKR 关键成果落地

公司在实施OKR时，有了O（目标）之后，要想让O对应的KRs（关键成果）有效落地，需要明确关键成果的实施目的、实施方法、责任人、完成时间等内容。这需要用到 5W1H 工具。

5W1H 指的是 What（什么事 / 什么对象）、Why（为什么 / 什么原因）、Where（什么场所 / 什么地点）、When（什么时间）、Who（什么人员 / 责任人是谁）、How（什么方式 / 如何做）。

要落实 O 对应的 KRs，可以从以下 6 个维度思考问题。

维度 1——What，如可以思考：这是一个什么目标？达到这个目标需要完成什么样的工作？这些工作具体需要做什么？需要做到什么程度？

维度 2——Why，如可以思考：为什么要实现这个目标？为什么想到这个目标可以对应这些 KRs？为什么完成这些 KRs 能够实现目标？

维度 3——Where，如可以思考：对应这些 KRs 可以从哪些方面支持目标？准备从哪些方面开展工作实施这些 KRs？如何有效实施这些 KRs？

维度 4——When，如可以思考：准备什么时候开始采取行动？准备什么时间完成这些 KRs？完成这些 KRs 需要多久？

维度 5——Who，如可以思考：由谁来负责实施这些 KRs？由谁对这些 KRs 负主要责任？如果最终这些 KRs 不能完成，应该追究哪些人的责任？

维度 6——How，如可以思考：这些 KRs 应当如何实施？哪些方法有助于这些 KRs 有效实施？采取什么行动能够对完成这些 KRs 起到事半功倍的效果？

当思考、分析了 5W1H 对应的 6 个维度之后，O 对应的 KRs 能够更清晰、明确。这样设计出来的 KRs 才有可能得到落实。

举例

某公司的研发部门设计了部门的 O（目标）之后，对应设计 KRs 时，认为应当开展对某产品的研发项目。为保证目标落地，该公司按照 5W1H 对这项 KR 进行全面分析，如表 1-8 所示。

表 1-8　某公司某产品研发项目的 5W1H

5W1H	现状	原因	改善	确认
What（产品）	要研发什么产品	为什么要研发该产品	能不能研发别的产品	确认研发什么产品
Why（目的）	研发该产品有什么目的	为什么是这样的目的	还有没有其他的目的	确认目的是什么
Where（场所）	从哪里入手 在哪里实施操作	为什么从那里入手	能不能从别的地方入手	确认从哪里开始入手
When（时间）	什么时候开始做	为什么在那个时间开始做	能不能在别的时间做	确认在什么时间做
Who（作业人员）	由谁来做	为什么由那个人来做	能不能由其他人来做	确认由谁来做
How（方法）	具体怎么做	为什么那么做	有没有其他方法	确认用什么方法做

5W1H 不仅是一种工具，它还是一种分析方法、思考方法，甚至是一种创造方法。它告诉人们不论对什么事，都可以从这 6 个方面提出问题、进行思考。这个工具不仅可以应用在 OKR 中，在其他的绩效管理工具和方法中同样适用。正确运用这个工具，有助于公司更有效地实施绩效管理，更有效地开展行动，更有效地保证目标落地。

1.2.4　实施 OKR 的步骤

OKR 一般是以部门或团队为单位落实。实施 OKR 的步骤可以分成 4 步，如图 1-5 所示。

图 1-5　实施 OKR 的步骤

第 1 步，制定 OKR。

根据公司层面的愿景或目标，部门/团队负责人应制定部门/团队级的 O（目标），并设计与目标对应的 KRs（多个关键成果），形成部门/团队负责人的OKRs（多个目标与关键成果）。

部门 / 团队成员根据负责人的 OKRs 制定自身的 OKRs。在这个过程中，负责人和成员之间应当就各自的 OKRs 进行讨论，彼此表达观点与想法，最终达成一致意见。这里应注意 O 和 KRs 的数量。O 一般最多 5 个，每个 O 对应的 KR 一般为 3 ～ 4 个。

负责人和成员根据各自的 OKRs 制订行动计划。行动计划中一般应当有结合 OKR 实施周期（周度、月度或季度）的 3 ～ 5 个关键任务或关键行动。

制定 OKR 的过程既要强调自上而下的目标分解，又要强调自下而上的战略承接。OKRs 并不是上级强压给下级的任务，而是下级根据战略主动提出，或者与上级沟通后的结果。有一种说法是超过 60% 的 OKRs 是由下级制定的。

当然，这里下级制定的含义并不是上级不假思索地全部听任下级制定自己的 OKRs，而是上级根据下级制定的 OKRs，及时给予下级反馈，引导下级发现自身岗位对公司整体目标的支持性，最大化员工的价值。

上级和下级要谨慎设置目标，避免设置过多的目标。过多的目标会让工作的重点分散，以致抓不住重点。每一个目标的设置都需要经过充分的思考和讨论，目标值要经过一定的数据测算，避免设置不切实际的目标。

上级和下级要谨慎选择 OKR 的周期，OKR 的周期过短或过长都会影响实施 OKR 的质量。OKR 的周期应当与目标相匹配。多数公司运用 OKR 的周期是周度，以周为单位运行和复盘 OKR 时应当注意目标不宜设置得过于宏观。

第 2 步，发布 OKR。

OKR 的特点之一是公开透明，发布 OKR 就是把公司的 OKR、部门 / 团队的 OKR、岗位的 OKR 向全公司发布，让公司上下所有的 OKR 全部公开透明。

所有的员工都能看到公司层面的 OKR、上级的 OKR 和其他岗位的 OKR，也应当反思自身岗位的 OKR 如何对公司的 OKR、上级的 OKR 和其他岗位的 OKR 形成支持。OKR 是可变的，当员工发现自身岗位的 OKR 有问题时，可以及时对其进行调整。

发布 OKR 的方式有很多，有内网系统的公司，可以把整个公司的 OKR 写入内网系统。没有内网系统的公司，可以在制定全公司的 OKR 后，通过电子邮件或员工常用的互联网软件发送给全体员工。

第 3 步，执行 OKR。

执行 OKR 的环节可以与公司的各类会议相结合。部门 / 团队的晨会、夕会、周会、月会的主题都应当有对 OKR 运行情况的探讨。

对 OKR 执行比较到位的情况，要总结经验，继续进取，追求更好的成果；对 OKR 执行不到位的情况，要查找原因，反思问题，寻求成果的改善。在实施 OKR 行动计划的过程中如果遇到困难，上级和下级应当就困难进行沟通，采取相应的措施。

在执行 OKR 的过程中，上级和下级要根据 OKR 的执行情况不断实施复盘。在实施复盘的过程中，总结出的常见的没有达成 OKRs 的原因有以下几点。

（1）上级和下级在制定 OKRs 时缺乏充分的沟通，导致制定出的 OKRs 不切实际。

（2）没有对目标实施分级管理，导致时间和精力大多用来完成不重要的目标。

（3）没有制定明确、具体、可执行、可操作的行动计划，导致不知道如何达成 OKRs。

（4）执行 OKRs 和行动计划的过程中，遇到问题轻言放弃，没有及时采取应对措施。

上级和下级要注意周围环境的变化，根据环境变化及时调整 OKRs。如果当初制定 OKRs 的环境发生变化，上级和下级应当根据新的环境重新制定 OKRs，而且要根据新的 OKRs，重新确定行动计划。

第 4 步，评估 OKR。

评估 OKR 的过程可以分成员工的自我评估和来自上级的评估两个环节。

员工自我评估的过程有助于员工反思自身的 OKR 的完成情况，有助于员工总结经验，为下一周期 OKR 的制定、执行和评估提供支持。在自我评估的环节如果发现 OKR 需要做出调整，员工可以及时对 OKR 进行调整。

在上级评估的环节，上级在发现部门 / 团队 OKR 的完成情况较好时，应当鼓励下级。上级可以在每次 OKR 目标达成时，举办庆祝 OKR 达成的活动，给下级激励，鼓励下级再接再厉，完成下一周期的 OKR。

上级在发现部门 / 团队 OKR 的完成情况较差，或者部门 / 团队内部某些下级的 OKR 完成情况较差时，应当帮助下级查找原因。上级和下级要根据 O 与 KRs 的完成情况查找问题，找到影响 OKRs 完成的原因，并确定改进行动计划。

对 OKR 的评估不是简单的述职大会，不是死板的汇报大会，也不是严肃的批斗大会，而是针对 OKRs 完成情况的交流。

对 OKR 的评估可以采取多人会议的形式，也可以采取一对一的交流形式。不论是采取多人会议的形式，还是采取一对一的交流形式，都可以采取非正式沟通方式，甚至可以学习一些创业公司，在每周五下午采取"啤酒会议"的轻松交流方式。

1.2.5 OKR实施周期选择

常见OKR的实施周期一般为周度、月度或季度。一般团队规模越大，OKR的周期越长；团队规模越小，OKR的周期越短。

OKR实施周期与团队规模的关系如表1-9所示。

表1-9　OKR实施周期与团队规模的关系

团队人数	OKR实施周期参考建议
10人以下	周度
10～100人	周度、月度
100人以上	月度、季度

表1-9中的团队人数，不是指整个公司的人数，而是指实施OKR的上级和下级组成的团队人数。这里的团队人数指的是在公司组织模式层面，能够形成直接管理关系的最小团队单位。

举例

某项目制公司的组织模式分成3层，公司总经理直接管理5个项目Leader（项目负责人），如图1-6所示。

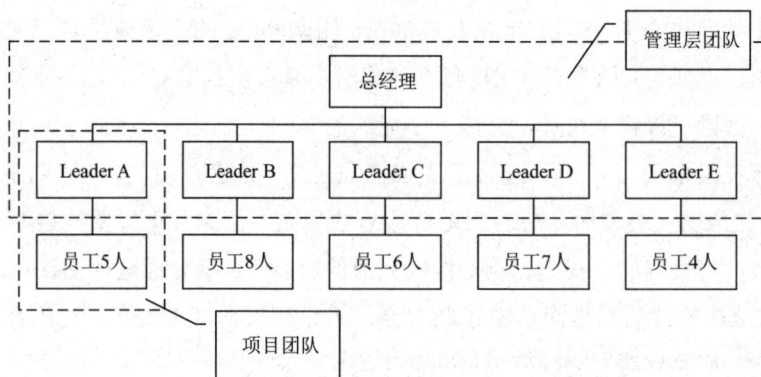

图1-6　某项目制公司的组织模式示意

在该公司中，虽然整个公司的人数超过了 10 人，但以总经理和 5 个项目 Leader 为首的公司管理层团队人数少于 10 人。同时，以各项目 Leader 为首的项目团队人数也少于 10 人。对该公司来说，OKR 的实施周期可以选择周度。

除了团队规模之外，OKR 的实施周期还与市场变化的速度、技术产品迭代的速度、公司战略转型的变化速度有关。一般来说，市场变化的速度越快，技术产品迭代的速度越快，公司战略转型的变化速度越快，OKR 的实施周期就应当越短。

需要注意，与其他绩效管理工具不同的是，OKR 很少以年度为实施周期。这与 OKR 这个工具本身强调绩效过程管理、变化速度、适应性有很大关系。很多规模比较大的公司在实施 OKR 时，也会尽量缩短实施周期。

举例

谷歌公司的 OKR 是一套目标沟通、制定、展示和回顾的流程，谷歌公司以季度为单位实施 OKR。

谷歌公司一般在每年的 11 月制定下年第一季度的目标。

每年 12 月，公司层面沟通第一季度的目标，员工根据组织的目标制定个人目标。

第二年 1 月初，团队和个人在会议上汇报各自的目标。

第二年 1 ~ 3 月，对目标实施监控。

第二年 3 月底，对目标打分、回顾并进行沟通，然后重复上述过程，沟通、制定、展示和回顾第二季度的目标。

若选择 OKR 作为绩效管理工具，在公司管理能够支持的情况下，实施周期应当尽量缩短。整个公司层面的 OKR 实施周期可以和部门 / 团队层面的 OKR 实施周期有所不同。例如，有的公司总规模比较大，可以在公司层面以季度为周期实施 OKR，在大部门层面以月度为周期实施 OKR，在小团队层面以周度为周期实施 OKR。

1.2.6　OKR 结果反馈方法

OKR 结果的反馈是上级和下级之间围绕业务的进步、工作的改善而展开的沟通、反馈的过程。公司应当把 OKR 结果的反馈视作一项重要的管理过程，而不应单纯地追求评价 OKR 的结果本身。

对 OKR 的评价总会存在一定的误差，OKR 评价后的结果有时候并不客观，需要上级与下级做进一步的沟通。在沟通的过程中，下级可以就 OKR 的结果提出自己的意见，上级也可以说明其对下级的看法。

这种相互交流和沟通，能够保持上级和下级双方的信息互通，让管理工作变得更加透明，上下级之间的想法关联性和一致性更强。当然，在这个过程中，如果下级与上级无法达成一致，或者下级认为上级在对 OKR 的评价上有失公平，公司还可以为下级提供绩效投诉的渠道。

即便 OKR 的评价没有误差，上级也可以利用这个过程和下级交流、沟通，帮助下级明确其 OKR 评价结果和可能对其产生的影响，和下级共同查找问题，进一步改善下级的工作。

当下级的 OKR 目标达成时，上级要学会有技巧地告诉下级进步空间所在。当下级的 OKR 目标没有达成时，上级不应首先责怪和苛责下级，而应当帮助下级查找问题，帮助下级一起实现 OKR 目标。绩效沟通反馈的过程，上级同样应把下级能力的成长放在首位。

在实施 OKR 结果反馈面谈前，上级要做好面谈的准备工作。上级要注意面谈过程中的开场白，通过专业的开场白快速把下级带入面谈的氛围中。在 OKR 结果反馈面谈的过程中，上级要注意平衡听、讲、问三者之间的关系。上级要注意与下级对下一阶段的 OKR 目标达成共识。

上级在实施 OKR 结果反馈面谈时，要注意以下几点。

（1）应做到对事不对人。上级和下级在 OKR 结果反馈面谈的过程中，应当重点探讨 OKR 的完成情况，上级对下级的评价不能涉及对人格的评判。双方应用事实和数据说话，而不是用主观感受说话。

（2）谈话场地尽量免受干扰。上级和下级在就 OKR 结果实施面谈的过程中，要选择好时间和地点，提前安排好手头的工作，交谈过程中要尽量避免被打扰。在面谈过程中，双方可以关闭手机或将手机调至静音，尽量避免在面谈过程中被打扰。

（3）沟通过程中双方要坦率。上级应当营造和谐的沟通氛围，不要让下级对面谈有所顾虑，也不要将面谈演变成一言堂式的信息传达，要让下级畅所欲言。上级和下级就 OKR 完成情况的沟通内容要明确具体，双方不要有任何隐瞒。

很多公司实施 OKR 绩效管理工具不成功的原因，就是忽略了对 OKR 结果的反馈。在很多公司，员工的 OKR 评价结果出来后，上级不愿意面对下级，不愿意与下级沟通，不愿意与下级讨论其工作态度和能力究竟存在哪些问题，结果造成下级的迷茫和失落，不利于下级改善工作。

1.2.7　OKR 对管理者的要求

OKR 诞生的初衷是其作为一种绩效管理工具，是一套上级和下级之间不断改善工作成果的管理模式，而不是用来发绩效工资的打分评判模式。落地实施 OKR 靠的不是人力资源部门在各部门背后"穷追猛打"，而是管理者的意识和能力。

有些公司的管理者把绩效管理做成了期初定目标，期末看结果，照着结果兑现工资的"秋后算账"模式。在这样的公司推行 OKR，如果管理者不改变原来的做事风格，OKR 是很难真正落地的。

要想有效实施 OKR，公司的各级管理者需要具备 OKR 的应用能力。这种应用能力也可以说是"既当爹，又当妈；上得厅堂，下得厨房"。

"当爹"指的是要做好业务，"当妈"指的是要带好团队；"上得厅堂"指的是要关注长期利益，"下得厨房"指的是要抓住短期利益。

OKR 对管理者的要求如图 1-7 所示。

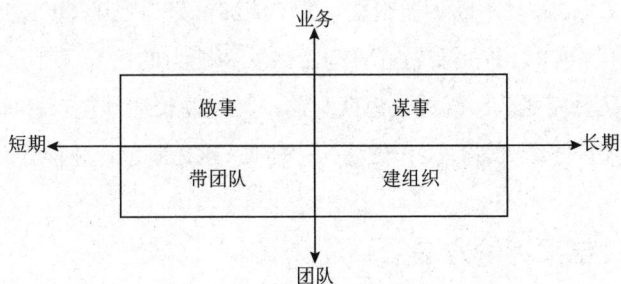

图 1-7　OKR 对管理者的要求

很多公司在创业初期时，管理者"当爹"（做好业务）的能力比较强，非常关注个人业务成绩的提升，重视绩效结果；"下厨房"（抓住短期利益）的能力也比较强，对领导提出的指令有很强的执行力，否则公司很难生存下来。

可是随着公司的发展公司，对管理者"当妈"（带好团队）的能力和"上厅堂"（关注长期利益）的能力要求越来越高。

"上厅堂"在"当爹"的部分是"谋事"，即管理者要具备战略规划的能力，规划出团队的作战策略和计划。"上厅堂"在"当妈"的部分是"建组织"，团队规模变大了，已经不是当初几个人的小团队，就要形成一个能长期发展的组织，要搭班子、分层级，做到分工分明、流程清晰，要培养出一批会带团队的人，否则公司的发展必然会遇到瓶颈。

管理者要在团队中落实OKR，需要做好如下工作。

（1）定目标：管理者要给团队设计明确的目标和方向，通过共同的目标凝心聚气，增强团队凝聚力。管理者也要学会帮助下级设计目标（O），帮助下级找到关键成果（KR），帮助下级分解出具体的任务（T）。

（2）要结果：管理者对待下级不能"软弱"，要一切以结果说话，以公司的大局为重，不能纵容庸才，不能养闲人。管理者要明确团队内部的规则，为团队打造追求工作成果的氛围，增强团队士气，及时奖优罚劣。

（3）管过程：管理者要注重绩效的过程管控，当外部状况发生变化时要及时调整目标，当团队成员的行为出现问题时要及时纠偏。管理者也要关注员工的资源需求和能力需求，及时帮助员工补充达成目标需要的资源和能力。

当管理者能够做好业务、带好团队，并能关注长期利益、抓住短期利益时，公司就会呈现出上层管理者不断强调公司的顶层愿景和目标，中基层管理者承接顶层目标设置OKR并且不断调整变化，员工能够做好自己的OKR并执行的状态。

公司要推行OKR，首先要做好管理者素质和能力的培养工作，让管理者能够既关注业务，又关注团队，既关注短期利益，又关注长期利益。管理者平衡好这4个方向，才能真正把绩效管理工作做好，才能使OKR落地，才能让公司保持活力。

1.2.8　OKR结果评价方法

关于OKR的应用，有一种观点是OKR并不是一种绩效评分的工具，公司不应该用OKR来对员工实施评价。国外许多实施OKR的公司奉行这样的理念。不过这个理念的成立是有前提的。当公司运营模式较成熟、人才素质较高时，适合采取这样的理念。在这样的公司中，OKR 被视为一种管理方式。

随着 OKR 在我国的应用，各个公司对 OKR 在人才评价方面的需求逐渐体现出来。我国许多公司在运用 OKR 作为绩效管理工具的同时，也需要 OKR 来实施人才评价。在一些国外的公司中，OKR 评分采取的是 0 ～ 1 分制；而在我国的许多公司中，OKR 评分采取的是百分制。

运用 OKR 对人才实施评价的常见方法有两种，分别是强制排序法和强制分布法。

1. 强制排序法

强制排序法是指根据 OKR 的评分结果，对团队成员排出名次。强制排序法可以运用在组织结构比较稳定、人员规模较小的公司。当公司希望节约管理时间或管理成本，又期望达到人才评价的目的时，强制排序法是一种比较好的选择。

举例

某公司的产品研发部门有张三、李四、王五、赵六和徐七 5 名技术研发人员。该部门采取 OKR 结果作为绩效评价依据，评价周期为月度。每月底，产品研发部负责人都会根据 5 名技术研发人员的 OKR 成绩对他们实施评价。绩效评价的方法采取强制排序法，如表 1-10 所示。

表 1-10 某公司产品研发部门 5 名技术研发人员每月强制排序结果

技术研发人员	1 月 OKR 得分	1 月强制排序结果	2 月 OKR 得分	2 月强制排序结果	3 月 OKR 得分	3 月强制排序结果	4 月 OKR 得分	4 月强制排序结果	5 月 OKR 得分	5 月强制排序结果
张三	85	2	88	3	86	2	89	1	87	2
李四	67	5	72	4	72	5	75	5	83	3
王五	96	1	95	1	92	1	87	2	91	1
赵六	72	4	89	2	81	3	80	4	81	4
徐七	79	3	69	5	78	4	82	3	76	5

2. 强制分布法

强制分布法是指提前设置某个范围，根据 OKR 的评分结果，把员工分别划入范围。当公司待评价的员工数量比较多时，适合采用强制分布法。由于人员正态分布的规律适用于大部分公司，所以在一定程度上，采用强制分布法对员工实施评价可以减少评价人主观判断产生的误差。

举例

某公司通过 OKR 的评分结果，实施强制分布法评判公司所有员工的季度绩效结果。公司管理层经讨论，决定把全公司所有员工分成 A、B、C、D、E 5 个等级，每个等级对应的人数占比如表 1-11 所示。

表 1-11   某公司绩效评价结果分布占比情况

绩效等级	A	B	C	D	E
人数占比	10%	20%	30%	30%	10%

该公司按照大部门评价绩效和划分人员等级，要求每个大部门的人员同样按照该比例划分。大部门内，人员绩效评定工作由部门负责人负责组织，由人力资源部门负责监督和协助各部门负责人实施。

某部门共有 10 名员工，根据该部门所有员工 OKR 的评分结果，参照等级划分比例，得出不同员工所属的绩效等级，如表 1-12 所示。

表 1-12   某公司某部门绩效评价结果和等级划分

姓名	绩效分数	所属绩效等级
张晓萌	82	C
李舒淇	87	B
王海燕	83	C
徐峰	89	A
王磊	75	D
张强	72	E
李艳	81	C
刘乐乐	78	D
徐晓梅	76	D
王晓明	86	B

1.2.9　OKR 结果应用方法

既然 OKR 诞生的初衷不是为了发绩效工资，那么 OKR 的结果有哪些作用，可以应用在哪些方面呢？OKR 的结果可以应用在 5 个方面，如图 1-8 所示。

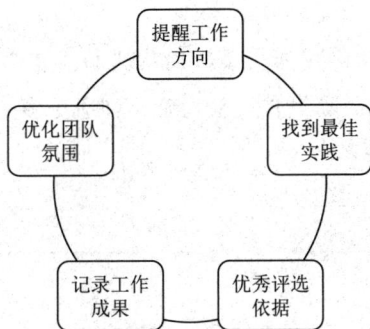

图 1-8 OKR 结果应用的 5 个方面

1. 提醒工作方向

OKR 存在的价值不是考核员工，而是时刻提醒员工主要目标（O）、关键成果（KR）与对应任务（T）是什么，时刻提醒员工在日常工作中应当关注什么，应当做什么，应当如何做，应当做到什么程度。

举例

某互联网公司在没有实施 OKR 之前，员工的所有努力都是为了完成本岗位的工作。员工不知道工作的意义和价值。实施 OKR 之后，员工明确了工作方向，明确了岗位工作如何对公司目标形成支持。

2. 找到最佳实践

OKR 能够帮助团队找到最佳实践。从团队内部 OKR 成果比较好的员工身上提炼出的方法论，可以供团队内部学习，帮助团队其他成员提升技能，从而帮助提高整个团队的组织能力，提升团队的绩效水平。

举例

某互联网公司的产品研发部门每周一都要开周会，总结上周工作，制定本周计划。在会上，产品研发部要讨论本部门上周 OKR 的完成情况，并且邀请上周工作成果最佳的员工分享工作心得，或者为团队做一场短时间的技能培训。

3．优秀评选依据

OKR 能够识别出团队的优秀员工，给优秀员工更多的精神奖励、更大的舞台和空间、更多的资源，激励优秀员工为公司创造更多的价值，也能够鼓励相对不优秀的员工向优秀员工学习。

举例

某互联网公司运行 OKR，对工作成果较好的员工有一条独特的奖励制度——与公司高层共进午餐。每月各部门工作成果最佳的员工有资格获得与公司董事长、总经理及高管团队共进午餐的机会。在与高层共进午餐的过程中，员工可以畅所欲言。这不仅是员工展示自己的机会，也是公司高层聆听一线员工心声的机会。

4．记录工作成果

OKR 能够记录员工之前的工作成果，员工的努力和贡献能够被追溯。OKR 关注工作成果，关注工作产出。用 OKR 记录和表达员工的工作成果，比单纯用分数或等级来表达员工的绩效水平更清晰，也更有价值，有助于形成比较完整的员工档案。

举例

某互联网公司的员工档案中，关于员工绩效的内容如表 1-13 所示。

表 1-13　某互联网公司员工档案中员工绩效的记录

主要贡献（O）	主要成果（KRs）	完成时间	信息记录人
完成 A 产品研发	（1） （2） （3）	20×× 年 3 月 31 日	张三
完成 B 产品研发	（1） （2） （3）	20×× 年 6 月 30 日	李四
完成 C 产品研发	（1） （2） （3）	20×× 年 9 月 30 日	王五

5．优化团队氛围

OKR 通过促进团队内部的沟通，优化团队的氛围，提高团队的凝聚力。执行 OKR 的过程中上级需要和下级持续沟通。不论是制定目标、关键成果和任务的环节，还是评估 OKR 的环节，双方都需要进行沟通。沟通是 OKR 的主旋律，也是管理的主旋律。

举例

某互联网公司原本执行传统的绩效考核制度，考核指标是上级事先为下级制定的，与下级的工资挂钩。公司的人情冷漠，员工都在追求自己获得绩效高分，拿到绩效工资。该公司执行 OKR 之后，团队内部的沟通明显得到加强，大部分员工都追求和团队一起实现目标，员工协作变得非常频繁，团队氛围得到改善。

1.3 【实战案例】OKR 的应用实践案例

OKR 在西方兴起后，在我国多数公司已经得到比较广泛的应用。公司在应用 OKR 时，要注意把 OKR 作为一种管理方法而不仅是考核工具，确保 OKR 有效落地运行。本节将列举一些典型公司的典型岗位应用 OKR 的实际案例。

1.3.1　字节跳动公司应用 OKR 对产品战略形成支持

字节跳动公司（ByteDance）成立于 2012 年 3 月。公司从成立之初就以远超同行的速度飞速发展。如今，字节跳动公司的产品和服务已经覆盖全球 150 个国家和地区、75 个语种，其产品曾排在 40 多个国家和地区的应用商店总榜前列。

字节跳动公司的产品包括今日头条、抖音、西瓜视频、懂车帝、皮皮虾、飞书等。

字节跳动公司采取的绩效管理模式是比较典型的 OKR 模式。字节跳动公司对 OKR 的应用可以用图 1-9 来表示。

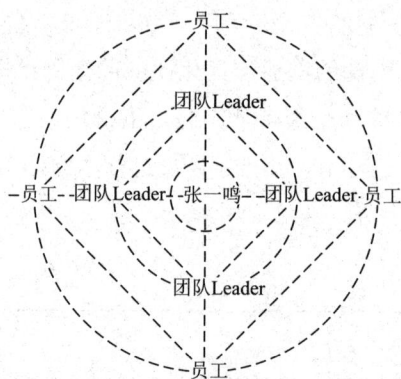

图 1-9　字节跳动公司 OKR 示意

这个圆形的圆心是字节跳动的主要创始人和掌门人张一鸣，代表整个字节跳动公司以张一鸣为中心。圆心向外一圈是不同层级的团队 Leader（领导人），团队 Leader 再向外是不同团队的员工。

张一鸣首先会根据公司的战略发展目标和产品战略规划，制定自己的 OKR。

接下来，所有团队 Leader 都能看到张一鸣的 OKR。团队 Leader 在制定团队或自身 OKR 时，会考虑以下 3 点。

（1）做到对张一鸣的 OKR 形成支持。

（2）做到对和自己产品相关的团队 Leader 的 OKR 形成支持。

（3）做到对自己内部团队产品和员工工作的支持。

员工在制定自身 OKR 时也是同样的道理，员工也能看到张一鸣和自己团队 Leader 的 OKR。员工在制定自己的 OKR 时，也要考虑以下 3 点。

（1）做到对团队 Leader 的 OKR 形成支持，对团队 Leader 的 OKR 形成支持实际上也是对张一鸣的 OKR 形成支持。

（2）做到与团队内部协作者之间 OKR 的相互支持。

（3）做到符合自己的实际工作。

经过这种圆圈式由内向外地制定 OKR 的模式，字节跳动公司全员的 OKR 都在围绕战略、产品展开。这种圆圈模式与史蒂夫·乔布斯（Steve Jobs）时代，苹果公司（Apple Inc.）飞速发展时期公司内部的管理模式极为相似。

字节跳动公司的 OKR 与其公司的产品规划设计定位是相关的。字节跳动公司的产品，大多是以今日头条为核心"生长"出来的，当前的整个产品矩阵呈现出层层外延的圆环形结构，如图 1-10 所示。

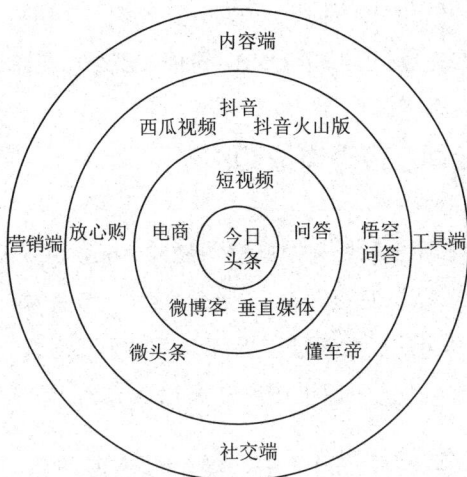

图 1-10 字节跳动公司的产品结构矩阵示意

今日头条是字节跳动公司的核心流量产品，产品的主要属性是新闻内容类。随着今日头条的不断发展，公司逐渐衍生出短视频品类、电商品类、微博客品类、垂直媒体品类和问答品类。这些品类分别对应着各自新的产品。

短视频品类中的典型产品有抖音、西瓜视频、抖音火山版等；电商品类中的典型产品有放心购；微博客品类中的典型产品有微头条；垂直媒体品类中的典型产品有懂车帝；问答品类中的典型产品有悟空问答。

随着产品的衍生与成长，字节跳动公司的产品矩阵再向外延伸，逐渐形成了内容端、营销端、社交端和工具端四大类。随着这四大类产品端的形成，公司又生发出更多新的产品。产品之间逐渐形成一个相互促进、相互影响的"生态圈"。

当把字节跳动公司的产品结构逻辑与绩效管理逻辑合并在一起看时，我们就会发现字节跳动公司的绩效管理逻辑其实来源于产品结构逻辑。绩效管理支撑着产品结构发展，与公司的产品战略规划相匹配。

在字节跳动公司的产品结构逻辑中，从今日头条"生长"出的环形产品结构因为今日头条而发展壮大，同时又可以反哺今日头条这个产品，继续滋养今日头条进一步发展。所以其产品结构逻辑中，既有今日头条向外扩展的"作用力"，也有外延产品向今日头条收缩的"反作用力"。

在绩效管理逻辑中，掌门人张一鸣带领下的不同项目或产品团队，因为公司的产品战略和张一鸣的 OKR 而扩展出项目或团队的 OKR，进而扩展出员工的 OKR。

张一鸣对整个公司的团队和员工都有一种向外扩展的"作用力"，整个公司的团队和员工完成OKR，也在完成张一鸣的OKR，进而实现公司产品战略的"反作用力"。

1.3.2 某互联网公司总经理岗位OKR

某互联网公司的主营业务是某领域的功能性App，其产品在国内同领域内具有一定的影响力。该公司以月度为单位实施OKR。该公司的总经理负责统筹公司的产品开发，管理公司的经营发展，保障公司的平稳运营。

某互联网公司总经理岗位的OKR如表1-14所示。

表1-14 某互联网公司总经理岗位的OKR

O序号	O内容	O权重	KRs序号	KRs内容	KRs权重
O1	月底前，继续保持在我国同类市场中用户数量最多的产品地位	40%	KR1	月底前，总用户数量达到1 000万人	20%
			KR2	月底前，日均活跃用户数量保持在50万人以上	40%
			KR3	月底前，软件总下载量达到3 000万次以上	40%
O2	月底前，产品进入东南亚市场，成为东南亚市场中同类产品的前3名	20%	KR1	月初完成全部东南亚产品的测试工作，保证产品达到上架标准，并保证产品全面在东南亚App市场上架	30%
			KR2	月底前，新产品上架推广活动获得200万次的下载量	20%
			KR3	月底前，在东南亚获得100万人的总用户数量	30%
			KR4	产品上架后一个月内，下载量超过400万次	20%
O3	月底前，继续保持在我国同类市场中最高的客户满意度	20%	KR1	各主要App应用评分的平均分保持在4.0分以上（满分为5分）	50%
			KR2	某机构（某App权威评分机构）对公司App的打分达到8.5分以上（满分为10分）	30%
			KR3	主要产品评价网站对App产品的好评率达到85%	20%
O4	月底前，保证新产品成功发布，成为我国同类市场中的最佳新品	20%	KR1	月初完成全部新产品的测试工作，保证新产品达到上架标准，并保证新产品在我国App市场全面上架	20%
			KR2	月底前，召开新产品的产品发布会。发布会保证有10家主要媒体到场，与新品发布会相关的视频报道的总点击量达到700万，文章阅读量达到500万人次	20%
			KR3	月底前，新产品获得150万人的总用户数量	20%
			KR4	新产品上架后一个月内，下载量达到500万次	40%

1.3.3　某外贸公司销售经理岗位 OKR

某外贸公司经营的业务是大宗商品的进出口贸易，主要以对外贸易为主。该外贸公司对销售团队员工的语言能力和销售方面的专业能力要求比较高，员工的稳定性比较差。销售经理主要负责帮助公司提高经营业绩，开拓新的市场并稳定员工队伍。

某外贸公司销售经理岗位的 OKR 如表 1-15 所示。

表 1-15　某外贸公司销售经理岗位的 OKR

O 序号	O 内容	O 权重	KRs 序号	KRs 内容	KRs 权重
O1	本月公司整体的销售业绩同比提升 10%	40%	KR1	与 8 家大客户讨论通过新的销售优惠政策	40%
			KR2	本月的广告转化率同比提高 10%	40%
			KR3	设计本月产品的营销方案	20%
O2	本月公司整体产品的毛利率保持在 20% 以上	20%	KR1	月初根据产品销量，设计出本月的产品毛利率结构方案	40%
			KR2	保持所有产品的价格稳定、统一	30%
			KR3	本月保持主打产品与同类产品在市场上的价格竞争力	30%
O3	本月产品在欧洲市场的销量同比提升 20%	20%	KR1	本月在欧洲市场新增 5 个新客户	40%
			KR2	本月对欧洲市场的 3 款产品实施促销计划	30%
			KR3	本月将 2 款产品的价格保持在欧洲市场的最低水平	30%
O4	保持销售团队的能力和稳定性	20%	KR1	每周开展 1 场针对全体销售人员的培训	20%
			KR2	每月邀请外部专业的培训讲师开展 1 场销售培训	20%
			KR3	本月销售团队的招聘满足率达到 100%	20%
			KR4	本月销售团队的离职人员数量不超过 1 人	40%

1.3.4　某网课运营平台社群营销岗位 OKR

某网课运营平台的经营模式是通过免费的学习内容吸引和聚拢不同领域的"粉丝"，形成学习社群，与行业内专家合作，出品并销售该领域的网课。该网课运营平台的社群营销岗位的工作内容是构建社群，对接专家，维持"粉丝"增长，促进课程销售等。

某网课运营平台社群营销岗位的 OKR 如表 1-16 所示。

表 1-16　某网课运营平台社群营销岗位的 OKR

O 序号	O 内容	O 权重	KRs 序号	KRs 内容	KRs 权重
O1	本月新增 10 个微信社群	10%	KR1	本月在 100 个新的微信群投放软文广告	20%
			KR2	本月在本公司的微信公众号中推送 30 篇软文广告	40%
			KR3	本月在不低于 90 篇其他微信公众号的头条文章中投放广告	40%
O2	本月与 8 位新的行业专家建立合作关系	20%	KR1	本月成功邀请 4 位新的行业专家开办线上免费直播课	35%
			KR2	本月成功邀请 4 位新的行业专家录制并上线付费网课	35%
			KR3	本月成功完成 8 位行业专家的专访，并形成访谈内容的文字稿	20%
			KR4	本月与 20 位新的行业专家取得联络，洽谈合作关系	10%
O3	本月关注平台的"粉丝"数量增长 6 000 人	30%	KR1	本月带广告文章的总阅读量超过 100 万人次	40%
			KR2	本月免费直播课的受众学员达到 4 万人次	20%
			KR3	本月平台老用户的转发量达到 3 000 人次	20%
			KR4	本月平台的总访问量超过 30 万人次	20%
O4	本月平台成交量达到 1 000 笔，单笔课程的销售成本同比降低 10%	40%	KR1	本月主推重点网课的销量达到 500 笔	40%
			KR2	本月 10 门滞销网课的销量达到 100 笔	20%
			KR3	本月新增 6 家网课代售机构	20%
			KR4	本月课程的销售成本降低 10%	20%

1.3.5　某在线教育机构内容营销岗位 OKR

某在线教育机构的经营模式是通过在各类互联网媒体创立和维护"流量矩阵"（不同平台的多个自媒体账号），获得线上流量（阅读量 / 播放量），从而宣传、销售在线教育产品。该机构的内容营销岗位的员工主要负责营销内容的编写、设计、投放，达成销售订单。

某在线教育机构内容营销岗位的 OKR 如表 1-17 所示。

表 1-17 某在线教育机构内容营销岗位的 OKR

O 序号	O 内容	O 权重	KRs 序号	KRs 内容	KRs 权重
O1	本月投放 30 篇营销文章，投放 8 个营销视频，并获得 500 万人次的总阅读量	20%	KR1	本月在本公司的微信公众号中投放 30 篇营销文章，获得 100 万人次的总阅读量	20%
			KR2	本月在本公司的微博投放 30 篇营销文章，获得 100 万人次的总阅读量	20%
			KR3	本月在本公司的抖音号投放 8 个营销视频，获得 200 万人次的总播放量	40%
			KR4	本月在本公司的今日头条号投放 30 篇营销文章，获得 100 万人次的总阅读量	20%
O2	本月自媒体矩阵新增"粉丝"数量超过 60 万人	20%	KR1	本月本公司的微信公众号总新增"粉丝"数量超过 10 万人	20%
			KR2	本月本公司的微博总新增"粉丝"数量超过 10 万人	20%
			KR3	本月本公司的抖音号总新增"粉丝"数量超过 30 万人	40%
			KR4	本月本公司的今日头条号总新增"粉丝"数量超过 10 万人	20%
O3	本月在外部媒体投放的营销文章或视频获得 500 万人次的总阅读量	20%	KR1	本月在外部微信公众号投放的营销文章获得 100 万人次的总阅读量	20%
			KR2	本月在外部微博投放的营销文章获得 100 万人次的总阅读量	20%
			KR3	本月在外部抖音号投放的营销视频获得 200 万人次的总播放量	40%
			KR4	本月在外部今日头条号投放的营销视频获得 100 万人次的总阅读量	20%
O4	本月总成交量达到 2000 笔	40%	KR1	本月通过内外部的微信公众号获得的成交量达到 400 笔	20%
			KR2	本月通过内外部的微博获得的成交量达到 400 笔	20%
			KR3	本月通过内外部的抖音号获得的成交量达到 800 笔	30%
			KR4	本月通过内外部的今日头条号获得的成交量达到 400 笔	30%

1.3.6 某游戏公司产品经理岗位 OKR

某游戏公司的主营业务是手机游戏的开发、经营和运维，通过游戏内的消费环节盈利。该公司的产品经理主要负责游戏产品的规划、开发、修正，保证游戏产品顺利上线，保证用户在游戏中获得良好的游戏体验。

某游戏公司产品经理岗位的 OKR 如表 1-18 所示。

表 1-18　某游戏公司产品经理岗位的 OKR

O 序号	O 内容	O 权重	KRs 序号	KRs 内容	KRs 权重
O1	本月测试 A 游戏产品的质量，保证游戏产品顺利运行	40%	KR1	本月修复上月发现的产品中的 20 个漏洞	20%
			KR2	本月修复上月发现的产品中的 5 个严重缺陷	20%
			KR3	本月第三周之前，完成游戏试玩版本的所有技术调试工作，保证月底前试玩版本如期上线	40%
			KR4	试玩版本上线之前，测试环境中不存在任何缺陷或漏洞	20%
O2	本月推出 A 游戏产品的试玩版本，市场反馈好评率达到 80% 以上	20%	KR1	本月第三周推出试玩版本	20%
			KR2	月底前，试玩版本的玩家注册人数达到 100 万人	30%
			KR3	月底前，月均在线玩家人数达到 10 万人	30%
			KR4	月底前，玩家及各大平台对游戏的评分达到 80 分（总分为 100 分）以上	20%
O3	本月规划完成 B 游戏产品的架构	20%	KR1	月底前，完成与 B 游戏产品相关的市场调研，获得项目需要的相关数据	30%
			KR2	月底前，形成 B 游戏产品的项目报告和项目计划书	30%
			KR3	月底前，完成 B 游戏产品项目启动的路演报告	40%
O4	产品队伍人员能力提升，团队保持稳定	20%	KR1	本月邀请外部专业讲师开展 2 场产品技术培训	30%
			KR2	本月组织 1 次员工到优秀公司交流、学习的活动	30%
			KR3	本月分别表彰产品团队中的 4 名员工	20%
			KR4	本月产品团队的员工队伍稳定性达到 100%	20%

1.3.7　某门户网站营销经理岗位 OKR

某门户网站提供各类综合互联网信息，主要通过网站的广告位盈利。该网站的营销经理主要负责该门户网站的推广和广告位的销售工作。

某门户网站营销经理岗位的 OKR 如表 1-19 所示。

表 1-19　某门户网站营销经理岗位的 OKR

O 序号	O 内容	O 权重	KRs 序号	KRs 内容	KRs 权重
O1	月底前，搜索引擎优化（Search Engine Optimization，SEO）流量获取同比增长 20%	30%	KR1	月底前，与 20 个新的网站建立友情链接	20%
			KR2	月底前，网站加载速度同比提高 10%	40%
			KR3	月底前，网站停留时间同比提高 10%	40%

续表

O 序号	O 内容	O 权重	KRs 序号	KRs 内容	KRs 权重
O2	月底前，网站访问量与转化率同比提高 10%	40%	KR1	月底前，网站访问量同比提高 10%	40%
			KR2	月底前，网站客户转化率同比提高 10%	30%
			KR3	月底前，实际成交额同比提高 10%	30%
O3	月底前，广告投放效率同比提高 10%	30%	KR1	月底前，单位点击率的广告成本同比降低 10%	25%
			KR2	月底前，单位价格广告获得的点击率同比增长 10%	25%
			KR3	月底前，单位价格广告获得的成交量同比增长 10%	50%

1.3.8　某电商公司客服经理岗位 OKR

某电商公司在天猫、淘宝、京东等线上购物平台经营着多家网店，主要业务收入来自网店的经营。该公司的客服经理主要负责服务线上购物的顾客，解答顾客的疑惑，促进交易成交，获得良好的顾客评价，从而促进网店销售。

某电商公司客服经理岗位的 OKR 如表 1-20 所示。

表 1-20　某电商公司客服经理岗位的 OKR

O 序号	O 内容	O 权重	KRs 序号	KRs 内容	KRs 权重
O1	保证顾客第一时间能够获得客服的接待	30%	KR1	顾客的平均响应时间在 30 秒之内	40%
			KR2	顾客回复率（回复过的顾客 / 接待的顾客 ×100%）达到 100%	30%
			KR3	客服问答率（客服发消息条数 / 顾客发消息条数 ×100%）达到 130%	30%
O2	最大化保证问询顾客的成交	40%	KR1	客服订单转化率（问询客服后付款人数 / 问询客服总人数 ×100%）达到 50%	40%
			KR2	客服客单价（通过客服购买的客单价 / 平均客单价）达到 1.12	40%
			KR3	客服成交率（通过客服成交笔数 / 总成交笔数 ×100%）不低于 60%	20%
O3	网店评分保持在行业最高水平	30%	KR1	网店总评分达到 4.9	35%
			KR2	网店所有商品的平均评分达到 4.9	35%
			KR3	顾客满意度（客服接待后满意的顾客数量 / 客服总接待顾客数量 ×100%）达到 99%	30%

1.3.9   某信息公司人力资源经理岗位 OKR

某信息公司的主营业务是某信息系统的销售、运维、售后等工作，主要业务收入来自该信息系统的销售环节、上线环节和运维环节。该公司的人力资源经理主要负责保障人才的供应与人才能力的提升，促进其他部门的人才达成绩效。

某信息公司人力资源经理岗位的 OKR 如表 1-21 所示。

表 1-21   某信息公司人力资源经理岗位的 OKR

O 序号	O 内容	O 权重	KRs 序号	KRs 内容	KRs 权重
O1	保障公司的人才供应	30%	KR1	本月的招聘满足率达到 95%	30%
			KR2	获得合格简历数量达到需求人数的 3 倍	20%
			KR3	外招人才在招聘期内上岗比例达到 90%	30%
			KR4	候选人面试后的回访率达到 100%	20%
O2	保障公司人才的能力提升	20%	KR1	培训计划的执行率达到 100%	20%
			KR2	月底前，岗位胜任力建设项目完成 50%	20%
			KR3	月底前，九大主要岗位技能应知应会教材编写的完成率达到 30%	30%
			KR4	月底前，完成员工技能与职业发展匹配的制度设计草案	30%
O3	保障绩效成果转化	30%	KR1	第一周，检查上月所有部门 OKR 的实施与完成情况	30%
			KR2	分析各部门的 OKR 完成情况，形成分析改进报告	40%
			KR3	与本部门员工检查和评估本部门及所有员工的 OKR 完成情况	30%
O4	保障员工队伍的稳定性	20%	KR1	本月公司总离职员工人数不超过 10 人	20%
			KR2	本月发生的员工投诉次数不超过 10 次	20%
			KR3	本月对所有员工进行一次员工访谈	30%
			KR4	本月进行 6 个岗位的薪酬调研，形成薪酬调研报告	30%

第 2 章

KPI 的用法

关键绩效指标（Key Performance Indicator，KPI）是指通过对组织内部流程的输入和输出的关键参数进行设置、取样、计算、分析，以衡量绩效的目标式量化管理指标。KPI 是组织实现战略目标需要的关键成功要素的归纳和提取，是最常见的用来衡量不同部门或岗位员工绩效表现的量化指标。

2.1 KPI 功能介绍

KPI 绩效管理工具通过将组织层面的发展方向和具体每个岗位的工作方向联系在一起，不仅使每个岗位明确了工作方向和工作目标，而且形成了岗位的KPI。通过每个岗位完成自身的 KPI，公司能够达成目标、实现战略。

2.1.1 KPI 的实施逻辑

KPI 来自公司战略目标的分解，是对公司战略目标的进一步细化和发展。如果公司的战略重心发生转移，战略目标发生变化，那么 KPI 也必须随之做相应调整，以重新适应和承接公司新的战略。

KPI 的实施逻辑如图 2-1 所示。

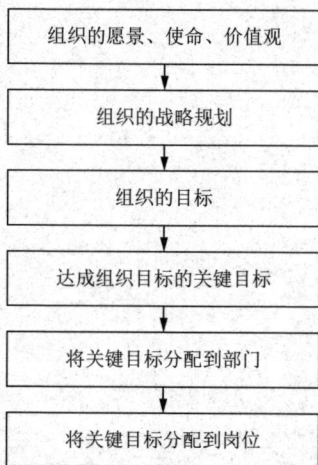

```
组织的愿景、使命、价值观
        ↓
    组织的战略规划
        ↓
      组织的目标
        ↓
 达成组织目标的关键目标
        ↓
  将关键目标分配到部门
        ↓
  将关键目标分配到岗位
```

图 2-1 KPI 的实施逻辑

实施 KPI 绩效管理工具，有助于公司根据组织战略目标和发展计划来制定部门和岗位的业绩指标，将部门和个人的目标与组织的目标联系起来。KPI 的目标最终是以不同岗位的 KPI 的形式落实的。

通过对组织目标进行分解，形成达成组织目标的关键目标，将组织的关键目标分配到部门，再将关键目标分配到岗位。在分配目标的过程中，免不了要有高层管理者、中层管理者、基层管理者和员工之间的沟通。

沟通在实施 KPI 的过程中非常重要，通过就 KPI 分解进行沟通，公司中不同层级的员工之间能够实现相互交流。充分的交流、沟通能够为更好地开展工作奠定基础。

高层管理者运用 KPI，能够把公司的战略层层分解，能够发现公司经营管理中价值最高的关键环节。公司战略分解得出的部门关键目标和岗位关键目标对实现公司的战略有比较直接的支撑作用，有助于达成公司的战略。

中层管理者运用 KPI，能够了解所在部门应该聚焦哪些关键活动来帮助公司达成战略，能够诊断基层团队的工作是否偏离方向，让所在部门把主要精力放在最能驱动经营管理的活动中。

基层管理者运用 KPI，能够帮助其监控绩效计划的实施进度，及时发现管理工作中潜在的问题，及时进行改进，并能够指导基层管理者采取行动。

基层员工运用 KPI，能够清楚本岗位的主要工作，了解本岗位的关键价值所在，把主要的精力运用在关键价值的创造上。

KPI 绩效管理工具的核心是"关键"和"指标"。并不是所有的目标都值得被关注，并不是所有的指标都适用来做岗位评价，只有关键的目标才适合用作岗位的绩效指标，形成 KPI，并被用来作为岗位绩效评价的依据。

将 KPI 作为绩效评价的依据，通过对 KPI 的实时监测，公司能够及时发现部门或岗位存在的问题，并通过反馈机制，促使部门或个人及时改进，引导组织向期望的目标发展。

2.1.2　KPI 的组成要素

实施 KPI 绩效管理工具需要完善的系统，KPI 的组成要素包括以下内容。

1. KPI 系统

KPI 包含 2 层含义，第 1 层含义是方向，第 2 层含义是目标。岗位的 KPI 本身表示岗位工作的方向，表明了岗位工作的重点和关键成果的输出。每个岗位的 KPI 对应的目标值，表明了岗位工作成果要达到的程度。所以每一个 KPI 既要有导向性，又要有目标值。

在一个公司中，KPI 系统分成组织的 KPI、部门的 KPI 和岗位的 KPI。KPI 系统如图 2-2 所示。

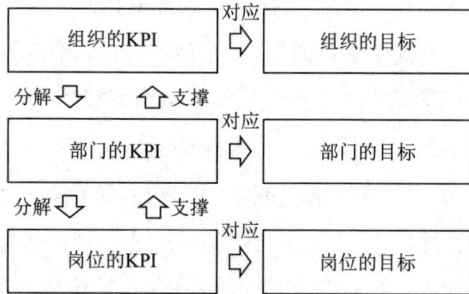

图 2-2　KPI 系统示意

组织的 KPI 对应组织的目标；部门的 KPI 由组织的 KPI 分解而来，对组织的 KPI 起支撑作用，对应部门的目标；岗位的 KPI 由部门的 KPI 分解而来，对部门的 KPI 起支撑作用，对应岗位的目标。

组织的 KPI、部门的 KPI 和岗位的 KPI 共同组成了公司的 KPI 系统。在一些管理咨询公司，随着实施绩效管理案例的积累，公司可以形成 KPI 库。KPI 库中可以包含不同层级、不同岗位类型、不同时间周期的指标。

举例

某公司组织层面的 KPI 分别为销售额达到 N 元，顾客数量达到 N 人，人均利润达到 N 元，成本控制在 N%。

为了实现组织层面的 KPI，市场部门对应的 KPI 分别为销售增长率为 N%，货款回收率为 N%，新增顾客数量达到 N 人，销售队伍总人数控制在 N 人，营销费用率控制在 N%，售后服务费控制在 N%。

为了实现部门层面的 KPI，销售业务员岗位对应的 KPI 分别为销售业务达到 N 元，新增顾客数量达到 N 人，营销费用控制在 N 元。

2. 衡量系统

KPI 的组成要素除了 KPI 系统之外，还有配套的指标衡量系统，只有可衡量的指标才能够被定性。衡量 KPI，是为了对岗位的工作成果实施评价，是为了得出员工的绩效结果。

KPI 的衡量并不是人力资源部一个部门能够完成的，它还需要关联部门的协作与支持。在 KPI 衡量系统中，要定义指标数据的提供部门，也要定义数据提供部门的具体职责。为保证数据提供部门履行职责，还要定义与数据提供相关的奖罚制度。

在一般的公司中，数据提供部门可能包括财务中心、数据中心、信息中心等部门。数据提供部门的职责主要是提供绩效目标设定需要和实际完成情况的相关信息或数据，并做出必要的分析。

3．应用系统

徙木立信，赏罚分明是绩效管理能够顺利实施并发挥作用的重要保障。对 KPI 进行评价后，要对 KPI 的结果进行相应的应用。

KPI 的应用是把 KPI 的评价结果应用到其他管理方式中的过程。根据"目标—承诺—结果—应用"的原则，在得出 KPI 的评价结果后，公司可以根据绩效管理制度进行相应的应用。

KPI 评价结果的应用主要包括 2 个层面。

（1）组织层面。从组织层面来说，KPI 的评价结果能够帮助公司诊断自身存在的问题，能够为公司根据当前绩效情况制定绩效改进计划提供依据，能够为公司制定具有针对性的培训计划提供依据，能够作为员工岗位调整和职级变动的重要依据，能够作为员工招募和甄选的重要依据。

（2）员工层面。从员工的物质层面来说，KPI 的评价结果可以应用在工资发放、奖金分配、薪酬调整、股权激励、特殊津贴和职工福利等方面。从员工的精神层面来说，KPI 的评价结果可以应用在职工晋升、职工发展、职工荣誉等方面。

2.1.3　KPI 的应用场景

从公司发展周期的角度来看，KPI 比较适合处在成熟期的公司运用。从行业属性的角度来看，KPI 比较适合运用在业务发展比较稳定、变化不大的行业，如生产制造业。从岗位属性的角度来看，KPI 比较适合运用在工作比较容易被量化，工作内容比较稳定、变化比较小的岗位。

除了公司发展周期、行业属性和岗位属性之外，当出现以下 3 类问题时，公司可以考虑应用 KPI 绩效管理工具。

1. 目标一致的问题

当员工所在岗位的目标和公司的目标不一致时，公司可以运用 KPI 绩效管理工具梳理公司目标和岗位目标的关系，为岗位设计能够承接公司目标的 KPI，让员工的付出能够承载公司的战略。

2. 工作方向的问题

当员工找不到工作方向、抓不住工作重点时，公司可以运用 KPI 绩效管理工具查找岗位的关键价值成果，帮助员工明确工作的重心，帮助员工找到努力的方向，让员工的工作效率得到提升。

3. 员工激励的问题

当公司不知道什么样的员工应该获得晋升和发展，不知道什么样的员工应该获得薪酬调整，不知道哪些员工是公司的核心员工，不知道哪些员工需要补充什么样的能力时，公司可以运用 KPI 绩效管理工具，通过员工 KPI 的完成情况判断。

KPI 绩效管理工具就像一把尺子，能够用来测量数据和衡量结果。公司可以通过 KPI 绩效管理工具确定整个公司、各部门、各岗位的工作重心，确定每个岗位的关键工作成果，为岗位评价提供依据。

阿里巴巴公司（以下简称"阿里巴巴"）对员工岗位业绩部分的绩效考核采取的就是 KPI 考核工具。阿里巴巴一直认为，员工岗位的绝大部分工作是能够被量化的，每个岗位的员工都应当有属于自己的 KPI，每个团队也应当有团队的 KPI。KPI 会变成团队共同奋斗的目标和调配资源的指导。

阿里巴巴的绩效管理体系基本上源自绩效管理已经比较成熟的通用电气公司（General Electric Company），所以其在建立之初就有比较好的框架基础。例如，阿里巴巴引入了通用电气公司著名的"活力曲线"工具（A 类员工占 20%，B 类员工占 70%，C 类员工占 10%），以及基于这个工具的激励制度和淘汰机制。

阿里巴巴采取的是价值观和业绩并重的双轨制绩效考核体制。价值观决定了公司创立和发展的初心，决定了公司未来如何延续统一的做事风格和行动理念。阿里巴巴坚信价值观的力量，把价值观纳入绩效考核的范围，把对价值观的考核和对业绩的考核视为同等重要（各占 50% 左右），通过绩效考核让价值观得到落地和延续。

为了实现公司的快速发展，阿里巴巴给岗位设置的 KPI 普遍是比较高的，员工要达成 KPI 是比较困难的。阿里巴巴在 KPI 的设计与评价过程中，特别强调管理者在整个绩效管理过程中的作用，强调上级对下级的评价，而不是让 HR 对员工进行评价。

2.1.4　KPI 的优点和缺点

KPI 不适用于所有公司，也不适用于所有岗位，KPI 也并不是万能的绩效管理工具。

在应用的过程中，KPI 的优点主要包括以下几点。

（1）考核目标明确，有利于公司战略的实现。通过对公司战略的层层分解，再通过对 KPI 的整合和控制，能够让员工的绩效行为与公司要求的行为相吻合。

（2）关注客户价值，有利于公司促进各岗位形成市场导向的经营理念。

（3）有利于把公司利益和个人利益绑在一起，员工实现个人目标的同时也可以实现公司目标。

如果 KPI 应用不当，也可能会出现以下问题。

（1）KPI 比较难界定。界定 KPI 的过程需要公司自身具备一定的管理基础和管理能力。KPI 的界定如果出现问题，不仅可能会引起员工的反感，降低员工的积极性，起不到提升岗位绩效的作用，而且可能会让员工的努力方向错位，不利于公司整体的绩效提升。

（2）KPI 更多是量化指标，这些量化指标有时候在理论上能帮助员工更好地完成自己的工作职责，但却不一定会最终对公司的绩效产生积极影响。对岗位有利的指标，不一定对公司有利。

（3）KPI 容易让考核人陷入一种机械、死板的考核方式，给被考核人强压 KPI，过分强调 KPI 的达成，而不考虑一些环境因素、弹性因素以及主观因素，使上下级之间缺乏必要的沟通，容易让考核产生争议。

阿里巴巴自采用 KPI 作为绩效管理工具以来，来自内部员工的负面质疑和外部专家的消极疑虑就没有停止过。

有人认为，判断人的价值观是个伪命题。把价值观和业绩相结合的绩效考核方式，对创业初期就加入公司的老员工来说是有效的，但是随着阿里巴巴的极速扩张，对那些表面上认同阿里巴巴文化，但是骨子里却不以为然的员工，可能并不适用。

关于员工应该如何看待绩效考核的问题，马云是希望员工能为阿里巴巴的使命、愿景、价值观和梦想去奋斗，而不是完全为了完成 KPI，更不应该是为了奖金而努力。但并不是所有员工都如马云期望的那样。

有一位阿里巴巴的前员工曾经写过一篇名为《KPI 心理学》的文章，从个人视角指出阿里巴巴采取 KPI 绩效管理工具进行绩效考核的弊病。

关于阿里巴巴的员工对 KPI 的反感，马云在应邀出席黑龙江举办的亚布力中国公司家论坛的专场演讲上说："不能因为员工讨厌 KPI 就取消 KPI，每个人的 KPI 指数不一样，这不是数字的分解。设计 KPI 是一门艺术，管理公司是一门科学，这中间是有巨大差异的。"

阿里巴巴西溪园区的报告厅内曾举办过一堂名为"百阿（百年阿里）必修课"的公开课。在这场公开课上，马云说："阿里巴巴的 KPI 考核是很令人讨厌的。每个人都恨 KPI，但如果没有 KPI、没有结果导向、没有效率意识、没有组织意识、没有管理意识，那么所有的理想都是空话，我们就会变成一个胡说八道的梦想者。每个人都愿意停留在理想中，但没有约束就是空想。天下没有完美的组织。为什么？很简单，想要走得快，那就一个人走；想要走得远，那就一群人一起走。要一群人一起走，就一定要有组织。"

2.2　KPI 应用方法

公司应用 KPI 绩效管理工具的目的是提升整个公司的绩效水平。为此，公司首先应当设计和分解公司层面的绩效指标，然后把公司层面的绩效指标安放在不同的岗位上，通过对 KPI 的评价、改进和应用，落实绩效考核结果，激发员工动力，提升岗位绩效，形成正向有益的管理循环。

2.2.1　KPI 的分类

按照不同的标准和应用场景，KPI 可以被划分成不同的类别。不同类别的

KPI 应当在不同的场景、不同的环境、不同的层级和不同的岗位中有针对性地实施应用。

1. 财务 / 非财务

如果按照 KPI 是否体现在财务数据上，可以把 KPI 分成财务类指标和非财务类指标。例如，销售额、毛利额、利润额等属于财务类指标；顾客满意度、员工流失率、生产计划完成率等属于非财务类指标。

2. 定量 / 定性

如果按照 KPI 能否被量化，可以把 KPI 分成定量指标和定性指标。例如，人均招聘成本、人均人力费用、人均培训时间等属于定量指标；公司制度的健全程度、内部沟通的顺畅程度、员工的工作态度表现等属于定性指标。

3. 数量 / 比率

如果对 KPI 按照表示数量和表示比率进行划分，可以把 KPI 分成数量指标和比率指标。例如，销售收入、顾客投诉次数、客流量等属于数量指标；费用率、毛利率、达成率等属于比率指标。

4. 外部 / 内部

如果按照 KPI 来源于公司外部还是内部进行划分，可以把 KPI 分成外部指标和内部指标。例如，市场占有率、顾客满意度、供应商满意度等属于外部指标；产品损耗率、产品盘点差异率、产品毛利率等属于内部指标。

5. 结果 / 过程

如果按照 KPI 是指向结果还是指向过程划分，可以把 KPI 分成结果类指标和过程类指标。例如，产品营业收入、客户成交量、毛利率等属于结果类指标；拜访客户数量、与客户电话沟通数量、合同签订质量等属于过程类指标。

6. 长期 / 短期

如果按照 KPI 在不同时间长度上的显现情况划分，可以把 KPI 分成长期指标和短期指标。例如，一段时期的毛利额、员工在一段时期内的离职率、员工一段时期后的转正率等属于长期指标；会议纪要完成的及时性、培训的及时性、档案存档的及时性等属于短期指标。

7. 业绩 / 行为

如果按照 KPI 是指向业绩还是指向行为划分，可以把 KPI 分成业绩类指标和行为类指标。例如，销售额增长率、成本降低率、利润提升率等属于业绩类指标；

会议召开次数、顾客投诉处理次数、培训次数等属于行为类指标。

8. 重要 / 日常

如果按照工作任务的重要性以及发生的频率，可以把 KPI 分成重要任务指标和日常任务指标。例如，完成公司的融资计划、完成公司的上市计划、完成 ERP（Enterprise Resource Planning，公司资源计划）系统上线计划等属于重要任务指标；完成安全培训计划、完成质量检查计划、完成设备检查计划等属于日常任务指标。

9. 关键 / 非关键

根据 KPI 的重要程度，可以把 KPI 分成关键指标和非关键指标。例如，净利润、现金流、新客户增长等属于关键指标；工作环境的整洁程度、工作报告提交的即时性、员工缺勤率等相对来说属于非关键指标。

10. 计划内 / 计划外

根据 KPI 是否提前在计划中，可以把 KPI 分成计划内指标和计划外指标。例如，工作计划完成率、销售预算额达成率、毛利预算额达成率等属于计划内指标；临时工作完成率、应对突发状况及时性、客户投诉处理满意度等属于临时出现的计划外指标。

11. 通用 / 专用

根据 KPI 是通用还是专用，可以把 KPI 分成通用型指标和专用型指标。例如，工作计划完成率、工作完成及时性、工作差错率等属于通用型指标；机械设备完好率、设备故障停机率、设备检修及时率等属于与机械设备相关岗位的专用型指标。

12. 关联 / 独立

根据 KPI 之间是否存在关联性，可以把 KPI 分成关联性指标和独立性指标。例如，对销售部门来说，销售额、客户数量、销售费用 3 个指标之间存在关联性，属于关联性指标；合同签订的完整性、市场调研的完成性、客户拜访的次数这 3 个指标之间不存在关联性，属于独立性指标。

13. 当前 / 未来

根据 KPI 是为当前业务还是为未来发展，可以把 KPI 分成当前业务指标和未来发展指标。例如，对人力资源管理岗位来说，围绕当前招聘满足率、员工离职率、部门费用控制的指标属于当前业务指标；围绕未来的劳动效率、人力费用率、培训计划完成率的指标属于未来发展指标。

2.2.2　KPI 的分解流程

KPI 分解是应用 KPI 绩效管理工具实施绩效管理的第一步。在这一步中，我们要根据公司的战略目标，将公司目标分解到部门，形成部门的目标和指标；再由部门分解到岗位，形成岗位的目标和指标。

KPI 分解是进行下一步的绩效计划制定的最关键、最核心的步骤，对绩效管理的成功实施具有极为重要的意义。许多公司绩效管理工作难以开展和推行的核心原因就在于 KPI 的分解不合理。

有的公司给部门或员工制定的绩效指标的目标值过高，同时又无法提供达成目标需要的资源，导致部门或员工不论怎么努力也无法达成目标。有的公司给部门或员工制定的绩效指标的目标值过低，导致部门或员工很容易就能达成绩效指标，进而导致员工缺乏工作的积极性和动力。

绩效指标设置得过高或过低同时也影响员工的薪酬、晋升、发展等。如果操作不当，可能导致员工对公司失去信心，也可能导致员工的工作积极性下降。

KPI 分解的简要流程如图 2-3 所示。

确立公司战略目标	⇒	建立公司绩效指标	⇒	将公司绩效指标分解到部门	⇒	将部门绩效指标分解到个人

图 2-3　KPI 分解的简要流程

设定 KPI 的目标值一般需要长期的数据积累与管理经验的积累，并且需要清晰的、更高层级指标的目标值。在给岗位设计和分解 KPI 的目标值时，读者要注意以下内容。

（1）以岗位职责中要求的关键工作为依据设计 KPI，并以此为依据设计工作标准和目标值。

（2）岗位的目标值应当参考公司和部门的目标值。

（3）岗位的目标值要参考从事该岗位员工历史完成过的目标值。

（4）岗位的目标值要参考同类岗位其他员工目标值的完成情况。

（5）如果条件允许，可以了解相同行业或竞争对手同类岗位的目标值。

如果可以获得以上信息，管理者可以和员工综合考虑以上目标值的信息后，设计岗位的目标值。如果缺乏这些数据作为参考依据，管理者可以和员工共同讨论后，设定一个数值作为第一期的目标值，之后的每一期都可以在这个目标值的基础上修订。

2.2.3　KPI的顶层分解

公司从顶层分解各岗位的KPI时，可以借助价值结构分解法。价值结构分解法的实施步骤可以分成以下4步。

第1步，找到公司最顶端、最重要的价值流程。

第2步，总结该流程中涉及的关键过程和控制点。

第3步，用这些关键过程和控制点，由上至下画出价值结构图。

第4步，以关键过程和控制点为核心设置KPI。

📖 举例

以下是零售行业实体连锁店的KPI价值结构分解的过程。

第1步，明确实体连锁店的价值流程。

实体连锁店最顶端产生价值的流程是顾客来到店里购买商品。通过多名顾客到店购买，或者1名顾客重复到店产生的购买量，连锁店能够产生营业额，从而产生价值。

第2步，总结价值流程中的关键控制点。

实体连锁店的关键流程中有4个核心：一是要有顾客，也就是客流量；二是顾客到店后，要形成有效的购买行为，也就是成交率；三是顾客购买的商品越多越好，也就是客单价；四是之前购买过商品的顾客最好多次购买，也就是重复购买率。

第3步，画出价值结构图。

根据第2步中总结的价值流程中的4个关键控制点，我们可以画出实体连锁店的价值结构图，如图2-4所示。

第4步，设置KPI。

通过对价值结构图的梳理和绘制，人力资源部门能够清晰地看出连锁店的价值结构是如何形成的，从而设置KPI。

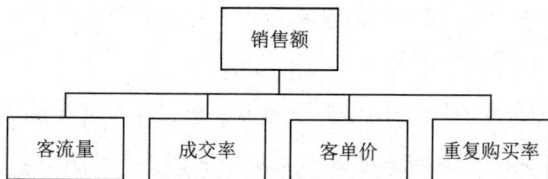

图 2-4　实体连锁店的价值结构图

对于实体连锁店来说，要形成最终的销售额，也就是价值创造的来源，需要客流量、成交率、客单价和重复购买率 4 项 KPI 的支持。这 4 项 KPI 和销售业绩呈正相关，当这 4 项指标中的其他 3 项不变，任何一项提高时，连锁店的销售额将得到有效提升，即有效地完成价值创造。

实体连锁店要提高销售业绩，在这 4 个关键控制点中的任何一个上做出努力，都有可能达成绩效目标。但是需要注意，对于一些经营慢销品的连锁店，如销售房子、汽车、家电、眼镜这类商品的连锁店，因为商品的属性，决定了顾客的重复购买率会很低。

针对这类具体案例，为了让 KPI 更聚焦，公司在画价值结构图时，可以考虑不设置重复购买率这一项。原因是这项指标的影响非常小，可以忽略不计。

但如果实体店销售的商品的属性并不属于慢销品，顾客可能有一定的重复购买行为，只是由于当前的实际经营状况不好，顾客没有形成足量的重复购买，那么也应当将这项指标列出来作为 KPI，成为下一步待改善的重点项之一。

2.2.4　KPI 的分解结构

在第 2.2.3 节中，实体连锁店的 4 项关键指标的重要性和优先顺序是不一样的，这将为设定 KPI 后，后续对各项占比的设置提供思路。在这 4 项指标中，客流量的重要性排在第 1 位。因为有了客流量，才可能产生后面的 3 项指标。

这也是为什么很多公司在销售人员入职后，销售经理会让销售人员首先学会寻找潜在顾客。有了潜在顾客，才有可能成交；有了成交后的顾客，才有可能引导其购买更多的商品，从而提高客单价；潜在顾客多了，做出同样的努力时，重复购买率自然就增加了。

如果只梳理实体连锁店的价值结构，呈现出的结果是比较粗糙的，这时候虽然顶层的 KPI 是清晰的，但并不能被直接用来作为岗位的 KPI，也不能作为行动的有效依据。

这时，公司还需要继续对 KPI 进行向下分解，继续向下画出下一层级的价值结构图，最终让价值结构分解后的 KPI 能够对应得出可实施、可操作的行动计划。

📖 举例

把实体连锁店的客流量作为最高级流程（一级流程）中最重要的 KPI 后，公司可以继续向下分解，找到影响这一 KPI 的其他关联指标，如图 2-5 所示。

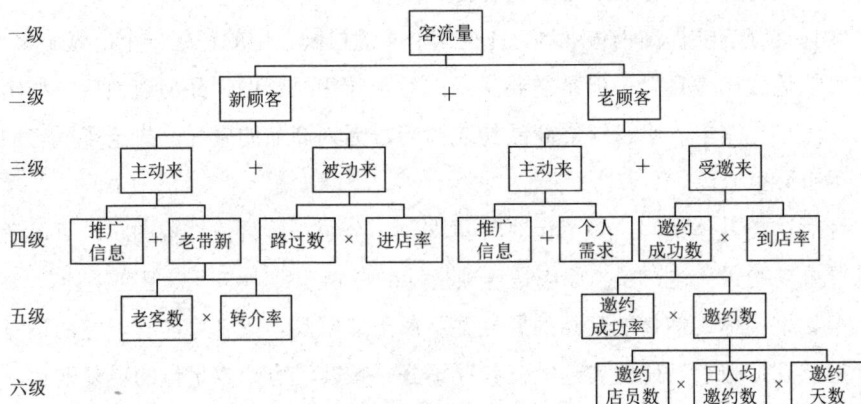

图 2-5　客流量价值结构分解

从图 2-5 中我们能够清晰地看出客流量的组成关系。

一般线下实体店的客流量是由两部分组成的，一部分是新顾客，另一部分是老顾客。提高这两项指标中的任何一项，都可以提高客流量。要增加新顾客或者老顾客的数量，还需要把关联的绩效指标进一步细分。

新顾客可以分解成主动来店者和被动来店者两部分。老顾客可以分解成主动来店者和受邀来店者两部分。提高这 4 项指标中的任何一项，也都可以提高客流量。

主动来店者是指自己主动找上门的顾客。被动来店者是指本不想到店里，无意中看到这家店以后才进店的顾客。受邀来店者是指门店主动邀请来店的老顾客。

新顾客中的主动来店者又可以分解成新顾客看到门店的推广信息进店和老顾

客带新顾客到店两部分。这时能够看出，门店宣传推广信息对于增加新顾客有非常直接的作用。

老顾客带新顾客的情况又可以分成老顾客本身的数量以及老客户介绍新顾客来的比率。要提升这个数值，可以从增加老顾客数量或者增加老顾客介绍新顾客来店后对老顾客的奖励两个方面着手。

新顾客中被动来店者通常和门店的位置有很大关系，因为门店的位置决定了人流量，影响人们路过门店的可能性。而主动来店者通常和门店位置的关系不大。只提高路过门店的人流量并不能保证增加主动来店顾客的数量，还需要通过门店门口的装饰、宣传等吸引顾客以提高进店率。

老顾客中的主动来店者可以分成因为门店的推广信息进店和因为个人需求进店两部分。我们在这里同样能够看出宣传推广信息的重要性，其既能影响新顾客的到来，又能影响老顾客的到来。所以绩效管理人员在设置 KPI 时，可以从宣传推广信息上入手。

受邀来的老顾客，与邀约成功的数量和最终实际到店的比率有关。邀约成功的数量与通过电话或社交媒体进行邀约的数量和邀约的成功率有关。邀约数量与参与邀约的店员数量、日人均邀约数量和邀约天数三者有关。

要提高邀约的成功率和邀约成功后的到店率，可以增强邀约活动的力度和吸引力。可以通过增加参与老顾客邀约的店员人数、增加参与邀约店员的工作效率，从而增加每个店员每天的邀约数量，或者增加店员的邀约天数，来最终增加邀约成功的数量。

当根据客流量延伸出来的更深层级的流程和关联指标之间的关系被深度挖掘出来之后，对更深层次的流程层面、任务层面 KPI 的设置就变得非常清晰了，而且可以把这些指标分解到部门层面和个人层面。

绩效管理人员可以从自身公司与客流量关系最大的环节、目前比较薄弱的环节或者能够实现量化的环节出发设置 KPI。这时 KPI 的设置已经不是简单地指向最终结果，而是通过对过程指标的设置，指向形成 KPI 的各项关键过程。

本节对实体连锁店客流量价值结构进行分解的目的是展示绩效价值结构分解的一般思路和方法。从事实体连锁经营行业的读者在参照此方法的同时，请根据自身公司经营业务的实际情况操作，建议不要照搬硬套。

2.2.5　KPI 的权重设计

KPI 的数量一般设置为 3～5 个，不同 KPI 的重要性不同。有的 KPI 比较重要，权重值应当设置得较大；有的 KPI 相对不重要，权重值应当设置得较小。

常见的设计 KPI 权重的方法有 3 种。

1. 专家评审法

通过专家评审法设计 KPI 权重的方法是组成专家团，由专家团中的专家作为评委，独立对当前所有的 KPI 的权重进行评价，对专家评价的结果取平均值，得出最终的 KPI 的权重。

举例

某公司根据战略和绩效价值结构分解，对销售部门设置的 KPI 分别为销售额、毛利额、顾客数量增加、回款率、销售费用控制 5 项。为了确认这 5 项指标的权重，绩效管理人员组织成立了绩效管理专家组。

该专家组由总经理、常务副总经理、分管销售的副总经理以及 2 位外部的咨询顾问组成。专家组成员对销售部门的 5 项 KPI 的权重设置实施独立评价，得到的最终结果如表 2-1 所示。

表 2-1　专家组成员对销售部门的 KPI 的评价

	A 评委	B 评委	C 评委	D 评委	E 评委	平均值
销售额	30%	40%	25%	20%	35%	30%
毛利额	10%	5%	15%	10%	10%	10%
顾客数量增加	30%	25%	35%	40%	35%	33%
回款率	20%	25%	20%	20%	15%	20%
销售费用控制	10%	5%	5%	10%	5%	7%

如果专家团中的专家存在权威性不同的情况，可以根据专家团意见力度的不同设置专家团意见的百分比后进行最终 KPI 权重的折算。例如，有的公司在 5 人的专家团中将总经理意见的重要性比例设置为 50%。

2. 质量评分法

运用质量评分法设计 KPI 的权重的方法是先设定好 KPI 大类的比例，由绩效管理人员根据 KPI 的质量评分得出每项指标的加权得分，然后计算出指标的权重。

KPI 的质量评分项可以根据需要设置，一般包括战略相关性、指标与岗位的关联性以及岗位的可控性等，也可以根据公司需要设置其他的质量评分项。

举例

某公司对某部门设置的 KPI 分成 2 类，一类是关键业绩指标，另一类是公司安排的重大任务指标。

这 2 项指标的权重公司已经确定，分别是 70% 和 30%。其中关键业绩指标有 3 个指标，分别是指标 1、指标 2 和指标 3；重大任务指标有 2 个指标，分别是指标 4 和指标 5。

该公司的绩效管理人员决定采用质量评分法确定各项 KPI 的权重。经与绩效管理委员会讨论，公司决定采用战略相关性、指标与岗位的关联性以及岗位的可控性 3 项指标作为质量评分项，分别占比为 60%、20%、20%。

经过对 5 项指标的最终评分，得出指标的权重结果如表 2-2 所示。

表 2-2　采用质量评分法获得的 KPI 权重

指标类型	指标权重	具体指标	KPI 质量评价得分				权重
			战略相关性（满分 60 分）	指标与岗位的关联性（满分 20 分）	岗位的可控性（满分 20 分）	加权得分（满分 100 分）	
关键业绩指标	70%	指标 1	50	15	15	80	24.3%
		指标 2	40	10	10	60	18.3%
		指标 3	55	20	15	90	27.4%
重大任务指标	30%	指标 4	60	15	20	95	15%
		指标 5	60	20	15	95	15%

3. 沟通设计法

通过上级管理者和下级员工的沟通来设计 KPI 的权重是最简单的 KPI 权重设计方法。管理基础比较薄弱，没有历史数据可以参考的初创公司或小微公司比较适合选择这种方法。

沟通设计法的关键在于双向沟通，而不是单向传达。不是上级直接把权重划分好强压给下级，而是上级和下级就 KPI 的重要性进行协商，找到 KPI 权重的平衡点。

2.2.6　KPI 考核周期设计

在设计了 KPI 的权重后，还要设计出 KPI 的考核周期。一般来说，KPI 的考核周期应当根据岗位层级属性的不同和岗位类别属性的不同而有所不同。

对于管理岗位，根据职责权限不同和管理属性不同，一般越往高层，KPI 的考核周期可以越长；越接近基层，KPI 的考核周期应当越短。

高层管理者、中层管理者和基层管理者可以选取的 KPI 考核周期如表 2-3 所示。

表 2-3　岗位层级与 KPI 考核周期的关系参考

管理岗位类别	KPI 考核周期的特点	KPI 考核周期一般可采取
高层管理者	长	年度、半年度
中层管理者	中	半年度、季度、月度
基层管理者	短	季度、月度、周度

按照工作属性划分，常见岗位的类别可以分成技术研发类、销售业务类、行政管理类、生产操作类、客户服务类。这 5 类岗位 KPI 考核周期的设置要考虑的因素如下。

技术研发类岗位一般因为产品研发的周期较长，所以应当设置较长的 KPI 考核周期。对于项目类的岗位可以按照项目的周期设置 KPI 考核周期。如果项目周期较长，可以按照项目周期的阶段性划分情况设置 KPI 考核周期。对于技术研发类岗位不是按照项目制进行的公司，可以根据公司情况，以季度、半年度或者年度为单位设置 KPI 考核周期。

销售业务类岗位由于需要激励的即时性，所以 KPI 考核周期不能太长，同时由于销售岗位通常会有回款问题，也更加印证了这类岗位的 KPI 考核周期不能太长。所以，销售业务类岗位的 KPI 考核周期一般居中，根据公司情况可以采取月度、季度或者半年度为 KPI 考核周期。

行政管理类岗位由于绩效管理过程往往需要付出较高的成本：如果 KPI 考核周期设置得较短，可能需要付出较高的管理成本；如果 KPI 考核周期设置得较长，则可能起不到管理的效果。所以行政管理类岗位的 KPI 考核周期一般也居中，根据公司情况可以采取月度或者季度为 KPI 考核周期。

生产操作类岗位的员工因为每天都要从事生产劳动，生产劳动的结果能够得到即时的体现，所以生产操作类岗位的 KPI 考核周期应当设置得较短。根据公司情况，可以采取天、周度或者月度为 KPI 考核周期。

客户服务类岗位的员工同样因为几乎每天都要和客户打交道，客户服务的结果往往能够得到即时的体现，所以客户服务岗位的 KPI 考核周期一般比较短。尤其是对于客户投诉处理的客服岗位，更是分秒必争。根据公司的具体情况，客户服务类岗位的 KPI 考核周期可以以天、周度、月度为单位。

综上所述，技术研发类、销售业务类、行政管理类、生产操作类、客户服务类岗位可以设置的 KPI 考核周期如表 2-4 所示。

表 2-4　岗位类别与 KPI 考核周期的关系参考

岗位类别	KPI 考核周期的特点	KPI 考核周期一般可采取
技术研发类	长	按照项目周期、项目阶段性周期、季度、半年度、年度
销售业务类	中	月度、季度、半年度
行政管理类	中	月度、季度
生产操作类	短	天、周度、月度
客户服务类	短	天、周度、月度

2.2.7　KPI 结果评价方法

KPI 结果评价是公司根据 KPI 和绩效实施计划，对一段时间的 KPI 结果进行评价的过程。

进行 KPI 结果评价要综合收集所有 KPI 相关信息，公正、客观地评价员工的 KPI 结果。上级应根据 KPI 的评价结果诊断员工的绩效，并且和员工一起拟订下一阶段的 KPI 目标计划。

按照大类划分，KPI 结果评价方法可以分为客观 KPI 结果评价方法和主观 KPI 结果评价方法。

常见的客观 KPI 结果评价方法包括关键事件法、行为锚定法、行为观察法、加权选择法等。常见的主观 KPI 结果评价方法包括强制排序法、强制分布法、工作述职法等。

1. 关键事件法

关键事件法是以事实为依据，上级在进行 KPI 结果评价时不仅要注重对行为本身的评价，还要考虑行为所处的情境。这种 KPI 结果评价方法的内容通常是员工的特定行为，而不是他们的个性、态度或者品质。

2．行为锚定法

行为锚定法是通过制定行为等级的评价表，将行为从优秀到较差划分成不同的等级并予以量化，当人才的行为达到一定等级时对应相应的KPI评分。行为锚定法适用于对强调行为表现的工作岗位进行KPI评价。

3．行为观察法

与行为锚定法不同的是，行为观察法不是确定某岗位员工的工作行为处在哪一种水平，而是确定该员工的某种行为出现的概率。这种方法通常是上级根据员工某一行为出现的频率或次数来对其进行打分。

4．加权选择法

加权选择法是通过一系列的描述性或形容性的语句，说明下级各种具体的工作行为和表现，并对每一项进行多等级的评分赋值。员工的行为表现越好，且该行为是公司希望看到的，其等级评分就越高。员工的行为表现越差，且该行为是公司不希望看到的，其等级评分就越低。

5．强制排序法

强制排序法的核心是建立一个排行榜，将下级的考核结果按照排行榜的规则从高到低进行排列。有时为了提高排序的精准程度，也可以根据岗位的工作内容做适当的分解。按照分解后的分项进行排序，再求出平均排序数，作为KPI评价的最终结果。

6．强制分布法

强制分布法与强制排序法有所不同，这种方法是对下级进行分类，人为地设置出几个类别，每个类别有不同的人数占比，按照不同的绩效、行为、态度、能力等标准将员工归到不同的类别中。

7．工作述职法

工作述职法特别适合工作成果难以量化的岗位的KPI评价。这种方法要求下级在KPI周期结束后，围绕KPI进行工作述职。述职的具体形式可以是召开工作述职会议，由下级陈述，也可以是下级根据KPI编写工作述职报告。

评价KPI的过程要注意奖惩的有效应用。正确制定公司的奖惩规则，正确运用奖惩规则是员工的思想和行为导向不偏离公司大方向的重要保障。

KPI评价不是简单地给出评价结果。KPI评价的指导思想围绕业务进步、绩效提高全面展开，将绩效评价视为一个管理过程，而不是单纯地追求评价结果本身。

上级在进行KPI评价时，不仅要看下级的目标是否达成，更要学会有技巧地告诉下级其差距所在。毕竟，员工能力的成长是更加长期的收益，而 KPI 评价结果只是短暂的。

2.2.8　KPI 结果改进方法

KPI 结果的改进是上级和下级根据下级的 KPI 完成情况，结合 KPI 结果反馈中下级反映出的问题和优秀 KPI 取得者所具备的特质，由上级和下级对未来 KPI 结果改善采取的一系列行动。

上级在绩效改进的过程中要以先改变环境再改变个体为原则，尽量通过流程、工具和制度的支持，来提高下级的工作成果。

1．组织的维度

从组织的维度，常见的可以进行 KPI 结果改进的内容包括公司或部门内部的文化氛围、人员配置、工作方式、工作重点、工作的先后顺序、部门与协同部门间的关系、形象或印象、提供的资源、流程制度等。

2．上级的维度

从上级的维度，常见的可以进行 KPI 结果改进的内容包括上级个人素质的提升、上级管理风格按需调整、上级管理方法相应改变、上级对业务的熟练程度、上级对下级的了解程度、上级与下级之间的关系、上级个人魅力的提升等。

3．下级的维度

从下级的维度，常见的可以进行 KPI 结果改进的内容包括下级自身的作业环境、下级工作技能的提升、下级工作方法的改变、下级工作习惯的改变、下级对待工作的态度、下级的个人需求和欲望、下级的职业生涯规划、下级与同事之间的配合程度等。

举例

阿里巴巴绩效反馈的主要形式是面谈反馈，目的是帮助员工成长，与员工面谈时团队管理者要体现出善意。绩效反馈并不是等到绩效周期结束时才进行，而是当管理者发现绩效问题时，便可以随时进行。

在阿里巴巴，绩效面谈反馈的原则有以下 5 点。

（1）立场坚定。

（2）公正、真诚、善意。

（3）永远 No Surprise（没有惊喜）。

（4）One over one plus HR（一对一，加上 HR）。

（5）不要轻易被不重要的事情左右。

阿里巴巴的管理者在实施绩效面谈时的标准流程可以分成以下5步。

第1步，解释此次绩效面谈反馈期望达到的目的和目标。

第2步，鼓励员工参与绩效面谈的讨论，而不是只有管理者一方发表看法。

第3步，记录员工在绩效面谈反馈中提出的问题和异议。

第4步，对于员工的优点，实施表扬；对于员工存在的问题，客观提出。

第5步，和员工一起制定下一步的解决方案。

针对员工绩效较差，要实施负面绩效反馈的情况，阿里巴巴希望管理者能够对事不对人，客观、具体、耐心地描述员工的行为，不加入主观判断；客观描述员工的行为可能带来的后果，不要指责员工；提出个人的建议，并和员工一起讨论下一步的改进方案等。

对于绩效反馈，阿里巴巴为管理者总结的注意事项有以下3点。

（1）聚焦事实。管理者和员工之间针对绩效的谈话应当聚焦在事实上而不是观点上。事实是指实际发生的事件，是能够被观察和描述的。事实可能是偶然发生的，也可能是连续发生的，而观点是指人们对事实的主观看法。每个人站的角度不同，观点可能各异，但事实却是唯一的。

（2）保持态度一致。管理者对员工的态度在整个绩效管理过程中应该保持一致，例如平时工作中对员工的行为没有明确的要求，而在绩效反馈时突然有了某种要求就有问题。前后不一致会让员工产生"秋后算账"的感觉。

（3）追求改进。实施绩效反馈是为了更好地进行绩效改进。管理者对员工实施绩效反馈的最终目的是改善绩效，评价员工在工作、行为方面的不足是为了帮助员工更好地成长，增加员工的认知，让他感受到管理者的真诚，保持信心地去改正行为。

在阿里巴巴，有一句内部流传的话叫"没有批评就是表扬，今天最好的表现是明天最低的要求"。这句话显示了阿里巴巴对绩效改进的重视，以及对员工不断突破自我，不断改进绩效，不断创造价值的持续要求。

阿里巴巴强调员工从被要求到自我要求，再到要求别人的个人成长。这本身也是一条员工到管理者的成长道路。阿里巴巴期望员工不断挑战自己，不断提高效率，不断设计更好的方法以达到更好的结果。从某种角度来说，阿里巴巴的绩效改进，实际上关系着员工个人的成长。

阿里巴巴有一个概念叫"雌雄同体"："雄"指的是做业务，能把业务做好；"雌"指的是带团队，能把团队带好。"雌雄同体"指的就是团队管理者或者业务负责人在做绩效管理循环的过程中不断变换思维方式，不断思考，不断提醒自己做好这两方面的角色，在帮助员工成长的同时，个人也得到成长。

2.2.9　KPI 结果应用方法

KPI 的评价结果一定要有效地应用才能真正发挥 KPI 绩效管理工具的作用，才能使组织和员工获得共同的发展。如果 KPI 的评价结果得不到有效的运用，奖惩决策将无法做到公平、公正，奖惩措施对员工将不具有说服力，势必削减员工的士气，打击员工的积极性，降低员工的工作效率。

对 KPI 结果的应用主要体现在以下方面。

（1）为上下级提供了一个就下级的工作成果进行沟通的机会，有助于改进下级的工作成果。

上级的角色不只是评判下级工作成果的"法官"，还是帮助下级提升工作成果的"教练"。上级不仅要承担监督的责任，更要负责好人才的培训与开发工作。上级将 KPI 评价结果及时反馈给下级，下级能够不断完善和提高自身的能力，以达到持续改进 KPI 的效果。实际上，这才是公司实施绩效管理的根本目的。

通过这种针对 KPI 展开的沟通反馈，上级和下级之间能够形成一种围绕 KPI 的伙伴关系，而不是单纯的管理与被管理的关系。上级可以向下级传递绩效需要改进的方面，并可以与下级共同探讨改进工作成果的方法。

员工在这个过程中，能够发现自身的短板，认识到待解决的问题并制定自身的发展计划，让员工能够朝着公司希望的方向发展，从而提高员工符合公司期望的行为出现的概率，减少出现公司不期望的行为，为达成更好的工作成果奠定基础。

（2）作为薪酬调整和奖金分配的重要依据。除了基本工资之外，实施KPI绩效管理工具的公司，通常还设置有一定比例的绩效工资。为了增强KPI结果的激励效果，公司可以将员工考核的结果分成不同的等级。例如，可以分成优秀（A）、良好（B）、合格（C）、不合格（D）。

相同职等职级、相同岗位属性、不同绩效等级的员工对应着不同的绩效工资。KPI结果可以与月度、季度、年度的绩效奖金挂钩。薪酬的调整往往也会以KPI结果为重要依据。KPI结果在薪酬方面的应用，是KPI最常见也是最普通的应用。

（3）作为晋升、降职或调岗的重要依据。如果员工的KPI结果持续保持在较优的水平，可以通过晋升，让其承担更多的责任；如果员工在某方面的KPI持续较差，通过分析其KPI，可以发现员工的不适应程度，聚焦具体问题。

如果某员工具有达成KPI需要的环境与资源，在通过指导与培训之后，其KPI依然没有得到改善，那么通常代表着该员工不能胜任当前岗位的工作。公司可以通过调整该员工的岗位，让其从事更适合的工作。这也可以作为公司让员工保持竞争意识和危机意识的手段。

（4）作为人才选拔结果评判的依据。公司根据对外部招聘人员KPI结果的分析，能够检验、评估招聘选拔工作的成果。如果招聘选拔的人才KPI结果普遍能够达到预期，说明招聘选拔工作是有效的；反之，则说明招聘选拔工作有待改善。

同时，对KPI结果的深层次分析，可以确认采用什么样的评价标准作为招聘选拔员工的依据更有效，以达到提高招聘质量、降低招聘成本的目的。

例如，对于某岗位，公司原本在招聘选拔人才的过程中，对人才数据分析能力的考查过分重视。后来发现，招聘选拔环节中数据分析能力表现较优的人才，实际上岗后的KPI结果并不佳。但在招聘选拔环节沟通协调能力表现较优的人才，实际上岗后的KPI结果相对较优。在这种情况下，该公司未来招聘该岗位人才时，在选拔的环节应当更重视对沟通协调能力的评价。

（5）作为发掘教育培训需求和人才培育的依据。通过分析公司整体的KPI考核结果，公司能够聚焦大部分员工知识和技能的不足之处，从而确定培训需求，帮助培训部门有的放矢地做好公司下一步的培训计划，帮助公司整体提升人才素质。对KPI考核结果的分析能够帮助公司有效地避免盲目培训，提高培训的有效性。

在培训计划运行的过程中，也可以通过对 KPI 结果的持续跟踪来随时评估培训的有效性。如果培训之后一段时期内 KPI 水平明显提高，则说明培训是有效的；反之，说明培训没有达到预期效果，需要及时调整改进。

（6）作为员工个人发展和职业生涯规划的依据。员工个人的职业生涯规划可以来自员工当前的 KPI 水平，由上级和下级共同协商制定下级长远的工作绩效改进和工作能力提高计划，能够将下级的个人发展与公司的发展连接在一起。

KPI 结果反映了公司的价值取向，对考核结果的运用可以强化员工对公司价值取向的认同感和归属感，让员工的职业生涯规划符合公司的价值取向。晋升和调岗的机制能够让员工个人的职业生涯规划更快实现。及时的 KPI 结果反馈有助于员工客观分析自己的职业发展方向，及时调整职业生涯规划，提高员工的职业满意度。

（7）作为人才激活的工具。如果 KPI 结果较差的员工思想消极，长期下去，就会成为公司的"不良资本"，早晚会被淘汰出局，无法有效地为公司创造价值。但如果这类员工能通过辅导或培训，努力提升自身的能力和素质，不断提高自身的业绩，达到绩效要求，就能转化为公司的"优良资本"。

有效应用 KPI 结果，能够激活公司中原本存在的"庸才"，形成优胜劣汰的激励机制，不断提高职工的整体素质。

（8）作为人力资源法律诉讼的重要依据。既然 KPI 结果可以作为员工降职、调岗甚至解雇的重要依据，那么在实际操作的过程中难免会引发员工的不满，即便上级在实施绩效管理的过程中会尽力避免和安抚，却总有个别情绪失控的员工会诉诸法律。这时候，就需要公司方提供相关的证据。

员工个人对 KPI 结果的承诺，以及得到 KPI 结果的相关数据书面记录能够帮助公司解决这类劳动纠纷，维护公司的合法权益。

2.3 【实战案例】某制造业上市公司应用 KPI 的案例

本节以某大型制造业上市公司 A 公司为例，介绍这家公司主要岗位的 KPI 设计。A 公司是一家财务管控型的集团公司，其部分子公司上市，集团公司共有

6 000余人，下设20余家子公司，各子公司分别从事不同的关联产业。在这些子公司中，有大约1/3属于高新技术生产制造业，大约2/3属于劳动密集型生产制造业。

2.3.1　绩效管理体系

A公司绩效管理体系的逻辑如图2-6所示。

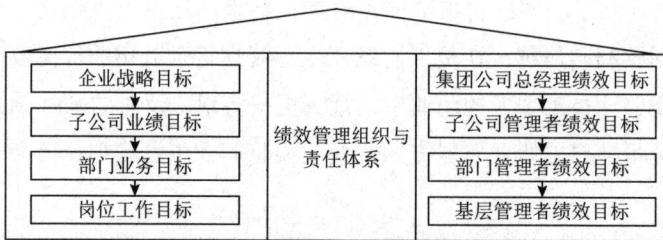

图2-6　A公司绩效管理体系的逻辑

A公司依靠绩效管理组织与责任体系，将公司的战略目标分解到各子公司的业绩目标，再进一步分解到部门业务目标和岗位工作目标。这些目标分别对应着集团公司总经理的绩效目标，子公司管理者的绩效目标，各部门管理者的绩效目标以及基层管理者的绩效目标。

A公司的绩效管理组织与责任体系如图2-7所示。

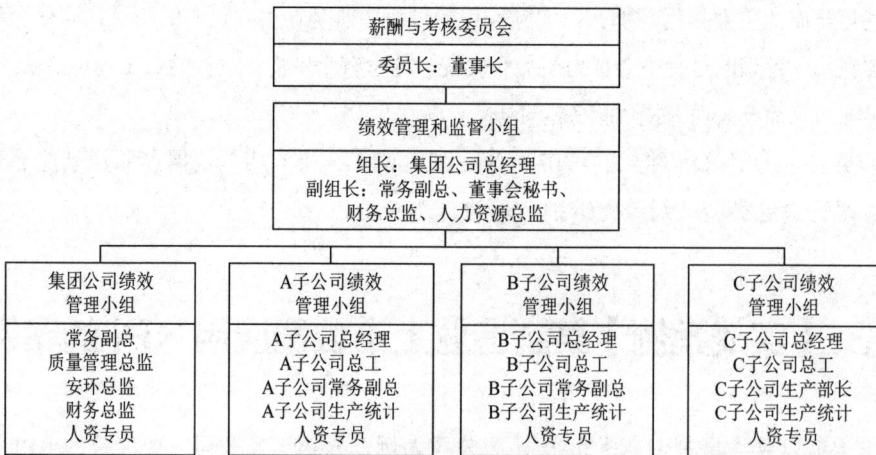

图2-7　A公司的绩效管理组织与责任体系

A 公司的绩效管理组织与责任体系的最顶层领导机构是董事会的薪酬与考核委员会，下设分管具体工作的绩效管理和监督小组。为保证落实绩效管理工作，A 公司在集团公司和各子公司分别设有绩效管理小组。

A 公司的薪酬与考核委员会负责从总体上把握绩效管理的方向和尺度，同时监控绩效管理的实施过程，落实绩效结果的应用。董事长担任薪酬与考核委员会的委员长。

A 公司的薪酬与考核委员会在绩效管理方面的主要职责如下。

- 负责绩效管理制度的审核、评估和执行，确保绩效管理制度客观、合理。
- 对公司目标的制定提出建议，并持续跟进目标的完成情况。
- 听取各方意见，不断改善绩效管理的实施过程。
- 定期召开例会或临时召开紧急会议，并将会议结果公示。
- 绩效考核申诉的最终裁定。
- 监督绩效结果的执行、应用以及改进方案的推进、执行。
- 对绩效持续无改进者做出必要的人事变动。
- 设计并实施绩效结果的奖惩方案。
- 持续改进组织的绩效管理系统，保证组织对绩效管理的持续接受，做到程序公平、人际公平、结果公平。

A 公司的绩效管理和监督小组是绩效管理工作的具体实施机构，负责实施过程中实操层面的组织、推进、引导和审核。集团公司的总经理担任绩效管理和监督小组的组长，并由常务副总、董事会秘书、财务总监和人力资源总监担任副组长。

A 公司的绩效管理和监督小组的主要职责如下。

- 修订、审核绩效管理制度。
- 组织并协助拟定公司的总体绩效目标，参加绩效管理会议。
- 审议高管年度的绩效合同内容。
- 监督、引导公司绩效管理具体工作的开展。
- 接受绩效申诉，权衡结果给出意见后报薪酬与考核委员会。
- 定期组织召开公司绩效评价会议。
- 审核公司各部门及子公司的考核情况，并汇总分析考核结果。
- 组织与启动公司绩效面谈工作。

- 组织公司内部的绩效管理培训。
- 必要时召开临时会议。

绩效管理的本质是上级对下级的管理，协作方在绩效管理过程中的作用主要是协助评价。A公司的绩效管理特别强调上级（考核人）和下级（被考核人）在绩效考核过程中的关系，定义了绩效考核过程中的三大角色——考核人、被考核人和协助部门，如图2-8所示。

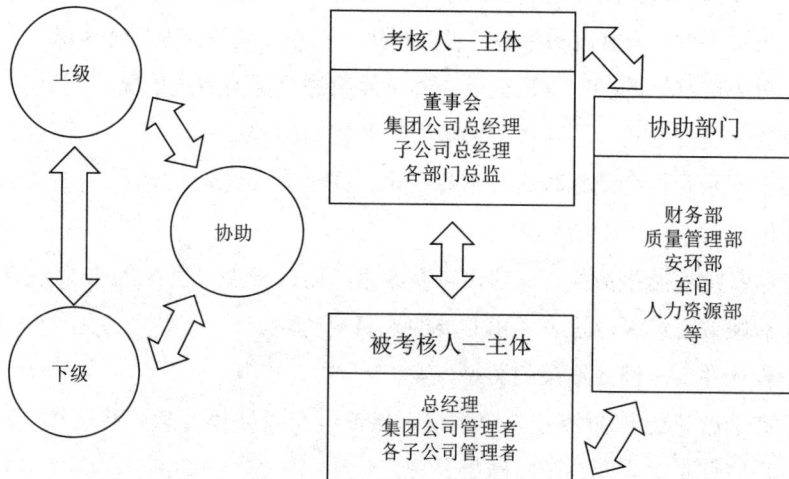

图2-8 A公司绩效考核过程中的三大角色

A公司的考核人是绩效管理的主体，是绩效考核工作的具体执行者。

A公司考核人的主要职责如下。

- 负责对下级实施绩效管理工作，包括设定绩效目标、过程中的检查和辅导、收集考核数据、沟通和反馈考核结果。
- 与下级制定并签署绩效合同，并进行持续的绩效沟通。
- 评估下级的绩效，协调和解决其在评估中出现的问题。
- 向人力资源部提供考核数据以及对绩效体系的意见。
- 协调处理下级员工的绩效申诉。
- 对下级进行绩效面谈。
- 帮助下级制订绩效改进计划。
- 根据绩效评估结果和人事政策做出职权范围内的人事建议或决策。

A 公司的被考核人是公司价值的创造者，也是公司绩效考核工作的具体落实者。

A 公司被考核人的主要职责如下。

- 充分认识并理解绩效管理体系。
- 与上级沟通确定自己的绩效目标，并签署和执行绩效合同。
- 以良好的心态与上级进行绩效沟通。
- 既要肯定自己的优势，也要积极面对自身的不足。
- 努力提升自身能力，更好地完成本岗位的工作，争取获得更好的绩效。

协助部门在绩效管理工作中的主要作用是提供绩效考核过程中与绩效指标运行结果相关的信息和数据，并在必要时做出分析。协助部门需要保证数据的严肃性，保证有据可查，落实到人，保证数据完整明确。

A 公司认为，没有沟通就不是绩效管理，绩效辅导是绩效管理的真正核心。绩效辅导是上级辅导下级共同达成目标 / 计划的最重要的方式。

在绩效考核的过程中，A 公司的考核人要做好绩效诊断，要关注被考核人的如下问题。

- 被考核人有做这方面工作的知识和经验吗？
- 被考核人有应用知识和经验的相关技能吗？
- 被考核人有不可控制的外部障碍吗？
- 被考核人有正确的态度和自信心吗？

同时，A 公司的考核人要做好绩效考核的过程监控，要关注下属在什么时候需要指导与支持，查找自己可以从哪些方面进行指导。考核人要及时发现被考核人需要的支持与需求，并及时对被考核人进行绩效辅导和沟通。

进行绩效辅导和沟通后，考核人和被考核人通常都能够回答如下问题。

- 被考核人的工作职责完成得如何？哪些方面完成得不好？
- 被考核人是在实现目标的轨道上运行吗？
- 如果被考核人偏离轨道，其需要做出哪些改变才能回到轨道上来？
- 在支持被考核人进步方面，考核人还能做些什么工作？
- 是否发生了影响被考核人完成工作任务或工作的重要性次序的变化？
- 如果发生了上述变化，双方在目标或任务方面应做哪些改变？

2.3.2 指标设计思路

A公司采用的绩效管理工具是KPI，所有主要岗位都有相应的KPI。A公司各岗位的KPI设计与A公司经营管理的政策方针有很大关系。A公司第2年的政策方针是"两个中心，一个基本点"。两个中心分别指的是技术创新、成本管控。一个基本点指的是执行力建设。

为了体现A公司第2年的政策方针，A公司在设计岗位KPI时，重点偏向了如下指标。

1．技术创新

在落实技术创新方面，A公司重点强调如下内容。

（1）技术项目制的落实，对应KPI为项目计划完成率。

（2）知识产权相关的落实，对应KPI为技术项目验收率、技术项目完成率、项目鉴定数量、论文数量、专利数量等。

（3）重点人才保留率，对应KPI为上一年新入职大学生年终留下的比例。

（4）人才培养与培训，对应KPI为培训计划完成率。

2．成本控制

在落实成本控制方面，A公司重点强调如下内容。

（1）生产成本控制的落实，对应KPI为原材料及辅料费用、人力费用、能源费用、厂房设备折旧费用、其他费用等。

（2）质量相关的落实，对应KPI为产品质量合格率。这里要综合考虑生产过程中的不合格产品率，产成品检验后不合格产品率和退货率等。

（3）安全和环保（简称安环）相关的落实，对应KPI为安全事故数量、评级工伤人数等。

（4）减员增效目标的落实，对应KPI为人力费用率、人力费用总额/年度销售额、人均劳效、销售额（产值）/员工人数等。

（5）员工离职率目标的落实，对应KPI为一线员工离职率。这里主动淘汰的员工不算在内。

3．执行力建设

在落实执行力建设方面，A公司在落实绩效指标设计方面的方式和依据如表2-5所示。

表 2-5　A 公司落实执行力建设的方式和依据

指标类别	落实方式	落实依据
定性指标	领导年终打分 管理者 360 度考评	员工平时表现 岗位职责履行
辅助考核项	领导日常评分 综治小组 督察组	员工手册 规章制度 事件追责

综合 A 公司的战略需求和第 2 年的政策方针，A 公司在执行力建设方面设计的 KPI 如表 2-6 所示。

表 2-6　A 公司在执行力建设方面的 KPI

类型		原则
主考核项 （基准分 100 分）	定量指标	Specific 具体的 Measurable 可以衡量的 Attainable 可以达到的 Relevant 与其他目标具有一定的相关性的 Time-bound 有明确截止期限的
	定性指标	上级交办事项的执行情况 岗位职责履行情况
辅助考核项		日常工作绩效表现的加减分
一票否决项		发生后分数清零

2.3.3　总经理岗位 KPI

A 公司的总经理在绩效管理工作中的地位最为重要和特殊，他既是考核人又是被考核人。相对于 A 公司的董事会来说，他是被考核人；相对于公司各主要岗位来说，他是考核人。他是绩效管理和监督小组的组长，而且是 A 公司绩效管理推进工作的最高指挥官。

在 A 公司的绩效管理工作方面，总经理的主要职责如下。

（1）审批公司副总经理及以下员工的绩效。

（2）传递公司对各部门、各主要岗位绩效的要求和期望。

（3）在充分沟通的基础上，与各管理部门的负责人制定并签署绩效承诺。

（4）对公司副总经理以下员工的绩效申诉实施裁决。

（5）主持召开绩效管理小组会议（包括定期例会和业绩评价会议）。

（6）主持公司有关绩效管理政策、制度和办法的讨论等有关会议。

（7）审批公司副总经理（含）以下人员的奖金分配办法。

A 公司总经理岗位的 KPI 如表 2-7 所示。

表 2-7　A 公司总经理岗位的 KPI

考核指标			目标	占比	指标定义	数据提供形式	数据提供部门
主考核项（基准分100分）	定量指标	股份公司净利润达成率	100%	50%	实际净利润 / 预算净利润 ×100%	财务报表	财务中心
		股份公司销售收入达成率	100%	40%	实际销售收入 / 预算销售收入 ×100%	财务报表	财务中心
		股份公司现金流达成率	100%	10%	实际现金流 / 预算现金流 ×100%	财务报表	财务中心

考核指标	指标定义	数据提供部门
一票否决项（发生得分清零）	重大生产安全事故	（1）造成 1 人以上（含 1 人）死亡或造成 2 人以上（含 2 人）重伤的生产安全事故 （2）发生火灾事故，造成公司经济损失 100 万元以上（净损失） （3）被应急管理、消防相关部门责令停产停业整顿或被以上部门处以 20 万元以上罚款 （4）损坏设备设施价值 100 万元以上或其他影响生产的因素造成经济损失 100 万元以上	安环工程部
	重大环境事故	排放、倾倒危险废物构成严重环境污染或被环保相关部门处以 5 万元以上罚款	安环工程部
	重大刑事、民事、行政等处罚	受到重大刑事、民事、行政等处罚，金额超过 50 万元，或者被限制人身自由，限制和剥夺特定行为能力	董事会办公室

2.3.4　技术总监岗位 KPI

A 公司设置技术总监岗位的主要目的是对公司的技术工作进行统筹管理。技术总监主要负责组织公司内部技术部门的工作，保质、保量、按时为客户提供满足其技术要求的产品。

A 公司技术总监的主要职责如下。

（1）负责技术部门的组织管理工作。

（2）领导技术部门制订工作计划，实现技术部门的年度工作目标。

（3）参与技术管理，降低生产成本和采购成本。

（4）参与公司全面质量管理制度体系的建设。

A 公司技术总监岗位的 KPI 如表 2-8 所示。

表 2-8　A 公司技术总监岗位的 KPI

考核指标		目标	占比	指标定义	数据提供形式	数据提供部门/人员
主考核项（基准分100分）	定量指标 重点项目计划完成率	100%	50%	重点项目在关键节点的完成情况，以评审结果为准	评审报告	总经理办公室
	其他项目计划完成率	100%	10%	其他项目在关键节点的完成情况，以评审结果为准	评审报告	总经理办公室
	产量保障	5 000 吨	10%	产量达到 5 000 吨	生产统计报表	拓展生产部
	知识产权完成率	100%	10%	项目验收、进度完成率、鉴定、验收、论文、专利	科研管理部打分	科研管理部
	技术检验体系	100%	10%	技术检测体系建设	质量报告	质量管理部
	定性指标 岗位职责履行	100%	10%	技术团队建设，人才的培养与培训（25%）科研院所合作培养、学习（25%）体系认证（25%）公司目标制定、修订（25%）	总经理打分	总经理

考核指标		目标	每发生一次	指标定义	数据提供形式	数据提供部门
辅助考核项（加减分项）	定性指标 重点人才保留率	70%	每超过5%，扣 5 分	上年入职大学生及现有人才留下的比率，公司主动淘汰的员工不算在内	人力资源报表	人力资源部
	研发成果管理	全部归档	未完成扣 20 分	过去开发成果梳理，全部归档	档案管理	机要室
	生产过程中的重大质量事故	0	-5 分	生产过程中发生事故，单次经济损失在 10 万元以上	质量报告	质量管理部
	产品质量问题引起的顾客投诉	0	-5 分	经确认是我方的产品质量问题	质量报告	质量管理部
	重大失密事故	0	-5 分	涉密信息违规上传到信息系统或与互联网连接的计算机，造成泄密；密级文件丢失、被窃取造成泄密；携带秘密信息出境造成泄密；重要会议、活动出现泄密。事态严重，对公司安全、生产经营造成严重危害或威胁，造成较大社会影响或对公司声誉产生影响，需要公司调度力量、资源应急处置的突发事件	失密核查报告	董事会办公室

续表

考核指标		指标定义	数据提供部门
一票否决项（发生得分清零）	重大生产安全事故	（1）造成1人以上（含1人）死亡或造成2人以上（含2人）重伤的生产安全事故 （2）发生火灾事故，造成公司经济损失20万元以上（净损失） （3）被应急管理、消防相关部门责令停产停业整顿或被以上部门处以20万元以上罚款 （4）损坏设备设施价值100万元以上或其他影响生产的因素造成经济损失100万元以上	安环工程部
	重大环境事故	排放、倾倒危险废物构成严重环境污染或被环保相关部门处以5万元以上罚款	安环工程部
	重大刑事、民事、行政等处罚	受到重大刑事、民事、行政等处罚，金额超过50万元，或者被限制人身自由，限制和剥夺特定行为能力	董事会办公室

2.3.5 生产总监岗位KPI

A公司设置生产总监岗位的主要目的是根据公司的总体战略，完成执行公司下达的年度经营目标和生产任务。生产总监主要负责公司整体生产经营计划的制定、执行和监督工作，处理日常生产经营管理工作和应对重大突发事件。

A公司生产总监的主要职责如下。

（1）组织、督促各车间按照生产计划保质保量按时完成各项生产任务。

（2）及时掌握销售订单与发货的相关信息，监督生产，为销售服务，满足市场需求。

（3）协调销售部门与生产部门沟通生产情况。

（4）协调质量部门完成车间原材料试验工作、成品质量管理工作。

（5）协调工艺部门完成工艺参数试验工作。

（6）协调设备部门完成生产设备的修理、保养工作。

（7）协调各个车间生产管理需求。

A公司生产总监岗位的KPI如表2-9所示。

表 2-9　A 公司生产总监岗位的 KPI

考核指标		目标	占比	指标定义	数据提供形式	数据提供部门 / 人员
主考核项（基准分100 分）	定量指标	生产成本控制达成率　100%	25%	1- 生产成本 / 产值	财务报表	财务中心
		产品质量目标达成率　原材料和制品均100%	20%	高于目标时：[1+（实际－目标）/目标]×100% 低于目标时：[1-（目标－实际）/目标]×100%	质量报告	质量管理部
		销售收入达成率　100%	15%	实际销售收入 / 预算销售收入 ×100%	财务报表	财务中心
		人均劳效上升人力费用率持平　100%	10%	人均劳效：年度销售额 / 总人数 人力费用率：人力费用总额 / 年度销售额 ×100% 人均劳效和人力费用率各占 5% 的比例 人均劳效提升目标同销售额提升目标 人力费用率与 2023 年持平	人力资源报表	人力资源部
		净利润达成率　100%	5%	实际完成净利润 / 预算净利润 ×100%	财务报表	财务中心
	定性指标	岗位职责履行　岗位职责	25%	总经理交办事务落实情况及执行率（20%） 设备技术改造（20%） 质量管理体系完善（20%） 外协加工（外协供应商管理，包括资格审核、主副配备等）（10%） 有效订单计划完成率（20%） 人才的培养与培训（10%）	总经理打分	总经理

考核指标		目标	每发生一次	指标定义	数据提供形式	数据提供部门
辅助考核项（加减分项）	定量指标	废旧物资利用率	80%	每减少1%，扣2分	生产过程中废旧物资的再利用比率	财务报表	财务中心
		一线员工的离职率	20%	每超过1%，扣2分	公司主动淘汰的员工不算在内	离职率报表	人力资源部
		评级工伤人数	不超过5 人	每超过1 人，扣5分	发生工伤后，进行伤残鉴定构成伤残等级的人数	工伤统计报表	人力资源部
		重点人才保留率	70%	每超过10%，扣5分	上年入职大学生及现有人才留下的比率，公司主动淘汰的员工不算在内	人力资源报表	人力资源部

续表

考核指标			目标	每发生一次	指标定义	数据提供形式	数据提供部门
辅助考核项（加减分项）	定量指标	一般安全事故	不超过2起	每超过1起，扣5分	除重大生产安全事故以外的事故，不包括工伤类事故 瞒报一票否决	安环报告	安环工程部
		生产过程中的重大质量事故	0	-5分	生产过程中发生事故，且单次经济损失在10万元以上	质量报告	质量管理部
		产品质量问题引起的顾客投诉	0	-5分	经确认是我方的产品质量问题	质量报告	质量管理部
		重大失密事故	0	-5分	涉密信息违规上传到信息系统或与互联网连接的计算机，造成泄密；密级文件丢失、被窃取造成泄密；携带秘密信息出境造成泄密；重要会议、活动出现泄密。事态严重，对公司安全、生产经营造成严重危害或威胁，造成较大社会影响或对公司声誉产生影响，需要公司调度力量、资源应急处置的突发事件	失密核查报告	董事会办公室

考核指标		指标定义	数据提供部门
一票否决项（发生得分清零）	重大生产安全事故	（1）造成1人以上（含1人）死亡或造成2人以上（含2人）重伤的生产安全事故 （2）发生火灾事故，造成公司经济损失20万元以上（净损失） （3）被应急管理、消防相关部门责令停产停业整顿或被以上部门处以20万元以上罚款 （4）损坏设备设施价值100万元以上或其他影响生产的因素造成经济损失100万元以上	安环工程部
	重大环境事故	排放、倾倒危险废物构成严重环境污染或被环保相关部门处以5万元以上罚款	安环工程部
	重大刑事、民事、行政等处罚	受到重大刑事、民事、行政等处罚，金额超过50万元，或者被限制人身自由，限制和剥夺特定行为能力	董事会办公室

2.3.6 销售总监岗位 KPI

A 公司设置销售总监岗位的主要目的是根据公司的战略规划、发展需要和目标，制订年度市场规划和市场拓展计划。销售总监主要负责公司年度市场规划和拓展计划的分解、实施、跟踪分析，采取有效的销售策略完成销售目标。

A 公司销售总监的主要职责如下。

（1）制定销售部门的销售战略，负责销售目标管理及目标分解。

（2）负责销售市场开拓、客户开发、客户管理。

（3）负责销售商务洽谈、合同签订及合同履行。

（4）开发销售渠道并负责渠道维护、运营。

（5）开拓代理公司与业务合作，管理与维护代理商。

（6）控制销售部门费用预算及支出。

（7）保证销售货款的回收。

A 公司销售总监岗位的 KPI 如表 2-10 所示。

表 2-10 A 公司销售总监岗位的 KPI

<table>
<tr><td colspan="3">考核指标</td><td>目标</td><td>占比</td><td>指标定义</td><td>数据提供
形式</td><td>数据提供
部门/人员</td></tr>
<tr><td rowspan="16">主考核项
（基准分
100 分）</td><td rowspan="8">定量
指标</td><td>销售收入达
成率</td><td>100%</td><td>20%</td><td>实际销售收入/预算销售收入×100%</td><td>财务报表</td><td>财务中心</td></tr>
<tr><td>高端客户
管理</td><td>100%</td><td>20%</td><td>（1）销售额
（2）回款率
（3）新增客户数量 N 家</td><td>财务报表</td><td>财务中心</td></tr>
<tr><td>新产品项目
管理推动</td><td>100%</td><td>15%</td><td>项目推进、转化，关键节点
输出</td><td>评审报告</td><td>总经理
办公室</td></tr>
<tr><td>应收账款回
款率</td><td>90%</td><td>10%</td><td>以资产负债表中的应收账款
为准</td><td>财务报表</td><td>财务中心</td></tr>
<tr><td>毛利率</td><td>30%</td><td>5%</td><td>以财务报表中的毛利率为准</td><td>财务报表</td><td>财务中心</td></tr>
<tr><td>新产品/新客
户销售占比</td><td>20%</td><td>10%</td><td>新客户的销售额，原有客户
增加新产品</td><td>财务报表</td><td>财务中心</td></tr>
<tr><td>发展代理数量</td><td>5 个</td><td>5%</td><td>公司要求发展代理数量</td><td>总经理
打分</td><td>总经理</td></tr>
<tr><td>销售费用率</td><td>5%</td><td>5%</td><td>销售费用/营业收入×100%</td><td>财务报表</td><td>财务中心</td></tr>
<tr><td rowspan="2">定性
指标</td><td rowspan="2">岗位职责
履行</td><td rowspan="2">100%</td><td rowspan="2">10%</td><td>总经理交办事务落实情况及
执行率（20%）
销售体系建设（20%）
人才的培养与培训（20%）
市场调研信息反馈（20%）
质量反馈（10%）
科研知识产权协助（10%）</td><td rowspan="2">总经理
打分</td><td rowspan="2">总经理</td></tr>
</table>

2.3.7 采购总监岗位KPI

A公司设置采购总监岗位的主要目的是根据公司战略和生产发展的需要，满足各种物料需求。采购总监主要负责公司采购管理，按需采购并保证采购的物料质优价廉，对公司供应商及库存进行管控，使公司采购资金得到合理利用，为公司运行、发展提供保障。

A公司采购总监的主要职责如下。

（1）开展供应市场调研与信息政策分析，掌握广泛的供应信息与渠道资源，分析各种材料的市场品质、价格等行情。

（2）根据各部门需求制订采购计划。

（3）根据采购计划编制资金使用计划，同时制订付款计划。

（4）按时、按量、按质完成采购供应计划，积极开拓货源市场；货（价）比三家，选择物美价廉的物资材料，完成降低采购成本的指标。

（5）严格把控采购物资质量关，协助有关部门妥善解决使用过程中出现的质量问题。

（6）对供应商进行管控。

A公司采购总监岗位的KPI如表2-11所示。

表2-11　A公司采购总监岗位的KPI

考核指标		目标	占比	指标定义	数据提供形式	数据提供部门/人员
主考核项（基准分100分）	定量指标	采购价格降低	降低5%	30%	排名前10可比品的价格降低	财务报告	财务中心
		对外付款条件优化	银行承兑达到70%	20%	与同期供应商支付条件进行比对	财务报告	财务中心
		供应商管理	100%	20%	（1）资质认证、评审体系（A类材料全部资质认证）（2）供应商分级（3）每种物料供应商数量（4）供应商大会的召开	质量报告	质量管理部
		物资供应质量合格率	99%	10%	合格品数量/全部供应物资数量×100%采购物资质量问题归零率	质量报告	质量管理部+生产部
		到货及时率	100%	10%	采购到货及时率	财务报告	财务中心

续表

考核指标			目标	占比	指标定义	数据提供形式	数据提供部门/人员
主考核项（基准分为100分）	定性指标	岗位职责履行	100%	10%	总经理交办事务落实情况及执行率（10%） 采购体系建设，流程控制（40%） 人才的培养与培训（25%） 采购年度/月度计划（25%）	总经理打分	总经理

考核指标			目标	每发生一次	指标定义	数据提供形式	数据提供部门
辅助考核项（加减分项）	定量指标	采购产品不合格造成的损失（不含技术原因造成的损失）	0	按照标准扣分	以 1 万元为单位，每造成 1 万元的损失，扣 1 分，最终扣分四舍五入。 例如，某部门需要 A 产品，结果采购到货的 A 产品质量不合格无法使用且无法退换货，产品价值 6.8 万元，则用 6.8 万元除 1 万元得 6.8 分，最终四舍五入扣 7 分	监督报告	质量管理部

2.3.8 质量管理总监岗位 KPI

A 公司设置质量管理总监岗位的主要目的是根据公司的整体发展战略，做好公司质量管理工作。质量管理总监主要负责公司各项体系的有效运行并进行持续改进，提升公司管理水平，对潜在风险加以控制，负责公司知识产权管理，及时对相关专利进行申报，负责公司公司文化建设，为公司发展提供保障等。

A 公司质量管理总监的主要职责如下。

（1）负责公司质量管理和控制。

（2）负责公司质量管理体系的建设与推进，确保公司产品质量目标的实现。

（3）负责公司管理水平的提升和风险控制。

（4）负责公司知识产权管理。

（5）负责公司文化建设。

A 公司质量管理总监岗位的 KPI 如表 2-12 所示。

表 2-12 A 公司质量管理总监岗位的 KPI

考核指标		目标	占比	指标定义	数据提供形式	数据提供部门/人员
主考核项（基准分100分）	定量指标	生产成本控制达成率	100%	30%	1- 实际生产成本 / 预计生产成本	财务报表	财务中心
		公司净利润达成率	100%	15%	实际净利润 / 预算净利润 ×100%	财务报表	财务中心
		产品质量合格率	99%	10%	高于目标时：[1+（实际－目标）÷目标]×100% 低于目标时：[1-（目标－实际）÷目标]×100%	质量报告	质量管理部
		质量体系认证完成率	100%	10%	ISO 9000 认证 质量管理体系建设（内部评审）	质量报告	质量管理部
		质量管理部门费用控制	100%	5%	1- 实际费用 / 预算费用 ×100%	财务报表	财务中心
	定性指标	岗位职责履行	100%	30%	总经理交办事务落实情况及执行率（40%） 质量计划、过程管控和检测的执行率（40%） 知识产权（20%）	总经理打分	总经理

2.3.9 安环总监岗位 KPI

A 公司设置安环总监岗位的主要目的是根据公司战略和公司现状，做好安环工作规划，完善规章制度。安环总监主要负责做好安环相关的内外部沟通，做好内部员工的安环教育培训工作，避免出现生产安全事故，减少安环相关问题。

A 公司安环总监的主要职责如下。

（1）宣传、贯彻国家最新安全、环保法律法规，规避安全或环保方面的法律风险。

（2）制定安环相关的方案，为公司安全经营、发展提供决策依据。

（3）配合政府部门实施各类安环相关检查，督促子公司对查出的问题进行整改。

（4）参与子公司和相关部门在技术、设备、建设项目中涉及安全、环保的相关工作。

（5）督促、检查子公司安全、环保工作的合规性、合法性。

（6）组织安全环保大检查和专项检查，组织收集各子公司巡查发现的事故隐患信息。

（7）组织子公司安全、环保事故的调查处理，提出处理意见和建议。

（8）组织公司员工参加安全、环保培训，组织召开安全、环保会议。

A 公司安环总监岗位的 KPI 如表 2-13 所示。

表 2-13　A 公司安环总监岗位的 KPI

考核指标		目标	占比	指标定义	数据提供形式	数据提供部门/人员
主考核项（基准分100分）	定量指标	评级工伤人数	10 人	25%	发生工伤后，进行伤残鉴定构成伤残等级的人数 瞒报一票否决	工伤统计报表	人力资源部
		一般安全环境事故	5 起	25%	除重大生产安全事故以外的事故，不包括工伤类事故 瞒报一票否决	安环工程部报告	安环工程部
		公司净利润达成率	100%	10%	实际净利润/预算净利润×100%	财务报表	财务中心
		部门费用控制	100%	5%	[1-（实际发生费用÷预算费用）/预计预算]×100%	财务报表	财务中心
	定性指标	岗位职责履行	100%	35%	总经理交办事务落实情况及执行率（20%） 安全检查执行率（20%） 安全教育/培训执行率（20%） 安全生产责任书签订（20%） 设备部门协同（20%）	总经理打分	总经理
考核指标		目标	每发生一次	指标定义	数据提供形式	数据提供部门
一票否决项（发生得分清零）	定量指标	重大生产安全事故	0	-100 分	（1）造成 1 人以上（含 1 人）死亡或造成 2 人以上（含 2 人）重伤的安全生产事故 （2）发生火灾事故，造成公司经济损失 20 万元以上（净损失） （3）被应急管理、消防相关部门责令停产停业整顿或被以上部门处以 20 万元以上罚款 （4）损坏设备设施价值 100 万元以上或其他影响生产的因素造成经济损失 100 万元以上	督查报告	安环工程
		重大环境事故	0	-100 分	排放、倾倒危险废物构成严重环境污染或被环保相关部门处以 5 万元以上罚款	督查报告	安环工程

2.3.10 工程总监岗位 KPI

A 公司设置工程总监岗位的主要目的是对公司的工程项目质量、进度进行管理和监控，最大限度地降低成本，建立工程管理规范流程和制度。工程总监主要负责对公司所属项目实施规范化管理，确保各项工程顺利进行。

A 公司工程总监的主要职责如下。

（1）负责公司内各类工程项目的组织、管理和实施。

（2）拟定工程用料计划，并组织验收、核对、保管工作。

（3）负责建筑物的日常维修、保养工作。

（4）监控工程实施过程，对工程规划、设计、造价、施工、验收、维护进行全面管理。

（5）协调设计、监理、土建、安装各施工单位的关系，组织解决施工过程中出现的问题。

（6）协调本部门与相关职能部门及外涉单位的有关事务。

A 公司工程总监岗位的 KPI 如表 2-14 所示。

表 2-14　A 公司工程总监岗位的 KPI

考核指标		目标	占比	指标定义	数据提供形式	数据提供部门 / 人员
主考核项（基准分100分）	定量指标					
		工程管理合规性	100%	30%	工程基建制度执行率、招投标率	相关文件	总经理办公室
		合同执行率	100%	20%	按时完工、进度、质量、成本（预算管控）、验收、决算	使用单位评分	行政办公室
		对外付款条件优化	银行承兑达到70%	20%	对外付款采用银行承兑	财务报表	财务中心
		工程供应商管理	100%	10%	（1）资质认证、评审体系（2）供应商分级	质量报告	质量管理部
	定性指标	岗位职责履行	100%	20%	总经理交办事务落实情况及执行率（25%）工程项目及建筑物各类手续和证照完备率（25%）所有在用工程的安全质量保障和实施情况以及完成决算（25%）日常安全管理（25%）	总经理打分	总经理

续表

考核指标			目标	每发生一次	指标定义	数据提供形式	数据提供部门
一票否决项（发生得分清零）	定量指标	重大工程安全事故	0	-100 分	造成人员重伤或死亡	安全事故报告	安环工程部

2.3.11 设备总监岗位 KPI

A 公司设置设备总监岗位的主要目的是贯彻公司的设备管理方针，为生产提供良好的机器设备，为安全提供合格的特种设备，保证设备正常运行。

A 公司设备总监的主要职责如下。

（1）负责新设备采购及安装调试工作。

（2）负责设备改造、大修工作。

（3）负责设备采购、安装工作。

（4）制订设备维修、维护、保养计划，并监督执行。

（5）负责公司基础设施的管理工作。

（6）做好监视及测量设备管理。

（7）负责设备的相关认证工作。

A 公司设备总监岗位的 KPI 如表 2-15 所示。

表 2-15 A 公司设备总监岗位的 KPI

考核指标			目标	占比	指标定义	数据提供部门 / 人员
主考核项（基准分100分）	定量指标	设备维修保养成本增加	≤ 0	10%	（修理费本年发生额 - 去年发生额）/ 去年发生额	财务中心
		生产设备完好率	≥ 90%	30%	完好生产设备数量 / 总生产设备数量 ×100%	生产部
		设备故障停机率	≤ 5%	20%	设备故障停机工时 / 设备开机工时 ×100%	设备管理员
		设备检修及时率	≥ 90%	10%	及时检修设备数量 / 需检修设备总数量 ×100%	设备管理员
		设备检修一次合格率	≥ 90%	10%	设备检修一次合格数量 / 设备检修总数量 ×100%	生产部
	定性指标	岗位职责履行	100%	20%	员工培养与培训，生产协同与内部满意度	人力资源部

续表

考核指标			目标	每发生一次	指标定义	数据提供部门
辅助考核项（加减分项）	定量指标	工伤事故	评级工伤0次/年	-5分	以工伤上报次数为准，瞒报一经发现一票否决	人力资源部
		设备责任事故	0次/年	-5分	生产过程中发生事故，单次经济损失在10万元以上	安环工程部
一票否决项（发生得分清零）	定量指标	重大生产安全事故	0次/年	-100分	（1）造成1人以上（含1人）死亡或造成2人以上（含2人）重伤的安全生产事故（2）发生火灾事故，造成公司经济损失超过20万元以上（3）被安监部门、消防部门责令停产停业整顿或被以上部门处以20万元以上罚款（4）损坏设备设施价值100万元以上或其他影响生产的因素造成经济损失100万元以上	安环工程部
		重大环境事故	0次/年	-100分	排放、倾倒危险废物构成严重环境污染或被环保相关部门处以5万元以上罚款	安环工程部
		重大刑事、民事、行政等处罚	0次/年	-100分	受到重大刑事、民事、行政等处罚，金额超过50万元，或者被限制人身自由，限制和剥夺特定行为能力	董事会办公室

2.3.12 人力资源总监岗位KPI

A公司设置人力资源总监岗位的主要目的是根据公司发展战略，依据国家人力资源相关规定，组织本部门并协调其他单位完成对人才的选拔、配置、培养、留用、评价以及岗位绩效评估等工作，保证人力资源对公司战略的有效支持。

A公司人力资源总监的主要职责如下。

（1）制定和实施人力资源规划。

（2）制定、修改和审核公司人力资源相关管理制度、流程、规范。

（3）维护和管理公司组织架构、岗位体系、能力体系、人才评估体系，并提出修改建议。

（4）组织各部门梳理、优化核心部门职能和岗位职责。

（5）建立、优化人才招聘管理体系、培训管理体系、薪酬管理体系和绩效管理体系。

（6）负责核心员工的调动、晋升、任免管理。

A 公司人力资源总监岗位的 KPI 如表 2-16 所示。

表 2-16　A 公司人力资源总监岗位的 KPI

考核指标		目标	占比	指标定义	数据提供形式	数据提供部门/人员
主考核项（基准分100分）	定量指标					
		绩效考核完成率	100%	20%	完成各子公司关键岗位管理者绩效考核，建立健全技术层面绩效考核体系	审计报告	审计部
		股份公司净利润达成率	100%	20%	实际净利润 / 预算净润 ×100%	财务报表	财务中心
		招聘满足率	90%	10%	高于目标时：[1+（实际 - 目标）÷ 目标]×100%低于目标时：[1-（目标 - 实际）÷ 目标]×100%	审计报告	审计部
		培训计划完成率	20 次 / 年	10%	实际培训次数 /20× 100%，满分为 10 分，未完成扣分	审计报告	审计部
		人力费用率	15%	5%	人力费用额 / 销售额 × 100%	财务报表	财务中心
		部门费用控制	100%	5%	[1-（实际发生费用 - 预算费用)/ 预计预算]× 100%	财务报表	财务中心
	定性指标	岗位职责履行	100%	30%	总经理交办事务落实情况及执行率（20%）销售中心协同、技术协同（20%）重要岗位人员的职业规划计划和梯队建设（20%）减员增效目标，定员定岗（20%）销售岗位末位调整（20%）	总经理打分	总经理

2.3.13 财务总监岗位KPI

A公司设置财务总监岗位的主要目的是协助总经理制定公司战略，利用财务核算与会计管理原理为公司经营决策提供依据。财务总监负责制定公司的财务战略，并主持公司财务部门的日常组织、管理工作，完成公司财务计划，保障生产，节约资金。

A公司财务总监的主要职责如下。

（1）负责公司财务管理体系的构建。

（2）负责公司财务分析与预测。

（3）负责公司财务预算与会计核算。

（4）负责公司资金、资产管理。

（5）负责财务信息化建设。

A公司财务总监岗位的KPI如表2-17所示。

表2-17 A公司财务总监岗位的KPI

考核指标		目标	占比	指标定义	数据提供形式	数据提供部门/人员
主考核项（基准分100分）	定量指标 股份公司现金流	100%	25%	实际现金流/预算现金流×100%	审计报告	审计部
	财务融资成本	100%	25%	实际融资成本/预算融资成本×100%	审计报告	审计部
	项目验收	100%	10%	科研管理部项目验收工作的支持	科研管理部打分	科研管理部
	股份公司净利润达成率	100%	10%	实际净利润/预算净利润×100%	审计报告	审计部
	财务部门费用	100%	20%	[1-（实际发生费用-预算费用）/预计预算]×100%	审计报告	审计部
	定性指标 岗位职责履行	100%	10%	总经理交办事务落实情况及执行率（20%） 财务报表及预算编制、财务分析、审计、财务报告、财务内控制度、ERP进程、财务培训、资金安全（10%） 资金规划使用和金融产品创新（20%） 销售价格审核管控（10%） 理财（10%） 贷款额（10%） 各部门协调（10%） 人才的培养与培训（10%）	总经理打分	总经理

第 **3** 章

KSF 的用法

关键成功要素（Key Success Factors，KSF），也叫薪酬全绩效模式，是一种根据员工创造的价值实施激励的绩效管理工具。KSF 把员工的薪酬和公司想要的绩效进行融合，寻找两者之间关注的平衡点，从而让员工和公司形成利益共同体，实现共创和共赢。KSF 不仅着眼于绩效的优化，更致力于同步提升员工的收入，激发员工的士气和创造力。

3.1　KSF 功能介绍

KSF 一方面着眼于公司绩效的改善，另一方面致力于提高员工的收入。从员工的外源动力到内源动力的开发，增强员工的利益驱动。KSF 强调让员工为自己工作，为了公司和员工共同的目标而工作。所以，KSF 既是绩效优化的方案，也是员工薪酬改革的方案。当每一个岗位的员工都拿到高薪时，公司的业绩更可能超额达成。

3.1.1　KSF 的实施逻辑

KSF 实际上是一种能够比较直观地帮助公司实现公司和员工共赢的绩效管理工具。KSF 非常强调多劳多得、少劳少得、不劳不得，实现劳动成果和员工受益的强关联，但 KSF 强调的"劳"不是"苦劳"，而是"功劳"。

KSF 的实施逻辑是员工的薪酬与员工创造的价值高度相关。当员工在某岗位上创造的价值等于预期时，员工可以获得既定的薪酬；当员工在某岗位上创造的价值大于或小于预期时，员工的薪酬水平也相应提高或降低。

KSF 的实施逻辑如图 3-1 所示。

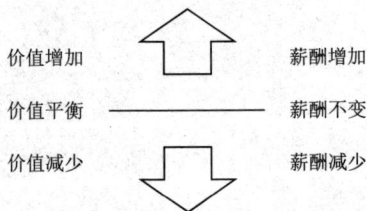

价值增加　⬆　薪酬增加
价值平衡　———　薪酬不变
价值减少　⬇　薪酬减少

图 3-1　KSF 的实施逻辑

在 KSF 中，增加的薪酬实际上并不是公司平白无故额外支付给员工的，而是员工靠自身努力额外创造的价值。这部分价值有时候是因为员工提高了公司在市场上的销售额，有时候是因为员工提高了公司的运行效率，有时候是因为员工降低了公司付出的成本，有时候是因为员工减少了公司的损失。

常见岗位创造的价值增加，带来薪酬增加的情况如下。

- 让某方面资源可以得到充分运用。
- 开发了新的市场，提高了收益。
- 增加了某种产品的产值。
- 提高了劳动效率。
- 降低了某种损耗。

实施 KSF 时要确定岗位的价值平衡点：当员工在该岗位上创造的价值达到价值平衡点时，其获得预定的薪酬；当员工在该岗位上创造的价值达到价值平衡点以上，其就应当获得额外的薪酬奖励；当员工在该岗位上创造的价值未达到价值平衡点，就会相应扣减其部分薪酬。

KSF 推进员工持续行动，不断提升绩效水平的逻辑如图 3-2 所示。

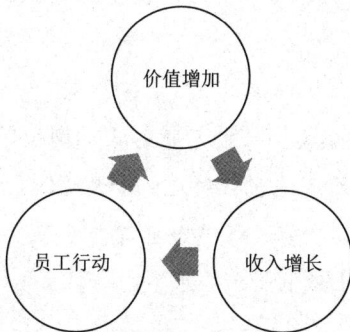

图 3-2　KSF 推进员工持续行动的逻辑

员工创造的价值增加，换来自身的收入增长，这是对正向激励的落实。这种激励将会促使员工进一步采取促进价值增加的行动，形成增益效应。如果员工创造的价值减少，自身收入就会减少，构成负向激励。这种激励将会促进员工改变行为，转向价值增加的行动。

3.1.2　KSF 的组成要素

KSF 的关键组成要素包含 4 个，如图 3-3 所示。

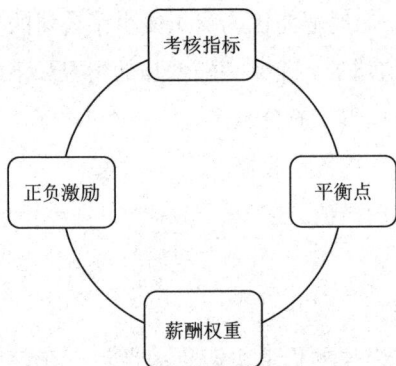

图 3-3 KSF 的关键组成要素

1. 考核指标

KSF 的考核指标是岗位的关键业绩结果，是公司期望岗位实现的最重要的输出价值。在设计 KSF 考核指标时，应当着重考虑岗位存在的核心价值结果，而不仅是岗位的职责。一般来说，一个岗位设置的 KSF 考核指标的数量应控制在 5～8 项。

2. 平衡点

KSF 考核指标的平衡点是指在通常状态下，岗位的 KSF 考核指标应实现的目标值。当某岗位的某项 KSF 考核指标达到平衡点时，该项考核指标对应的薪酬达到一般水平；当某岗位的某项 KSF 考核指标大于或小于平衡点时，该项考核指标对应的薪酬也将对应高于或低于一般水平。

3. 薪酬权重

薪酬权重是 KSF 考核指标对应的薪酬值以及各 KSF 考核指标薪酬值占总薪酬（达到平衡点时）的比例。薪酬权重一般应根据 KSF 考核指标的重要性来划分，实际上薪酬权重也是 KSF 考核指标的权重。

4. 正负激励

正负激励的含义是在 KSF 考核指标平衡点的基础上，增加或减少一定程度后，岗位员工获得薪酬增加或减少的具体规则。有的 KSF 考核指标既有正激励，也有负激励，有的 KSF 考核指标只有某一种激励。

除了以上 4 个要素之外，公司实施 KSF 还需要注意一些实施细节和配套条件。例如，在设置 KSF 考核指标时，要考虑 KSF 考核指标的数据提供部门以及数据提取的难易程度。如果数据难以提取，实施 KSF 可能会非常困难。

3.1.3 KSF 的应用场景

很多采用 KPI 绩效管理工具的公司采取的绩效考核模式是公司给员工定指标、定目标、压任务、做考核。绩效考核的重心变成了给员工施加压力，强调绩效的强制性，迫使员工完成目标，导致员工产生反感。

可是采取这种绩效考核模式的公司在薪酬设置方面却常常无法跟进，这类公司通常将员工薪酬的一部分（如 20%）作为绩效工资。当员工完成目标时，通常其获得的绩效工资奖励不多；当员工目标没有完成时，其绩效工资减少得也不多。

举例

某公司对员工采取月度绩效考核，员工每月的工资由两部分组成，分别是固定工资和绩效工资。绩效工资根据每月的绩效考核分数折算。

员工张三每月的工资基数为 10 000 元，其中，固定工资为 8 000 元，绩效工资为 2 000 元。某月，张三的绩效考核分数为 50 分。从绩效考核评价结果来看，其绩效水平严重不合格，该分数属于全公司当月的最差分数。

然而根据公司的绩效管理规则，张三该月的应发工资 =8 000 元 +（2 000 元 × 50%）=9 000（元）。

张三当月的绩效水平已经严重不合格，可是张三当月的应发工资（9 000 元）与每月的工资基数（10 000 元）相比，却仅减少了 10%。

员工李四的工资基数和工资组成与张三相同。当月，李四的绩效考核分数为 150 分。从绩效考核评价结果来看，其绩效水平较高，绩效考核分数属于全公司当月的最高分数。

然而根据公司的绩效管理规则，李四该月的应发工资 =8 000 元 +（2 000 元 × 150%）=11 000（元）。

李四当月的绩效水平已经是公司最佳，可是李四当月的应发工资（11 000 元）与每月的工资基数（10 000 元）相比，却仅提高了 10%。

和更强调岗位绩效目标的 KPI 相比，KSF 更趋向于价值分配和员工激励，从薪酬发放的源头上寻找员工激励的落脚点。KSF 通过把薪酬与绩效全面融合，能够实现对员工潜能的挖掘，让员工充分参与公司的价值分配，因此也更容易让员工接受。

📖 **举例**

某公司采取 KSF 绩效管理工具。员工张三每月的工资基数为 10 000 元。

某月，员工张三的 KSF 得分情况如表 3-1 所示。

表 3-1　某公司员工张三某月的 KSF 得分情况

考核指标	K1	K2	K3	K4
	A	B	C	D
平衡点 / 分	100	100	100	100
月薪权重 /%	40	30	20	10
金额 / 元	4 000	3 000	2 000	1 000
奖励制度	每增加 10 分	每增加 10 分	每增加 10 分	每增加 10 分
奖励尺度 / 元	400	300	200	100
少发制度	每减少 10 分	每减少 10 分	每减少 10 分	每减少 10 分
少发尺度 / 元	400	300	200	100
当月得分 / 分	50	50	50	50
当月应发工资 / 元	2 000	1 500	1 000	500

张三当月的绩效水平较低（各项皆为 50 分），在采用 KSF 绩效管理工具后，这种较低的绩效水平非常直接地体现在了薪酬水平上。张三当月的应发工资（5 000元）为月工资基数（10 000 元）的 50%。

员工李四与员工张三的岗位相同，考核方式相同，工资基数也相同。

某月，员工李四的 KSF 得分情况如表 3-2 所示。

表 3-2　某公司员工李四某月的 KSF 得分情况

考核指标	K1	K2	K3	K4
	A	B	C	D
平衡点 / 分	100	100	100	100
月薪权重 /%	40	30	20	10
金额 / 元	4 000	3 000	2 000	1 000
奖励制度	每增加 10 分	每增加 10 分	每增加 10 分	每增加 10 分
奖励尺度 / 元	400	300	200	100
少发制度	每减少 10 分	每减少 10 分	每减少 10 分	每减少 10 分
少发尺度 / 元	400	300	200	100
当月得分 / 分	150	150	150	150
当月应发工资 / 元	6 000	4 500	3 000	1 500

李四当月的绩效水平较高（各项皆为 150 分），因为采用了 KSF 绩效管理工具，这种较高的绩效水平同样非常直接地体现在了薪酬水平上。李四当月的应发工资（15 000 元）为月工资基数（10 000 元）的 150%。

3.1.4　KSF 的优点和缺点

KSF 比较适合工作内容明确、关键输出结果容易量化的岗位。一般来说，管理层级越高，绩效结果越偏向客观财务指标的岗位，越适合采取 KSF。在一些小微公司中，尤其是在一些创业公司中，由于公司发展更强调员工要为公司贡献绩效结果，所以也比较适合采用 KSF。

但是对一些工作内容变化较频繁、关键输出结果难以量化、工作职责的分工协作较复杂的岗位来说，或者对一些岗位变化较快，岗位的职责 / 角色 / 定位变化较频繁的公司来说，KSF 并不适用。

KSF 绩效管理工具虽然能够充分做到把公司和员工的利益绑在一起，让员工觉得是在为自己工作，但 KSF 也并不是万能的绩效管理工具。

KSF 的优点如下。

（1）能够开启员工的原动力，激发员工的创造力。

（2）薪酬和绩效完全融合，充分挖掘员工的潜能。

（3）让全体员工都参与公司经营，共享利益。

（4）改变雇用模式，让员工感到是在为自己工作。

（5）实现利益趋同，员工工资越高，公司效益也越好。

（6）评判员工创造的价值，真正地实现公司为结果付费。

KSF 的缺点如下。

（1）关键过程和结果要素的选取、设置比较困难，前期工作量和工作难度较大，有时候数据难以做到准确。采用这种工具，对人力资源部门管理人员的素质能力有一定的要求。

（2）当关键要素的选择不当、实施不当或者出现一些特殊情况时，采用这种工具可能反而会让员工的工资减少，引起员工的反感。

（3）员工对 KSF 的理解和认识可能存在一定的偏差，有的员工觉得是好事，有的员工可能会觉得被公司欺骗。所以在实施 KSF 时，还需要进行一定的宣传和引导。

另外，KSF 绩效管理工具本身并没有解决员工是为了完成绩效而努力工作的问题。KSF 如果实施不当，同样很容易让员工陷入围绕 KSF 考核指标而工作的局面。

例如，有的公司实施 KSF，员工大部分的工作重心都落在了如何超额完成 KSF 考核指标上，员工每天想的都是如何超额完成 KSF 指标以获得更高的薪酬。一些临时的、重要的、对公司有利但没有写入 KSF 的工作，员工很可能视而不见。要改变这种情况，公司在应用 KSF 绩效管理工具时要注意绩效管理程序的应用。

3.2 KSF 应用方法

公司在应用 KSF 时，除了要拥有能够实施 KSF 的人才之外，还应遵循 KSF 的操作流程，按部就班，稳步实施，不可强行冒进。在应用 KSF 时，KSF 的指标设计以及指标对应的目标设计对 KSF 的成功至关重要。

3.2.1 KSF 的操作流程

当公司确定要实施 KSF 时，其操作流程可以分成 7 步，如图 3-4 所示。

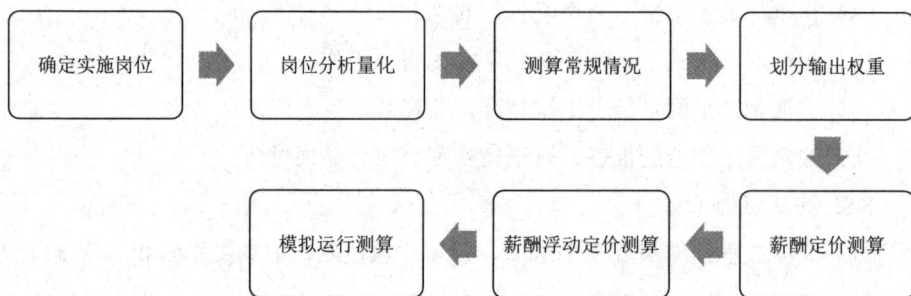

图 3-4 KSF 的 7 步操作流程

1. 确定实施岗位

并不是所有岗位都适合采取 KSF，公司首先要确定对哪些岗位实施 KSF。适合实施 KSF 的岗位通常具备明确的岗位价值输出项，各项价值输出项能够被量化表达，能够确立公允的常规值（平衡点），绩效数据获取比较容易等特点。

2．岗位分析量化

在确定适合实施 KSF 的岗位后，要对岗位做进一步分析。分析的内容包括岗位的主要职责、工作内容、工作量、工作难度、关键输出成果等，并对岗位的关键输出成果进行量化。常见量化的维度包括数量、质量、时间等。关键输出成果将成为 KSF 考核指标，简称 K 指标。

3．测算常规情况

岗位的每一项关键输出成果都应对应量化的常规值。常规值代表着岗位本应达到的绩效水平。当员工没有额外的贡献时，达到常规值对应着岗位应得的薪酬水平。在 KSF 中，常规值被称为平衡点。这一步需要分析岗位的历史数据或对标数据，查看前一年的营业额、利润额、毛利率或成本等数据。

4．划分输出权重

岗位的关键输出成果之间有不同的权重，比较重要的关键输出成果应占有比较高的权重。权重的确定可以由岗位的直属上级直接确定，也可以采取专家分组投票的方式确定。关键输出成果的权重一般与薪酬金额的权重相同。

5．薪酬定价测算

对当前已经存在的岗位制定 KSF，可以用岗位当前的薪酬水平作为基准，按照关键输出成果的权重划分每一项 KSF 考核指标对应的薪酬金额。对当前不存在的岗位制定 KSF 或有意对已存在的岗位进行薪酬水平的调整时，可以通过公开定价的方式确定每项 KSF 考核指标对应的薪酬金额。

6．薪酬浮动定价测算

在进行薪酬定价测算之后，要在薪酬定价的基础上，进行薪酬浮动定价的测算。薪酬浮动定价的测算方式主要是根据平衡点的值上调或下浮一定比例之后，薪酬定价同样上调或下浮一定比例。这里要注意，薪酬浮动定价的比例可以根据具体情况制定，不需要完全遵照平衡点的值上调或下浮比例。

7．模拟运行测算

KSF 的薪酬水平定价和薪酬浮动定价一般应持保守态度：一方面是因为 KSF 模式比普通的薪酬绩效模式更具有激励性，很可能带来岗位薪酬增长；另一方面是为将来的定价增长做准备。定好的 KSF 最好不要马上实施，可以在反复模拟测算后，先试运行一段时间，然后再正式投入使用。投入使用后的 KSF 如果没有发挥应有的效果，也应及时调整。

3.2.2 KSF 的指标设计

KSF 考核指标是公司对岗位的核心要求，是 KSF 的主要呈现形式。设计 KSF 考核指标的方法有 4 种，如图 3-5 所示。

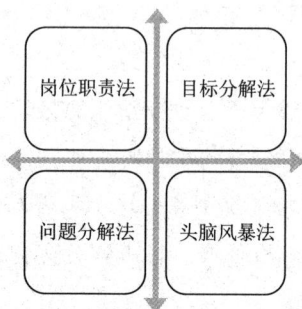

图 3-5   设计 KSF 考核指标的 4 种方法

1. 岗位职责法

岗位职责法是根据公司对岗位的职责要求设计 KSF 的方法。用岗位职责法设计 KSF 考核指标时，可以参考已有的岗位说明书。岗位说明书不完全的公司可以通过岗位分析确定岗位职责。

运用岗位职责法的优点是资料比较容易获取，理解和操作比较简单，与工作职责的关联性比较大；缺点是岗位说明书中的职责与岗位的关键输出价值之间往往存在一定差异，与战略目标的关联性可能比较小，而且岗位职责法不适合岗位职责变化较频繁的岗位。

2. 目标分解法

目标分解法是公司对要实现的目标进行自上而下的分解，把公司的目标分解到团队，把团队的目标分解到岗位设计 KSF 的方法，其根据岗位的目标设计 KSF 考核指标及其目标值。常见的目标分解法有价值结构分解法和战略地图法。

运用目标分解法的优点是用这种方法制定的 KSF 考核指标和公司目标的关联性比较大，当岗位 KSF 达标时，往往代表着公司的目标能够实现；缺点是进行目标分解的过程需要全局意识和规划意识，对员工的能力和经验有一定的要求。

3. 问题分解法

问题分解法是根据公司或团队当前面临的问题，将问题逐级分解到不同层级的岗位，设计不同的岗位为了解决公司或团队的特定问题必须完成的指标，将该指标设计成 KSF 考核指标的方法。常见的问题分解法为鱼骨图法。

运用问题分解法的优点是用这种方法制定的 KSF 考核指标聚焦在问题改善上，岗位 KSF 达标往往代表着公司或团队的问题能够得到改善；缺点是查找问题背后的原因并不容易，需要一定的工具、能力和经验作为支持。

4．头脑风暴法

当公司不具备采取前 3 种方法的条件时，可以采取头脑风暴法。让某类岗位的直属上 1 级或上 2 级的领导与该岗位员工一起讨论，通过群体的意见为该岗位确定关键输出项，形成 KSF 考核指标。

运用头脑风暴法的优点是能够集思广益，开阔思维，让具体从事该岗位的员工充分表达个人想法，让管理层掌握员工的想法；缺点是有时候具体从事该岗位的员工对岗位的认识不足，其意见不足以在头脑风暴的过程中被采纳。

3.2.3　KSF 的指标选择

在设计某些岗位的 KSF 考核指标时，会出现与岗位相关的考核指标比较多，不知道如何选择的情况。这时候，可以运用 ABC 分类法把岗位相关的 KSF 分成 A、B、C 3 类。

A 类考核指标，是价值最高、与岗位的相关性最强、结果非常明确、容易获取的考核指标。这类考核指标是岗位的核心指标，是岗位最需要关心的指标，可以直接作为 KSF 考核指标使用。

B 类考核指标，是价值较低、与岗位的相关性较弱、结果比较明确、能够获取的考核指标。这类考核指标应当酌情选择为 KSF 的考核指标。如果 A 类考核指标的数量不足，可以用 B 类考核指标补充。

C 类考核指标，是价值最低、与岗位的相关性最弱、结果不够明确、很难获取的考核指标。这类考核指标一般不应作为 KSF 考核指标。只有当 A 类考核指标和 B 类考核指标的数量非常少时，才考虑用 C 类考核指标补充。

举例

某公司在给市场营销经理岗位设计 KSF 考核指标时，发现有很多考核指标与该岗位存在相关性。为了聚焦重点，公司利用 ABC 分类法将 KSF 考核指标进行分类，分类结果如表 3-3 所示。

表 3-3 某公司市场营销经理岗位的 KSF 考核指标

考核指标分类	KSF 考核指标
A 类	销售金额、销量、毛利额、毛利率、部门预算使用情况……
B 类	客户数量增长、顾客满意度、利润额、利润率、客户分析准确率……
C 类	顾客转发率、市场占有率、品牌推广效果、市场调研情况、员工离职率……

ABC 分类法的本质是按照指标的重要性对其进行划分，比较重要的考核指标优先作为岗位的 KSF 考核指标，相对不重要的考核指标可以忽略。

3.2.4 KSF 的目标设计

KSF 的目标设计，实际上也是 KSF 考核指标的平衡点设计。常见的 KSF 目标设计方法有 2 种，分别是历史数据法和战略需求法。

1. 历史数据法

历史数据法是参考历史数据设计 KSF 目标的方法，具体操作可以分成以下 3 步。

（1）列出某项指标的历史数据。

（2）根据历史数据划分"分位值"。

（3）根据公司情况，直接选择某个分位值的数据作为目标。或者在讨论后，以某个分位值的数据为参考设置目标。大部分公司选择的目标是位于 50 分位值到 75 分位值的数据。

📖 举例 ————————————————————————————

某公司给某管理岗位设计的一项 KSF 考核指标为团队每月的含税销售额，在设计具体目标时，列出该岗位所在团队上年度每月含税销售额，如表 3-4 所示。

表 3-4 某公司某管理岗位所在团队上年度每月含税销售额

月份	1 月	2 月	3 月	4 月	5 月	6 月	7 月	8 月	9 月	10 月	11 月	12 月
销售额 / 万元	63	59	55	80	46	74	42	86	62	61	56	72

该岗位所在团队上年度每月的含税销售额对应的分位值如表 3-5 所示。

表 3-5　某管理岗位所在团队上年度每月含税销售额的分位值

分位值	90 分位值	75 分位值	50 分位值	25 分位值
销售额 / 万元	79.4	72.5	61.5	55.75

该公司处在快速发展时期，追求高绩效文化，强调岗位要以高绩效为目标。经过内部讨论后，该公司决定将 75 分位值的数据（72.5 万元）设定为该项 KSF 考核指标（团队月度含税销售额）的目标值（平衡点）。

为了让平衡点确定得更准确，在采用历史数据法时可以参考前 3 年的数据，也可以去掉历史数据中的最高值和最低值之后再计算平衡点。

2．战略需求法

对于一些没有历史数据或者历史数据的值较低，且公司对其有较高要求的岗位，可以采取战略需求法设计 KSF 的目标。战略需求法的基本含义是根据公司的战略需求自上而下分解，对岗位的绩效水平提出具体的目标要求。

举例

某团队明年的年度销售目标是 6 000 万元，月度销售目标是 500 万元。该团队有 5 个岗位，将月度销售目标 500 万元平均分配到 5 个岗位后，每个岗位的月度销售目标是 100 万元，如图 3-6 所示。

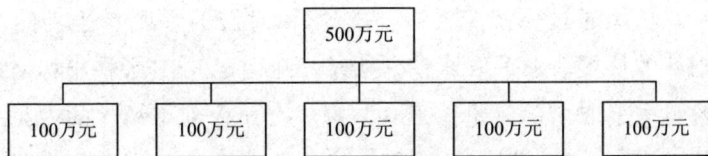

图 3-6　某团队销售目标分解

该团队所有岗位 KSF 考核指标中都有销售目标一项，且都以 100 万元作为平衡点。

采用战略需求法时要注意，因为岗位的角色和定位存在差异，实际操作时经常不能简单地将上层目标平均分配到下层岗位。

3.2.5　KSF 的权重设计

KSF 考核指标的权重与对应薪酬的权重是相同的，它反映了 KSF 考核指标的重要程度。设计 KSF 权重时有两种方法。

第 1 种方法是先设计 KSF 考核指标的权重，再根据确定后的 KSF 考核指标的权重计算对应薪酬的权重。当采取第 1 种方法时，KSF 考核指标的权重设计方法与 KPI 考核指标的权重设计方法有一定相似之处。在一般情况下，划分 KSF 考核指标的权重时，可以采取 KPI 考核指标的权重划分方法。

举例

某公司确定了某岗位的 KSF 考核指标包含 6 项，该岗位每月的工资基数为 10 000 元。通过专家评审法（KPI 考核指标权重设计方法）确定 6 项 KSF 考核指标的权重后，根据 KSF 考核指标的权重计算该岗位的月薪金额，如表 3-6 所示。

表 3-6　某公司某岗位根据 KSF 考核指标权重计算月薪金额示意

考核指标	K1	K2	K3	K4	K5	K6
	A	B	C	D	E	F
考核指标权重划分 /%	20	25	15	10	15	15
月薪金额 / 元	2 000	2 500	1 500	1 000	1 500	1 500

第 2 种方法是通过先确定 KSF 考核指标对应的薪酬水平，然后再计算 KSF 考核指标的权重。在采取这种方法时，在确定 KSF 考核指标对应的薪酬水平时一般可以采取内部讨论的形式，形成公司内部市场化的效果。公司内部市场化是指公司内部根据市场运行的规律，确定 KSF 考核指标对应的薪酬水平。

举例

某公司在给一类岗位设计 KSF 考核指标对应的薪酬水平时，采取的是内部讨论的方式。该公司允许员工选择自己的工作内容，每项工作内容对应不同的月薪额。

工作内容越多的员工，总月薪越多，相应地，员工工作量也越大，KSF 考核指标也越多。

当有多位员工选择同一工作内容时，可以由出价更低者得到这项工作内容，从而让工作内容对应的薪酬水平在工作内容分配完成前并不是确定值。通过这种方法，该公司在分配工作内容时，实现了公司内部市场化。

某岗位员工在竞价选择自己的工作内容后，共获得 5 项工作内容，对应着 5 项 KSF 考核指标。这 5 项 KSF 考核指标对应的月薪金额和权重划分如表 3-7 所示。

表 3-7　某公司某岗位根据月薪金额计算 KSF 考核指标权重示意

考核指标	K1	K2	K3	K4	K5
	A	B	C	D	E
月薪金额 / 元	2 000	2 000	2 000	1 000	1 000
考核指标权重划分 /%	25	25	25	12.5	12.5

3.2.6　KSF 的奖罚设计

KSF 的奖罚设计是指对应每一项 KSF 考核指标，当超过平衡点一定比例时的薪酬奖励尺度，以及当低于平衡点一定比例时的薪酬惩罚尺度。因为 KSF 的原理是让员工按照绩效水平获得相应的薪酬，所以在应用 KSF 时，薪酬的惩罚尺度用"少发尺度"来表述更为恰当。

常见 KSF 考核指标的奖罚尺度可以分成 3 种情况。

1. 等比例奖罚

等比例奖罚是指 KSF 考核指标平衡点的要求和对应的工资水平以相同比例的方式变化，从而计算出奖罚尺度。等比例奖罚的原理是当绩效结果相比平衡点出现 $X\%$ 的变化时，应发工资相应变化 $X\%$。一般的 KSF 考核指标都可以采取等比例奖罚的方法。

公司在实际设计 KSF 考核指标的奖罚尺度时，要考虑管理数据的误差、管理过程的成本以及为员工设计一定的工资变化门槛。根据 KSF 考核指标的性质不同，一般将这个比例设置为 5% ～ 20%。

📖 **举例** ————————————————————————————————

某公司实施 KSF 绩效管理模式，员工张三某项 KSF 考核指标的平衡点是 100 分，指标得分越高越好。该项 KSF 考核指标对应的月薪金额为 5 000 元。

按照等比例奖罚法进行奖罚尺度的划分，采取 10% 为奖罚变化比例，则当该 KSF 考核指标比平衡点提升 10% 时，对应月工资也同样提升 10%；当该 KSF 考核指标比平衡点降低 10% 时，对应月工资也降低 10%。

张三该项 KSF 考核指标的奖励制度为每增加 10 分，工资的奖励尺度为 500 元（5 000 元 ×10%）；少发制度为每减少 10 分，工资的少发尺度为 500 元。

某月，张三该项 KSF 考核指标的得分为 76 分，则张三当月该项 KSF 考核指标对应工资的计算过程如下：

100 分 −76 分 =24 分；

24 分 ÷10 分 =2.4，取整后为 2；

张三当月该项 KSF 考核指标对应的工资 =5 000 元 ×[1−（2×10%）]=4 000 元。

2. 超比例奖罚

超比例奖罚是指 KSF 考核指标平衡点的要求和对应的工资水平以不同比例的方式变化，根据不同的比例计算奖罚尺度。超比例奖罚的原理是当绩效结果相比平衡点出现 $X\%$ 的变化时，应发工资相应变化（$X±Y$）%。当 KSF 考核指标的结果变化会对公司造成比较大的影响时，适合采取超比例奖罚。

📖 **举例** ————————————————————————————————

某公司近期现金流出现问题，存在大量的应收账款。该公司把近 2 年其中一项工作重点定位于追求应收账款的减少，并将减少应收账款设定为一些岗位的 KSF 考核指标。

为了鼓励这些岗位的员工完成该项 KSF 考核指标，该公司设定当这些岗位的员工让应收账款额比平衡点减少 10% 时，该项 KSF 考核指标对应的工资可以相应增加 20%（10%+10%）。

员工张三的 KSF 中有该项考核指标，平衡点是 1 000 万元应收账款，该 KSF 考核指标对应的月工资为 4 000 元。

按照超比例奖罚法进行奖罚尺度的划分，采取 10% 为奖罚变化比例，则当应收账款额降低 10% 时，对应月工资提升 20%；当应收账款额提高 10% 时，对应月工资降低 20%。

张三该项 KSF 考核指标的奖励制度为每减少 100 万元应收账款，工资的奖励尺度为 800 元（4 000 元 ×20%）；少发制度为每增加 100 万元应收账款，工资的少发尺度为 800 元。

某月，张三将应收账款控制在 720 万元，则张三当月该项 KSF 考核指标对应工资的计算过程如下：

1 000 万元 -720 万元 =280（万元）；

280 万元 ÷100 万元 =2.8，取整后为 2；

张三当月该项 KSF 考核指标对应工资 =4 000 元 ×[1 +（2×20%）]=5 600（元）。

3. 单边奖罚

单边奖罚是指 KSF 考核指标对应的工资只有奖励制度或少发制度中的一种。这一种奖励制度或少发制度有时候可以采取等比例奖罚法或超比例奖罚法，有时候可以根据指标具体情况单独设计。

在实务中，比较常见的是只有少发制度，没有奖励制度的 KSF 考核指标。单边奖罚一般应用在一些原则性比较强的指标当中，有时候也可以作为绩效考核的一票否决项。

举例

某生产制造公司非常重视安全生产，强调生产过程零安全事故，并将该项设置为生产管理岗位的 KSF 考核指标。

某车间主任张三的 KSF 中有这项考核指标，平衡点是 0 次安全事故，该 KSF 考核指标对应的月工资为 1 000 元。

张三该项 KSF 考核指标没有奖励制度，如果某月 0 次安全事故，则发放该 KSF 考核指标对应的全额月工资 1 000 元。

少发制度可以设计成一票否决制，也就是每增加 1 次安全事故，工资的少发尺度为 1 000 元（全额扣减）；也可以设计成每增加 1 次安全事故，工资的少发尺度为 500 元（2 次扣减完毕）。

3.2.7 KSF 的考核周期

KSF 的考核周期与 KPI 中针对不同岗位的考核周期的设计特点是不同的。KSF 的结果每月要用来计算和发放员工的薪酬，这种模式决定了 KSF 的考核周期在大多数情况下应当以月为单位。这就要求在 KPI 模式中通常以年度为考核单位的岗位，在 KSF 模式中应当将年度的考核目标分解到月度。

在将年度目标分解为月度目标时，要注意有的年度目标可以平均分配，有的年度目标不适合平均分配。对于不适合平均分配的年度目标，公司不应强行进行平均分配，而应根据每月的历史数据分配年度目标。

举例

某公司产品销售受季节影响较大，存在某个时间段销售额较高，某个时间段销售额较低的规律。年初时，该公司为某销售经理岗位设定的本年度销售目标为 1.1 亿元。在设计具体每个月的月度销售额的 KSF 考核指标时，该公司参考了前 3 年的平均月销售额，并按照比例计算出该岗位本年度销售目标，如表 3-8 所示。

表 3-8　某岗位根据前 3 年月销售额情况计算本年度月销售目标的过程

比较	1月	2月	3月	4月	5月	6月	7月	8月	9月	10月	11月	12月	合计
前 3 年平均月销售额 / 万元	500	2 000	500	500	1 000	500	500	1 500	500	500	1 500	500	10 000
前 3 年平均月销售占比 /%	5	20	5	5	10	5	5	15	5	5	15	5	100
本年度月销售目标 / 万元	550	2 200	550	550	1 100	550	550	1 650	550	550	1 650	550	11 000

在一些特殊情况下，KSF 也可以用来作为定义和计算季度奖金或年度奖金的绩效工具。在这种情况下，这部分奖金通常是独立于员工月工资存在的，此时的 KSF 考核周期可以对应设计为季度或年度。

总之，KSF 的考核周期设计与对应薪酬发放频率紧密相关，而不仅是岗位的特性。

3.2.8 KSF 的注意事项

在实际应用 KSF 时，可能出现各种各样的问题。公司要有效应用 KSF，要注意以下 4 点，如图 3-7 所示。

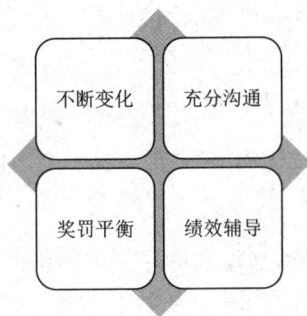

图 3-7 应用 KSF 的 4 点注意事项

1．不断变化

KSF 考核指标的平衡点（目标值）不是一成不变的，而应随着具体场景的变化不断变化。变化的周期一般以年为单位，也就是 KSF 的平衡点应在每年年初重新确定。

以销售额为例，当公司某产品的生命周期处在生长期，产品的销售额存在自然增长的空间，这时某些岗位销售额 KSF 考核指标的平衡点应逐年提高；当公司某产品的生命周期处在衰退期，产品销售额自然呈现逐渐下降的趋势，这时某些岗位销售额 KSF 考核指标的平衡点应逐年降低。

2．充分沟通

KSF 绩效管理工具的重要作用之一是员工激励。要达到激励员工的效果，双向沟通是必需的。KSF 考核指标的平衡点虽然主要来自公司自上而下的目标分解或该岗位的历史数据，但公司不能忽略员工对平衡点的意见。

公司在制定不同岗位的 KSF 时，要和从事该岗位的员工充分沟通，让员工清楚岗位 KSF 考核指标的含义，清楚 KSF 考核指标平衡点的来源。同时应当本着简单易行的原则，让 KSF 考核指标越简单越好，越容易执行越好。

3．奖罚平衡

公司在进行 KSF 的奖罚设计时，要注意奖励制度和少发制度之间的平衡。一般来说，奖励制度和少发制度的尺度应是相同的。如果尺度不同，员工会感觉到不公平，从而让 KSF 的激励效果变差。

例如，当某岗位某项 KSF 考核指标的奖励制度为每增加 10 分，工资的奖励尺度为 500 元时，少发制度也应当为每减少 10 分，工资的少发尺度为 500 元，而不应该是每减少 10 分，工资的少发尺度为 600 元或更多。如果此时将少发制度设置成每减少 10 分，工资的少发尺度为 400 元，员工可能会比较希望见到，但对公司来说却不公平。

另外，本着奖罚平衡的原则，单边奖罚的奖罚设计模式应谨慎采用。一般采取单边奖罚为奖罚设计模式的 KSF 考核指标在一个岗位中不应超过 2 项。

4．绩效辅导

KSF 可以与员工的薪酬进行强关联，让员工的 KSF 得分较低时，获得的薪酬水平也相应较低。但这不代表公司对 KSF 长期得分较低的员工就可以放任不管，公司应期待通过 KSF 自带的负激励效果改善员工的绩效。

如果有员工 KSF 得分较低，作为员工的直属上级，首先要做的是对员工实施绩效辅导。公司降低员工的薪酬水平不是目的，通过绩效辅导提高员工的能力，改善员工的绩效从而改善团队或公司的绩效才是实施绩效管理的核心目的。

如果某员工长期 KSF 得分较低，且在实施过大量的绩效辅导或者培训之后仍然得分较低，这时公司可以考虑对员工实施轮岗。如果员工在足量的辅导、培训和轮岗之后仍然无法提升绩效，公司可以考虑人员汰换。

3.2.9 KSF 的法律风险

因为 KSF 完全是根据员工的绩效水平来计算和发放员工薪酬，所以当公司采用 KSF 绩效管理工具时，有可能出现某绩效水平比较低的员工某月人力资源部计算出的应发工资水平低于最低工资标准的情况。

《最低工资规定》（中华人民共和国劳动和社会保障部令第 21 号，2004 年 3 月 1 日起实施）第三条的规定如下。

本规定所称最低工资标准，是指劳动者在法定工作时间或依法签订的劳动合同约定的工作时间内提供了正常劳动的前提下，用人单位依法应支付的最低劳动报酬。

本规定所称正常劳动，是指劳动者按依法签订的劳动合同约定，在法定工作时间或劳动合同约定的工作时间内从事的劳动。劳动者依法享受带薪年休假、探亲假、婚丧假、生育（产）假、节育手术假等国家规定的假期间，以及法定工作时间内依法参加社会活动期间，视为提供了正常劳动。

《中华人民共和国劳动法》（2018 年 12 月 29 日修正版）第四十八条的规定如下。

国家实行最低工资保障制度。最低工资的具体标准由省、自治区、直辖市人民政府规定，报国务院备案。

用人单位支付劳动者的工资不得低于当地最低工资标准。

当公司采用 KSF 绩效管理工具给员工计算的应发工资低于最低工资标准时，公司应按最低工资标准给员工发放工资。但也要注意，这里的前提是员工在当月提供了正常劳动，也就是除一些法定节假日外，员工按照公司的要求正常出勤。

当员工某月非正常出勤，同时给员工计算的应发工资低于最低工资标准时，公司可以按照员工的实际出勤天数折算员工当月的应发工资。

《最低工资规定》（中华人民共和国劳动和社会保障部令第 21 号，2004 年 3 月 1 日起实施）第十二条的规定如下。

在劳动者提供正常劳动的情况下，用人单位应支付给劳动者的工资在剔除下列各项以后，不得低于当地最低工资标准：

（一）延长工作时间工资；

（二）中班、夜班、高温、低温、井下、有毒有害等特殊工作环境、条件下的津贴；

（三）法律、法规和国家规定的劳动者福利待遇等。

实行计件工资或提成工资等工资形式的用人单位，在科学合理的劳动定额基础上，其支付劳动者的工资不得低于相应的最低工资标准。

劳动者由于本人原因造成在法定工作时间内或依法签订的劳动合同约定的工作时间内未提供正常劳动的，不适用于本条规定。

为了让 KSF 绩效管理模式能够合法合规地运行，公司必须将 KSF 的全部操作方法写入规章制度。规章制度应当经工会审议，由职工代表大会讨论，经合法合规的程序通过并颁布实施，在公司内部充分公示。员工在入职前，必须学习、知悉并签字确认。

有时为了规避法律风险，公司在实施 KSF 时，可以不将全部的薪酬设计进 KSF 中，不采取"薪酬全绩效模式"，而采取"薪酬部分绩效模式"。也就是说，公司在应用 KSF 时可以参考 KPI 的做法，选择员工的一部分薪酬设计进 KSF。当采用这种方式设计 KSF 时，设计进 KSF 的工资比例一般比实施 KPI 的绩效工资比例高，参考值为 50% ~ 80%。

举例

某地区某年的最低工资标准为 3 000 元。某公司为某岗位设计 KSF 考核指标，该岗位的月工资基数为 10 000 元。为了规避实施 KSF 的法律风险，该公司将该岗位月工资基数中的 6 000 元作为 KSF 的月工资基数，剩余的 4 000 元作为该岗位每月的固定工资，也就是无责任底薪。只要该岗位员工当月正常出勤，不论绩效情况如何，都能获得全额的固定工资。

3.3 【实战案例】KSF 的应用实践案例

在实际应用中，KSF 除了可以用作薪酬绩效模式的工具之外，还可以用来重组员工的工作内容，梳理员工的关键输出，确定员工的工作标准。本节将列举一些典型公司的典型岗位实施 KSF 的案例。

3.3.1 某公司通过 KSF 实现减员增效

某人力资源服务公司的主营业务是猎头、委托招聘、劳务派遣、管理培训和咨询等，公司共有 83 人，其中大部分人员为一线业务人员。该公司为了简化管理，将除财务管理之外的行政、人事等工作统称为行政后勤工作，由行政管理部统一负责。

该公司行政管理部共有 5 名员工，分别是张三、李四、王五、赵六和徐七，张三担任行政管理部的主任。该公司总经理长期把主要精力放在前端业务部门上，并不关注行政管理部的工作。

　　有一次，行政管理部的员工王五找到总经理抱怨，他认为部门内部工作安排有问题，同时认为自己的薪酬水平较低。在接下来的部门工作述职中，总经理留意了行政管理部员工的工作，发现其工作安排似乎不合理，有的岗位工作并不饱和。总经理决定对行政管理部的工作内容和绩效考核方式进行梳理。

　　这位总经理找到了笔者，在了解了该公司的基本情况之后，笔者决定采用KSF 对该公司行政管理部岗位实施薪酬绩效考核。通过实施 KSF，梳理当前 5 名员工的工作内容，并对工作内容的质量、频率等进行分析，判断当前工作的饱和度，从而达到合并岗位、重新分配工作职责的效果。

　　在采用岗位访谈法分析 5 名员工的岗位后，笔者得到了 32 项比较具体的工作内容，其他不具体的、临时的、难以总结或量化的工作内容单独合并为 1 项，合计 33 项工作内容。通过对这 33 项工作内容的工作频率进行分析，笔者初步预计需要 3 个人完成这些工作。

　　为了确认这些工作内容的质量要求和工作频率，也为了重新划分这些工作内容，公司计划由原来的 5 个岗位减少到 3 个岗位，该公司的总经理与该部门 5 人共同开会研讨。会议中除了确定行政管理部所有岗位的工作内容外，还确定了这些工作内容分别对应的薪酬标准，以及重新合并的 3 个岗位对应的工作内容、工作频率和薪酬标准，如表 3-9 所示。

表 3-9　某公司行政管理部岗位合并后的工作内容、工作频率和薪酬标准

姓名	工作内容	工作频率/(天/月)	薪酬标准/(元/月)	薪酬合计/(元/月)
李四	组织总经理办公会的会议、记录、整理归档等工作	2	400	4 900
	管理和维护公共关系，公共关系来访接待和事务处理	2	500	
	负责邮件、邮包、报纸、杂志的收发	0.25	100	
	更新和管理员工通信方式	0.25	100	
	负责公司文件、报告、信函的起草、打印、发放	1	200	
	负责公司来文来函的登记、处理	1	200	
	负责公司对外签订的合同文书的管理	2	400	
	负责各类印章的刻制、保管和使用等管理工作	3	500	
	负责各类证照的办理、建档、使用和更新等管理工作	2	400	
	负责员工安全保健等相关内容的管理与活动组织	3	500	
	负责工会和员工代表大会相关事务	3	600	
	负责党务相关事务	3	600	
	负责公司各类相关文件资料的收集、建档、归档	2	400	

续表

姓名	工作内容	工作频率/（天/月）	薪酬标准/（元/月）	薪酬合计/（元/月）
王五	负责公司各类证照、资质及资格证书的管理	2	500	5 300
	负责公众号、微博等媒体文章的编辑、发布与推广	8	2 000	
	负责举办和落实公司文化活动	2	500	
	负责客户来访接待及食宿预订	0.5	100	
	负责公司来访客人的接待、招待、引导和公关工作	3	800	
	负责各类会议的会务工作	4	600	
	负责公司内部人员出行、就餐、住宿等相关事务的安排和处理	0.5	100	
	负责公司内部各部门的低值易耗品及办公用品的采购和领用管理	2	300	
	负责公司统一的差旅、票务等的预订	1	200	
	负责公司车辆的调度和管理、车辆的证照办理及车辆安全管理工作	1	200	
张三	负责员工的招聘、面试、选拔工作	3	600	6 000
	负责员工入职手续和离职手续的办理工作	2	400	
	负责员工档案的保存和办理工作	1	200	
	负责每月考勤的统计和管理工作	1	200	
	负责每月薪酬的测算、社会保险和住房公积金的办理工作	5	1 500	
	负责绩效的设计和统计工作	4	1 000	
	负责节假日员工福利的发放管理	1	200	
	负责定期组织公司员工培训	3	600	
	负责定期实施员工满意度调查	0.5	100	
	除以上工作内容外的其他行政事务	4	1 200	

　　因内容较多，表3-9中省略了各个工作项目的输出标准。例如，"负责公司各类证照、资质及资格证书的管理"的输出标准为"证书归档表保持最新，证书保存完整，无过期未办理的资质或证书"；"负责公众号、微博等媒体文章的编辑、发布与推广"的输出标准为"每周2篇原创文章，总阅读量超过1万次"。

　　每项工作内容对应的薪酬标准参考了原来5名员工的合计薪酬，由总经理和5名员工一起讨论得出。最后的工作内容由3名员工自愿领取，当某位员工领取某项工作内容时，如果其他人也想要领取该项工作内容，则可以采取拍卖竞价的方式，愿意获得薪酬标准更低者获得该项工作内容。这实际上也是一种实施公司内部市场化的操作方法。

例如，"负责公司内部各部门的低值易耗品及办公用品的采购和领用管理"工作内容原本对应的薪酬标准是 400 元 / 月，李四和王五都想要负责该项工作内容，以增加自己岗位的合计薪酬，最后王五愿意在 300 元 / 月的薪酬标准下做这项工作，于是这项工作就安排给了王五。

除了拍卖竞价的方式之外，因为员工的能力有差异，所以工作内容的分配并不是完全遵照个人意愿的。这一部分由总经理和行政管理部主任张三把握。通过这种调整，原本需要 5 个人完成的工作被划分到 3 个人身上，实现了减员增效。同时 3 个人的薪酬水平相比原来都得到了提高，增强了员工满意度。张三依然担任该行政管理部的主任。

完成工作内容划分与岗位合并后，接下来要对每项工作内容的奖励尺度和少发尺度进行定义和测算。这部分内容后续由总经理和行政管理部进一步讨论后完成。在实际运行时，公司应将每个岗位工作内容对应的 KSF 考核指标数量缩减到 8 项以内。

3.3.2　某房产销售公司总经理岗位 KSF

某房产销售公司采用 KSF 绩效管理模式。该房产销售公司的总经理岗位是公司日常经营管理中的最高管理职位，其主要职责包括：负责制定和实施公司总体战略与年度经营计划；建立和健全公司的管理体系与组织结构；主持公司的日常经营管理工作，实现公司经营管理目标和发展目标等。

该房产销售公司总经理岗位的 KSF 如表 3-10 所示。

表 3-10　某房产销售公司总经理岗位的 KSF 月度量表

考核指标	K1 主营业务收入	K2 利润总额	K3 融资计划完成率	K4 顾客满意度	K5 净资产收益率
平衡点	10 000 万元	500 万元	100%	98%	20%
月薪权重 /%	33.3	20.0	16.7	16.7	13.3
金额 / 元	10 000	6 000	5 000	5 000	4 000
奖励制度	每增加 1 000 万元	每增加 50 万元	每增加 1%	每增加 0.5%	每增加 1%
奖励尺度 / 元	1 000	600	200	500	400

续表

考核指标	K1 主营业务收入	K2 利润总额	K3 融资计划完成率	K4 顾客满意度	K5 净资产收益率
少发制度	每减少 1 000 万元	每减少 50 万元	每减少 1%	每减少 0.5%	每减少 1%
少发尺度 / 元	1 000	600	200	500	400
指标来源	财务部	财务部	财务部	第三方机构	财务部

其中，主营业务收入（K1）和利润总额（K2）以财务部月度报表中的数据为准。

融资计划完成率（K3）＝月度实际完成融资额 / 月度融资目标额 ×100%。

顾客满意度（K4）＝月度对公司满意的顾客数量 / 月度全部被调查顾客的数量 ×100%。

净资产收益率（K5）＝月末的净利润总额 / 月末净资产总额 ×100%。

3.3.3 某金融公司高管岗位 KSF

某金融公司采用 KSF 绩效管理模式。该金融公司的中高级管理类岗位的主要职责包括协助总经理制定并实施公司战略、经营计划等政策方略，实现公司的经营管理目标及发展目标等。

该金融公司高管（分管业务板块的副总经理）岗位的 KSF 如表 3-11 所示。

表 3-11 某金融公司高管岗位的 KSF 月度量表

考核指标	K1 主营 业务 增长率	K2 利润 总额 完成率	K3 净资产 收益率	K4 新业务 拓展 完成率	K5 融资 计划 完成率	K6 顾客 满意度	K7 顾客 投诉 数量	K8 员工 流失率
平衡点	10%	100%	20%	100%	100%	98%	0 次	5%
月薪 权重 /%	23.8	23.8	9.5	14.3	4.8	9.5	9.5	4.8
金额 / 元	5 000	5 000	2 000	3 000	1 000	2 000	2 000	1 000
奖励制度	每增加 1%	每增加 1%	每增加 1%	每增加 1%	每增加 1%	每增加 0.5%	—	每减少 0.5%

续表

考核指标	K1 主营 业务 增长率	K2 利润 总额 完成率	K3 净资产 收益率	K4 新业务 拓展 完成率	K5 融资 计划 完成率	K6 顾客 满意度	K7 顾客 投诉 数量	K8 员工 流失率
奖励 尺度 / 元	300	500	200	300	100	200	—	100
少发制度	每减少 1%	每减少 1%	每减少 1%	每减少 1%	每减少 1%	每减少 0.5%	每增加 1 次	每增加 0.5%
少发 尺度 / 元	300	500	200	300	100	200	100	100
指标来源	财务部	财务部	财务部	销售部	财务部	第三方 机构	客服部	人力 资源部

其中，主营业务增长率（K1）=（月末主营业务收入 / 去年同期主营业务收入 − 1）× 100%。

利润总额完成率（K2）= 月末实际利润额 / 当月目标利润额 × 100%。

净资产收益率（K3）= 月末的净利润总额 / 月末净资产总额 × 100%。

新业务拓展完成率（K4）= 月度实际完成新业务量 / 月度目标新业务量 × 100%。

融资计划完成率（K5）= 月度实际完成融资额 / 月度融资目标额 × 100%。

顾客满意度（K6）= 月度对公司满意的顾客数量 / 月度全部被调查顾客的数量 × 100%。

顾客投诉数量（K7）是指月度时间内客服部收到的顾客投诉数量。

员工流失率（K8）= 月度离职的员工数量 /（月度离职的员工数量 + 月末在职的员工数量）× 100%。

3.3.4　某研究中心研发团队主管岗位 KSF

某研究中心采用 KSF 绩效管理模式。该研究中心研发团队主管岗位的主要职责包括主持公司研发与技术管理工作；规划公司的技术发展路线与新产品开发；实现公司的技术创新目标；组织研制、设计、开发新产品及更新换代产品；提供技术支持等。

该研究中心研发团队主管岗位的 KSF 如表 3-12 所示。

表 3-12 某研究中心研发团队主管岗位的 KSF 月度量表

考核指标	K1 技术研发项目完成率	K2 技术改进项目完成率	K3 科研项目申报计划完成率	K4 科研成果转化率	K5 专利论文申报完成率	K6 技术问题引发的顾客投诉次数	K7 实验安全事故发生次数	K8 核心员工流失人数
平衡点	100%	100%	100%	30%	100%	0 次	0 次	0 人
月薪权重 /%	26.7	13.3	6.7	20.0	13.3	6.7	6.7	6.7
金额 / 元	4 000	2 000	1 000	3 000	2 000	1 000	1 000	1 000
奖励制度	每增加 10%	每增加 10%	每增加 10%	每增加 5%	每增加 10%	—	—	—
奖励尺度 / 元	400	200	100	300	200	—	—	—
少发制度	每减少 10%	每减少 10%	每减少 10%	每减少 5%	每减少 10%	每增加 1 次	每增加 1 次	每增加 1 人
少发尺度 / 元	400	200	100	300	200	500	500	500
指标来源	研发中心	研发中心	研发中心	财务部	行政管理部	客服部	安全部	人力资源部

注：由于保留 1 位小数四舍五入，数据存在一定误差。

其中，技术研发项目完成率（K1）= 月度实际完成的研发项目数量 / 计划月度内完成的研发项目数量 ×100%。

技术改进项目完成率（K2）= 月度实际完成的技术改进项目数量 / 计划月度内完成的技术改进项目数量 ×100%。

科研项目申报计划完成率（K3）= 月度实际申报的科研项目数量 / 月度计划申报的科研项目数量 ×100%。

科研成果转化率（K4）= 月度实际转化成科研成果的项目数量 / 月度运行的所有科研项目数量 ×100%。

专利论文申报完成率（K5）= 月度实际申报的专利论文数量 / 月度应申报的专利论文数量 ×100%。

技术问题引发的顾客投诉次数（K6）是指在当月所有的顾客投诉中，因技术问题引发的顾客投诉次数，顾客投诉的原因由客服部判断。

实验安全事故发生次数（K7）是指技术研发团队发生实验安全事故的次数，由安全部负责监督和检查。

核心员工流失人数（K8）= 月度离职的核心员工数量 /（月度离职的核心员工数量 + 月末仍在职的核心员工数量）×100%。核心员工是指绩效和能力评定均为 A 的员工。

3.3.5　某零售公司门店店长岗位 KSF

某零售公司采用 KSF 绩效管理模式。该零售公司门店店长岗位的主要职责包括组织、安排、管理店内的销售等日常工作；洞察周边市场环境，带领团队及时调整销售策略；在权限范围内协调门店的内外部关系；带领团队完成销售目标等。

该零售公司门店店长岗位的 KSF 如表 3-13 所示。

表 3-13　某零售公司门店店长岗位的 KSF 月度量表

考核指标	K1	K2	K3	K4	K5	K6	K7
	门店销售额	门店毛利率	门店损耗	员工劳效	人工费用率	门店息税前利润率	库存周转天数
平衡点	300 万元	14%	1%	5 万元 / 人	8%	5%	30 天
月薪权重 /%	35	15	10	10	10	10	10
金额 / 元	3 500	1 500	1 000	1 000	1 000	1 000	1 000
奖励制度	每增加 10 万元	每增加 1%	每减少 0.2%	每增加 0.5 万元 / 人	每减少 0.5%	每增加 0.5%	每减少 3 天
奖励尺度 / 元	100	100	100	100	100	100	100
少发制度	每减少 10 万元	每减少 1%	每增加 0.2%	每减少 0.5 万元 / 人	每增加 0.5%	每减少 0.5%	每增加 3 天
少发尺度 / 元	100	100	100	100	100	100	100
指标来源	财务部	财务部	财务部	人力资源部	财务部	财务部	仓储物流部

其中，门店销售额（K1）是指门店月度的含税销售收入，以财务数据为准。

门店毛利率（K2）＝月度门店毛利额/月度门店销售额×100%。

门店损耗（K3）＝月度门店各类损耗的金额/月度门店销售额×100%。

员工劳效（K4）＝月度门店销售额/当月人数。

人工费用率（K5）＝月度人工费用额/月度门店销售额×100%。

门店息税前利润率（K6）＝月度门店息税前利润/月度门店销售额×100%。

库存周转天数（K7）＝当前库存金额/前90日平均每日销售额。（注意：该公式为该公司为简化管理而设计的计算方式，与财务上计算库存周转天数的标准计算方法有所不同。）

3.3.6　某策划公司企划岗位 KSF

某策划公司采用 KSF 绩效管理模式。该策划公司的企划岗位的主要职责包括组织开展广告策划、广告创意设计、发展公司品牌、宣传建设公司形象、推广公司产品等。

该策划公司企划岗位的 KSF 如表 3-14 所示。

表 3-14　某策划公司企划岗位的 KSF 月度量表

考核指标	K1 销售业务增长率	K2 企划方案完成率	K3 企划费用控制率	K4 企划方案成功率	K5 方案交付及时性	K6 外部客户满意度
平衡点/%	10	100	100	80	90	98
月薪权重/%	9.1	27.3	18.2	18.2	9.1	18.2
金额/元	1 000	3 000	2 000	2 000	1 000	2 000
奖励制度	每增加1%	每增加5%	每减少5%	每增加5%	每增加2%	每增加1%
奖励尺度/元	100	150	100	300	100	400
少发制度	每减少1%	每减少5%	每增加5%	每减少5%	每减少2%	每减少1%
少发尺度/元	100	150	100	300	100	400
指标来源	财务部	市场部	财务部	市场部	市场部	客服部

注：由于保留1位小数四舍五入，数据存在一定误差。

其中，销售业务增长率（K1）= 月度企划业务带来的销售业务增加额 / 去年同期企划业务带来的销售业务增加额 ×100%。

企划方案完成率（K2）= 月度实际完成的企划方案数量 / 月度应完成的企划方案数量 ×100%。

企划费用控制率（K3）= 月度实际花费的企划费用 / 月度计划的企划费用 ×100%。

企划方案成功率（K4）= 月度客户通过的企划方案数量 / 月度提交给客户的企划方案总数量 ×100%。

方案交付及时性（K5）= 月度按时交付方案的次数 / 月度交付方案的总次数 ×100%。

外部客户满意度（K6）= 月度对公司满意的外部客户数量 / 月度参与调查的全部外部客户数量 ×100%。

3.3.7　某制造公司生产经理岗位 KSF

某制造公司采用 KSF 绩效管理模式。该制造公司生产经理岗位的主要职责包括组织实施公司下达的生产经营计划；保质保量地完成生产任务，确保安全文明生产；督导日常生产活动；发现问题立刻采取有效措施，确保生产线正常运转；协助公司项目开发、研制产品；建立健全规范的质量管理体系等。

该制造公司生产经理岗位的 KSF 如表 3-15 所示。

表 3-15　某制造公司生产经理岗位的 KSF 月度量表

考核指标	K1 总毛利	K2 总产值	K3 公司总报废率	K4 部门费用率	K5 及时交货率	K6 小时产值	K7 员工主动流失人数	K8 员工培训
平衡点	40 万元	430 万元	8%	3.5%	96%	40.5 元	2 人	2 小时
月薪权重 /%	25	15	10	10	20	10	5	5
金额 / 元	1 250	750	500	500	1 000	500	250	250
奖励制度	每多 1 万元	每多 3 万元	每降低 0.05%	每降低 0.02%	每上升 0.05%	每多 0.1 元	每月 0 流失	多培训不奖励
奖励尺度 / 元	31	5	2.5	2.3	2	1.2	50	

续表

考核指标	K1 总毛利	K2 总产值	K3 公司总报废率	K4 部门费用率	K5 及时交货率	K6 小时产值	K7 员工主动流失人数	K8 员工培训
少发制度	每少1万元	每少3万元	每上升0.05%	每上升0.02%	每降低0.05%	每少0.1元	每流失1人	每减少1小时
少发尺度/元	25	4	2	2.3	2	1	250	125
指标来源	财务部	财务部	财务部	财务部	销售部	人力资源部	人力资源部	人力资源部

其中，总毛利（K1）是指该公司生产部门月度完成工作的含税毛利额。

总产值（K2）是指该公司生产部门月度完成产品的总产值。

公司总报废率（K3）=月度报废产品的产值/月度总产值×100%。

部门费用率（K4）=月度生产部门花费的费用/月度总产值×100%。

及时交货率（K5）=月度按时交货的批次数/月度交货总批次数×100%。

小时产值（K6）=月度总产值/月度员工总出勤小时数。

员工主动流失人数（K7）是指月度主动提出离职的员工人数。

员工培训（K8）是指月度实施员工培训的小时数。

3.3.8 某咨询公司项目经理岗位 KSF

某咨询公司采用 KSF 绩效管理模式。该咨询公司项目经理岗位的主要职责包括保证项目达成预定目标，取得客户的满意；组建并管理项目团队；制订项目工作计划；监督项目成员执行和实施各项工作；为保证项目达成，实施必要的组织、协调、控制等工作；控制项目实施需要的各类费用等。

该咨询公司项目经理岗位的 KSF 如表 3-16 所示。

表 3-16 某咨询公司项目经理岗位的 KSF 月度量表

考核指标	K1 项目预算使用	K2 项目完成数量	K3 项目完成时间	K4 客户满意度	K5 客户投诉
平衡点	20万元	10项	某年某月某日前完成	95%	0次
月薪权重/%	25	25	25	12.5	12.5
金额/元	2 000	2 000	2 000	1 000	1 000

续表

考核指标	K1	K2	K3	K4	K5
	项目预算使用	项目完成数量	项目完成时间	客户满意度	客户投诉
奖励制度	每少 1 万元	—	每提前 1 天完成	每增加 1%	—
奖励尺度 / 元	100	—	100	100	—
少发制度	每多 1 万元	每少 1 项	每拖后 1 天完成	每减少 1%	每增加 1 次
少发尺度 / 元	100	200	100	100	500
指标来源	财务部	人力资源部	人力资源部	第三方机构	客服部

其中，项目预算使用（K1）是指月度实施项目必备的项目预算。

项目完成数量（K2）是指月底时按计划完成的项目数量。

项目完成时间（K3）是指在某截止日期前完成项目。

客户满意度（K4）= 月度客户对工作项目满意的数量 / 月度工作项目的总数量 ×100%。

客户投诉（K5）是指月度客户投诉的次数，由客服部统计。

3.3.9　某医院人力资源经理岗位 KSF

某医院采用 KSF 绩效管理模式。该医院人力资源经理岗位的主要职责包括规划、指导、协调公司的人力资源管理与组织建设；最大限度地开发人力资源；促进公司经营目标的实现和长远发展；协助制定、组织实施公司人力资源战略；建立健全人力资源各项构成体系；为实现公司经营发展战略目标提供人力保障；执行人力资源日常性事务工作等。

该医院人力资源经理岗位的 KSF 如表 3-17 所示。

表 3-17　某医院人力资源经理岗位的 KSF 月度量表

考核指标	K1	K2	K3	K4	K5	K6
	人工费用率	招聘满足率	培训计划完成率	核心员工流失率	劳动效率	发生劳动争议次数
平衡点	10%	95%	100%	1%	6 万元 /（人·月）	0 次
月薪权重 /%	20	20	10	20	20	10

考核指标	K1 人工费用率	K2 招聘满足率	K3 培训计划完成率	K4 核心员工流失率	K5 劳动效率	K6 发生劳动争议次数
金额/元	2 000	2 000	1 000	2 000	2 000	1 000
奖励制度	每减少0.5%	每增加1%	—	每减少0.5%	每增加0.5万元/（人·月）	—
奖励尺度/元	200	200		400	200	—
少发制度	每增加0.5%	每减少1%	每减少5%	每增加0.5%	每减少0.5万元/（人·月）	每增加1次
少发尺度/元	200	200	200	400	200	500
指标来源	财务部	人力资源部	人力资源部	人力资源部	财务部	人力资源部

其中，人工费用率（K1）=月度人工费用总额/月度含税销售收入×100%。

招聘满足率（K2）=月度在招聘期内入职上岗人数/月度计划招聘人数×100%。

培训计划完成率（K3）=月度实际实施培训数量/月度计划培训数量×100%。

核心员工流失率（K4）=[月度离职的核心员工数量/（月度离职的核心员工数量+月末仍在职的核心员工数量）]×100%。

劳动效率（K5）=月度含税营业收入/当月人数。

发生劳动争议次数（K6）是指当月全公司任意员工向劳动争议仲裁委员会申请劳动仲裁或向人民法院提起劳动诉讼的次数。

第**4**章

MBO 的用法

目标管理（Management by Objective，MBO）最早是由管理大师彼得·德鲁克（Peter Drucker）在 1954 年提出的。德鲁克指出，公司的使命和任务必须转化为目标。并不是因为有工作才有目标，而应是因为有目标才有了工作岗位。

4.1　MBO功能介绍

管理者应该通过目标管理下级，当组织的目标确定后，各级管理者必须将其有效分解，转变成每个部门和岗位的子目标。组织中的各级管理者根据部门和岗位子目标的完成情况对下级实施评价、考核和奖惩。

4.1.1　MBO的实施逻辑

MBO的实施逻辑，类似PDCA（Plan—计划、Do—执行、Check—检查、Act—处理）管理循环，是一个设定目标、执行目标、评估目标和改进目标的循环管理过程，如图4-1所示。

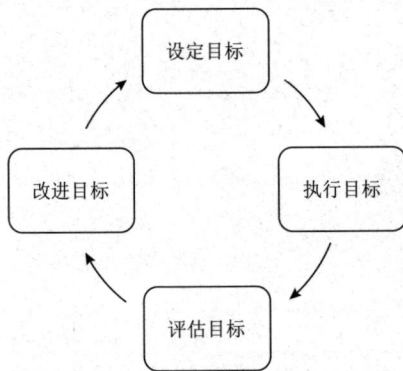

图4-1　MBO的实施逻辑

1. 设定目标

设定目标是实施MBO的第1步，也是整个MBO实施逻辑的核心环节。MBO强调对目标的管理，目标是整个MBO的灵魂。在公司中实施MBO，首先要保证公司和部门有对应的目标，更重要的是保证各岗位要有目标。

2. 执行目标

执行目标是实施MBO的第2步，是保障目标落地的关键步骤。目标是方向，要达成目标，免不了要有努力的过程。如果设定目标之后，相关岗位的员工不重视目标，不围绕目标工作，目标将会形同虚设，使工作偏离最初的计划。

3．评估目标

评估目标是实施 MBO 的第 3 步，是评价目标完成情况的重要环节。目标是否达成需要进行评价。为了更好地达成目标，需要进行复盘。通过评价与复盘来判断目标的完成情况，可以为下一步分析改进做准备和提供依据。

4．改进目标

改进目标是实施 MBO 的第 4 步，是绩效提升和岗位能力发展的有力保障。不论目标是否达成，都涉及目标的改进。当目标达成时，可以评估目标达成的原因，判断是否存在进一步提升的空间；当目标未达成时，可以评估目标改进的方法，寻求达成目标。

从组织发展的角度，MBO 的整个实施逻辑虽然是围绕目标展开，但 MBO 并不是一个只关心目标的冰冷工具。公司在运用 MBO 时，要与绩效管理程序相匹配。

MBO 中的目标，实际上是把组织层面的目标分解到岗位层面的目标，把大目标分解成小目标。实现目标的过程，公司既要关心组织层面的价值，又要关心员工个人的价值，实现组织与员工的双赢。

为了更好地设计目标，实施 MBO 的过程需要对战略进行分解；为了更好地达成目标，实施 MBO 的过程要关心员工的工作环境；为了更好地评估目标，实施 MBO 的过程要了解公司整体状况；为了更好地改进目标，实施 MBO 的过程要关心员工的个人成长与职业发展。

从管理者的角度来说，实施 MBO 并不代表可以一言堂式地给员工强加目标，也不代表只能被动等待或接受员工为自身岗位设计的目标，而是应当和员工一起设计符合岗位实际的目标。

在员工实现目标的过程中，如果员工的能力离完成目标有一定差距，管理者应当适时地辅导员工。如果员工为了实现目标需要某种资源支持，管理者应当视情况帮助员工获取资源。

MBO 强调员工的上级管理者和员工一起定期检查、评估目标的完成情况，并持续将结果反馈给员工。在整个过程中，上级管理者要持续地引导员工自己评价预先设定好的目标，鼓励员工养成自我发展的意识，激发员工的内在动力。

从员工的角度来说，要尊重 MBO 的目标，积极配合公司设计和实施本岗位的目标。岗位的目标对员工来说不仅是一种压力，也是员工证明个人能力、实现个人价值的有力方式。通过不断达成岗位目标，员工能够获得能力成长与价值变现。

公司通过实施 MBO，不断为岗位从设定目标到改进目标，有助于管理岗位员工的工作成果，评价岗位员工的工作成效，让各岗位的员工的绩效获得不断发展。随着目标不断被达成，岗位的目标能够获得不断提升，如图 4-2 所示。

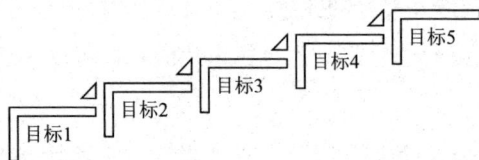

图 4-2　公司实施 MBO 后目标的发展情况

提升岗位目标的过程同样类似 PDCA 管理循环。当较低水平的目标达成时，经过总结复盘，员工可以尝试追求较高水平的目标。当较高水平的目标达成时，经过继续总结复盘，员工可以追求更高水平的目标。

随着不断达成新的目标，持续总结复盘，并且长期坚持这种管理模式，员工能够不断达成更高的目标，为公司创造更大的价值。

4.1.2　MBO 的组成要素

要想有效实施 MBO，先要了解 MBO 的组成要素。一个完整的 MBO 工具至少要包含 4 个组成要素，如图 4-3 所示。

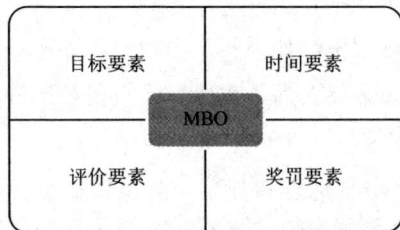

图 4-3　MBO 的 4 个组成要素

1. 目标要素

MBO 既然是目标管理,目标自然是 MBO 的核心组成要素。MBO 中的一切管理活动都围绕目标展开。

MBO 中岗位的目标有以下 3 层含义。

(1)应该达成什么,指的是根据公司战略或部门策略的要求,岗位应该达成的目标。这是岗位的责任(职责),是宏观情境对微观岗位的客观要求,但这种要求并不一定能够被岗位员工所认知。

(2)想要达成什么,指的是岗位员工根据个人对情境的理解和判断,主观认为岗位想要达成的目标。这是岗位员工对本岗位目标的定义,是员工的主观意愿。

(3)能够达成什么,指的是受员工的个人能力和所能调动资源的限制,岗位员工实际上可以达成的目标。这是岗位员工在制定目标并根据目标展开行动后,实际完成的目标。能够达成什么不仅反映了员工的个人能力,也反映了员工周围的环境是否有利于员工达成目标。

MBO 中岗位目标的应该达成、想要达成和能够达成 3 层含义之间的关系和对应措施,如图 4-4 所示。

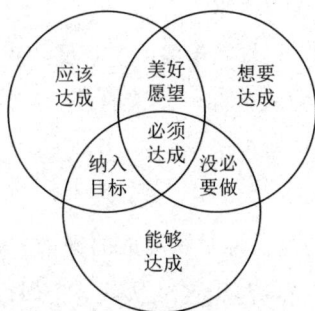

图 4-4　MBO 中岗位目标的 3 层含义之间的关系和对应措施

对于既应该达成,又想要达成,还能够达成的目标,应当立即将其设定为岗位目标而且如果环境不发生比较重大的变化,这类目标必须达成。

对于既应该达成,又想要达成,但不能达成的目标,是一种美好的愿望,可以关注或者设定为远期目标,在未来岗位员工具备达成必备的资源或能力之后,再将其设定为岗位目标,并让员工为达成目标做出努力。

对于既应该达成,又能够达成,但不想达成的目标,是岗位员工对目标的忽略,应当将其纳入岗位设计目标的范围。这类目标常常需要岗位员工的上级管理者提醒和引导员工发现，帮助员工设定。

对于既能够达成，又想要达成，但不该达成的目标，是岗位员工对目标的误读。岗位员工不应该追求这类目标，不需要在这方面做出努力。这类目标通常源于员工对自身岗位存在的价值和意义理解不深，没有体会到自身岗位工作成果对更上层目标或下个环节岗位的支持。对这类目标的认识，同样需要岗位的上级管理者提醒和引导员工。

要保证 MBO 中岗位目标发挥作用，最好由岗位的上级管理者和员工一起设计目标。上级管理者可以就岗位应该达成什么目标给出建议，对岗位能够达成什么目标给出预测。岗位员工根据上级管理者的建议确定想要达成什么目标。

与传统组织中上级向下级直接下达命令、传达任务目标不同，MBO 强调让下级参与目标的制定过程，通过协商的方式，让上级和下级共同制定组织整体、业务单位、经营单位、部门直至个人等各层级的目标。让目标的制定过程不仅是"自上而下"，同时也是"自下而上"。

2. 时间要素

MBO 中的目标是有时效性的，所有岗位的目标都要有截止时间。当目标有了时间限制，就变成了对效率的追求。

目标的周期一般有天、周、月、季度、半年度、年度、3 年度、5 年度之分。一般情况下，越靠近组织层面的目标，设置的目标周期可以越长；越靠近岗位层面的目标，设置的目标周期应当越短。

3. 评价要素

MBO 中的评价要素指的是目标是否达成的评价方式。目标只有能够被衡量，才能得出目标是否达成的结论。对于连续从事某个岗位的员工来说，只有评价出上一周期目标的完成质量，才能清楚下一周期目标如何设计。

评价要素是否客观、有效，影响着 MBO 的实施。如果评价信息得不到有效的记录和处理，接下来对目标的评价就会犯"对人不对事""主观不客观"的错误，将会造成整个绩效管理体系的失败。

4. 奖罚要素

MBO 中的奖罚要素是对岗位员工目标达成与否实施的奖罚，是指根据岗位员工一段时间的工作成果，对员工实施的正面反馈或负面反馈。

正面反馈不仅能够让员工感受到存在感，而且能给员工较大的满足感，这种存在感和满足感能够激励员工采取行动。正面反馈不仅指的是物质方面的奖励，精神方面的奖励同样重要，如来自上级的鼓励、团队的认可、组织的荣誉等。

负面反馈有助于让员工停止继续做出公司不想见到的行为。当员工做出公司不想见到的行为时，管理者要及时对员工做出适度的负面反馈，让员工停止继续做出类似行为，并防止员工再次出现类似的行为。负面反馈同样不仅指的是物质惩罚，管理者及时的提醒、批评、教育同样能够起到负面反馈的效果。

4.1.3　MBO 的应用特点

MBO 绩效管理工具强调围绕目标，而 KPI 也强调围绕目标。与 KPI 相比，MBO 有哪些特点呢？MBO 和 KPI 有很多类似之处，却也存在比较明显的差异，具体如下。

1. 目标属性不同

从目标设置的属性来说，MBO 和 KPI 虽然都要制定目标，但是 KPI 制定的目标通常是比较策略性的，也就是制定 KPI 通常是为了实现公司的某一个重大目标。制定 KPI 目标的过程通常需要参考公司的愿景、战略、价值观等，然后层层向下分解。

但 MBO 并非全然如此，MBO 有时候可以和 KPI 一样，是为了实现公司某个更大的目标而自上而下地层层分解目标，有时候是为了给员工平时职责范围内的例行工作制定目标。MBO 制定目标的方式和应用场景更加灵活。

对于很多基层岗位（如前台接待、行政助理、操作工人等）来说，制定目标时不需要过分考虑公司的目标，更多需要考虑的是该岗位员工如何把职责范围内的工作做好，他们可以直接以工作职责为基准，制定岗位的 MBO。

KPI 的目标更注重关键成果。MBO 的目标可以注重结果，也可以注重过程。KPI 更在乎岗位目标完成后，能给公司目标带来多大的贡献。MBO 可以在乎对公司目标的贡献，也可以在乎岗位职责的完成情况。

举例

假设某猎头公司需要给猎头专员岗位制定绩效指标。

如果按照 MBO 的逻辑来制定绩效指标，那么这位猎头专员的绩效指标可以是每天给甲方公司打电话的数量、每天给候选人打电话的数量、每月促成面试的数量、每季度成交的数量等过程类的指标。

如果按照KPI的逻辑来制定绩效指标，那么绩效指标可以是每月的招聘满足率、每季度实现的成交额、每年的业绩完成情况等结果类的指标。

2．目标周期不同

从目标设置的周期来说，KPI的目标周期多是以月度、季度和年度为单位，一般以年度为单位的居多。而且，存在岗位层级越低，KPI的目标周期越短；岗位层级越高，KPI的目标周期越长的规律。

MBO的目标虽然也遵循岗位层级越低，目标周期越短；岗位层级越高，目标周期越长的特点。但MBO的目标周期最短可以以天为单位，以周为目标周期的MBO目标也比较常见，这一点与常见KPI的目标周期有所不同。

举例

某公司采取MBO绩效管理工具，以周为单位给销售团队的所有业务员设计目标，要求销售业务员每周至少要完成2万元的销售业绩和拜访3个新客户。要求销售团队中的电话销售人员，每天必须拨打100个以上的电话。

3．对成果的重视程度不同

MBO是所有绩效管理工具中最重视成果的一种。工作成果是否达成代表着工作目标是否完成，MBO强调用工作成果来评判工作价值。当运用MBO时，岗位的责任将会非常明确，对岗位职责完成情况的判断也会比较明确。

4．在目标上的应用人不同

MBO特别强调员工的上级管理者在绩效管理中的作用。KPI、KSF和BSC中，都不乏非岗位的直属上级对岗位设定目标和进行岗位考核与评价的情况。运用MBO时虽然也有这种情况，但在大多数情况下，MBO中的岗位目标从设计到评估的全过程是在岗位直属上级和员工之间完成的。

4.1.4　MBO的使用场景

从公司成长周期的角度来说，MBO绩效管理工具比较适合应用在公司的成长期。在成长期，公司规模开始迅速扩张，公司的经营目标逐渐明确，逐渐形成清晰的战略，公司需要自上而下协同努力，共同实现战略。这时通过绩效管理，统一各部门的目标，提高各部门的效率就显得非常重要。

MBO 特别强调目标的达成情况，从行业和岗位的角度来说，MBO 绩效管理工具比较适用于强调工作成绩、重视工作结果的行业或岗位。从行业角度来说，MBO 比较适合销售贸易类、零售批发类、外贸进出口类等类别的行业。从岗位角度来说，MBO 比较适合产品销售类、市场开发类、业务拓展类等类别的岗位。

MBO 绩效管理工具并不强调公司对员工的"控制"，而强调员工为了达成本岗位的目标，应该做好自我管理。在实施 MBO 时，岗位管理者应尝试激发员工的积极主动性，让员工具备完成目标的内生动力。

与其他绩效管理工具一样，MBO 也并不是完美的，它也有相应的优点和缺点。

MBO 的优点如下。

（1）能够帮助公司、部门和员工明确工作任务和目标，让工作有方向。

（2）能够切实提高公司的管理效率，保证岗位员工达成目标。

（3）通过岗位目标完成情况的对比，能让公司内部管理实施有效控制。

（4）通过目标和奖罚之间的关联，能够形成有效的正负激励。

（5）通过明确岗位具体目标，可以帮助员工实现自我管理。

MBO 的缺点如下。

（1）对各级管理岗位要求较高，需要各级管理人员不断帮助员工设计和调整目标。

（2）公司在实际运用时常常强调实现短期目标，对公司的长远发展可能不利。

（3）对某些岗位来说，有时候目标设置会比较困难，目标难以选定或难以量化。

（4）有时候，在执行的过程中，最初制定的目标较为固定，无法适应变化的环境。

（5）如果员工不知道为什么要达成目标或不了解达成目标的好处，将不利于目标达成。

4.2　MBO 应用方法

目标是 MBO 的核心，公司在应用 MBO 时，应当围绕目标开展，按照设计目标、执行目标、评估目标和改进目标的逻辑逐项实施。其中，对目标的设计和分解最重要，也最容易出问题，它直接关系着 MBO 应用的成败。

4.2.1　岗位目标设计方法

运用 MBO 工具设定目标的关键是遵从 SMART 原则，即目标必须是具体的（Specific）、可以衡量的（Measurable）、可以达到的（Attainable）、与其他目标具有一定的相关性的（Relevant）、有明确截止期限的（Time-bound）。

很多人对 SMART 原则并不陌生，不过虽然知道 SMART 原则的含义，但在运用时也会经常出问题。例如，从事某岗位的张三为岗位设计的目标是：每天做一件实事，每周做一件好事，每月做一件新事，每年做一件大事。

张三设计的目标算是有效的目标吗？这算是一种目标，但显然不是有效的目标。张三的这几个目标里有时间的概念、有数量的概念，可是不够具体，没有办法衡量。

"实""好""新""大"都是形容词。什么是实事？什么是好事？什么是新事？什么是大事？并没有明确的定义。既然没有明确的定义，就没有办法准确衡量。既然不能准确衡量，就不能判断目标究竟是否完成。

运用 SMART 原则设定目标时，我们可以参照 SMART 原则检验工具，如表 4-1所示。

表 4-1　SMART 原则检验工具

原则	序号	对应问题	判断
具体的	1	目标是否足够明确	□是 □否
	2	目标是否足够简单易懂	□是 □否
可以衡量的	3	目标是否具备激励性	□是 □否
	4	目标是否能够促进岗位员工采取行动	□是 □否
	5	目标达成与否是否能够被衡量	□是 □否
可以达到的	6	目标是否可以通过行动达成	□是 □否
	7	目标是否与岗位相适应	□是 □否
	8	达成目标之后是否有相应的奖励	□是 □否
与其他目标具有一定的相关性的	9	目标是否有足够的意义和价值	□是 □否
	10	达成目标需要的资源是否能够被获取	□是 □否
有明确截止期限的	11	完成目标是否有明确的时间要求	□是 □否
	12	完成目标的时间限制是否足够明确	□是 □否

在设计各岗位目标时，可以参考表 4-1 中 SMART 原则对应的问题，判断设定的目标是否符合这些问题的描述，检查目标是否符合 SMART 工具。只要存在一项"否"，就需要重新审视目标可能存在的问题。

4.2.2　岗位目标周期设计

到了具体的某个岗位，在设计目标时，要注意根据时间的不同设计不同的目标。越远期的目标，应当越关注一些宏观的、模糊的、长远的、愿景类的事物；越近期的目标，应当越关注一些微观的、具体的、短期的、可执行的事物。

按照时间逻辑设计岗位目标的方法如图 4-5 所示。

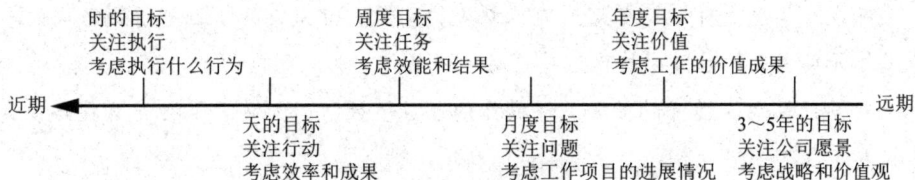

图 4-5　按照时间逻辑设计岗位目标

在设计岗位 3 ～ 5 年的目标时，应关注公司的愿景、战略和价值观。

在设计岗位年度目标时，应在考虑如何与公司 3 ～ 5 年的目标匹配的基础上，关注岗位工作的价值成果如何与公司的长远战略匹配。

在设计岗位月度目标时，应在年度目标的基础上，关注一些相对具体的问题和一些工作项目的开展情况。

在设计岗位周度目标时，应在月度目标的基础上再进一步分解，要更关注一些具体的任务，关注更具体的效能和结果。

在设计每天的目标时，应在周度目标的基础上更关注具体的行动，要关注行动效率和每天的成果。

如果需要设计每小时的目标，则应更加关注执行的具体行为。

举例

某集团公司人力资源总监要设计自身岗位的目标。

在设计 3 ～ 5 年目标时，要结合公司的战略、愿景和价值观。这时制订的人力资源管理目标，要考虑如何让公司 3 年以后人力资源的数量和质量达到公司的愿景、战略和价值观的要求。这时的人力资源规划相对比较宏观。

在设计年度目标时，要根据 3 年以后的人力资源规划制定当年的人力资源规划。这时的人力资源规划相对比较具体，要考虑人力资源部当年能够给公司创造何种价值，取得何种价值成果。例如，当年要保证的人才到位率、人才离职率、人力费用率、人均劳动效率等一系列体现岗位价值的成果。

在设计月度目标时要关注具体问题。这里的具体问题是当确定了当年要达成的价值目标后发现的可能阻碍价值目标达成的问题，或者是设计出具体的价值方向后某些工作项目的进展。例如，人才引进项目的进展、人才培养项目的进展等，这些项目的进展决定了年度目标能否达成。

在设计周度目标时，要把所有待解决的问题、待完成的项目分解到每周的具体工作任务上，然后每周关注这些任务的进展。

在设计每天的目标时，要关注具体的任务、行为，如某天要召开某种会议，某天要参加某个活动等。

在设计每小时的目标时，要注意在不同的时间段要完成的具体工作，执行的具体行为。

4.2.3   层级目标分解方法

公司的目标通常可以被逐项分解成 3 个层级的目标，分别是组织层面的目标、流程层面的目标和工作任务层面的目标。这 3 个层级的目标的数量一般是自上而下、由少到多的关系。这 3 个层级目标的关系如图 4-6 所示。

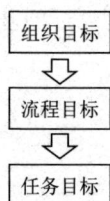

图 4-6   目标分解的 3 层级体系

最上层的组织目标通常是具体的、能够量化的结果，比较常见的一般有销售收入、经营利润、经营成本、员工或客户的满意度、公司规模增长速度等。

中间层的流程目标，通常是为了达成组织目标而能够起到关键作用的流程应当有针对性地做出哪些工作来承接组织目标。

最底层的任务目标，通常是为了达成流程目标而需要具体工作任务达到怎么样的结果。

举例

某大型餐饮公司近期营业业绩有所下滑，分析后发现是到店消费的顾客数量明显下降所致。进一步分析后，公司发现顾客减少的原因是顾客的满意度明显下降。

该公司前 3 年平均的顾客满意度能达到 95%。可是近期的调研数据结果出来后，店长很吃惊，顾客满意度竟然只达到 85%，降低了 10%。

针对这一情况，店长制订了组织层面的目标，要把顾客满意度由 85% 提高到 95%。

可是仅仅这样设定目标并不能保证目标的实现，接下来还需要从流程层面对组织目标进行承接。

为此，人力资源部的绩效管理人员和店长深入调研了顾客满意度降低的主要原因。结果发现，顾客满意度降低的原因主要存在于两个方面。

（1）上餐时间比较长，顾客等待的时间比较长。

（2）相同的菜品口味不一致，有时候偏咸，有时候偏淡。

对于上餐时间长的问题，绩效管理人员和店长通过对流程进行梳理，发现在用餐高峰期，店内顾客从点好餐到上餐的平均时间是 30 分钟，而该门店之前基本能够保证 20 分钟之内上餐。

于是店长把这一项的流程目标定为：在用餐高峰期，上餐时间由当前的平均 30 分钟缩短到平均 20 分钟。

怎么实现这个流程目标呢？这时就需要具体任务目标的支撑，接下来要对流程目标涉及的具体流程进行分解。

从顾客点餐到上餐的流程的第 1 步是前台服务员接待，第 2 步是厨师制作菜品，第 3 步是服务员上菜。绩效管理人员和店长通过分析这 3 步流程当前存在的问题后，发现第 1 步和第 3 步基本没有问题，也没有太大改进的空间。目前耗时最长、最需要也最可能缩短上餐时间的环节是厨师制作菜品的环节。

　　绩效管理人员和店长调研后发现，当前厨师平均制作一个菜品的时间是 4 分钟。为了实现流程目标，这个时间必须缩短。于是店长想把这项任务目标定为：厨师平均制作一个菜品的时间由当前的 4 分钟降至 2 分钟。

　　具体要如何实现呢？

　　绩效管理人员和店长发现，当前所有菜品提前备半成品的比例是 70%。经过沟通，厨师长发现以当前餐厅的菜品种类及每天点餐的菜品频率来看，可以把菜品提前备半成品的比例提高到 75%。

　　店长对这个提升比例并不满意，于是和厨师长又进行了深入的分析和挖掘，发现了当前上菜速度慢的另外一个原因——为了吸引顾客，餐厅上的一批新品菜的制作时间较长。这些新品菜虽然口味比较好，但其制作时间比传统菜更长，原因一是现有厨师对制作流程不熟练；二是制作过程比以前的菜都要复杂，耗时更长。

　　为解决这个问题，绩效管理人员和店长进一步深入挖掘后，发现这些菜品是厨师长外出学习后带回来的一系列新品，后来只是对其他厨师进行了技能的传授，并没有对菜品进行适合餐厅大批量、高速度制作条件的改良。

　　经讨论，他们发现有 15 种菜品的制作工艺都可以进行改良。经过对菜品的改良，店长决定把菜品提前备半成品的比例提高到 85%。

　　对于菜品口味不一致的问题，店长发现问题也都主要出在这些新菜品身上。于是店长同厨师长协商，决定把菜品的制作流程 100% 标准化，标准化菜品的原材料的用量、调味料的用量，而且量具要精确且方便厨师操作。

　　经过以上这一系列环节的工作，绩效管理人员和店长就把绩效目标从组织、流程和任务 3 个层面进行了细化和分解，让绩效目标更加清晰和明确。其逻辑关系如图 4-7 所示。

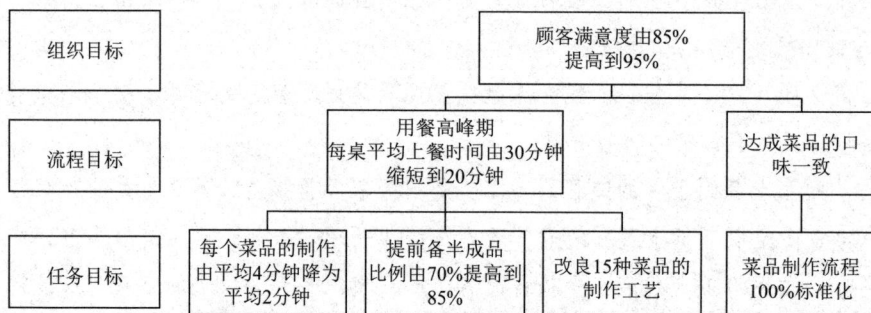

图 4-7　某餐饮公司的绩效目标分解示意

按照这个逻辑制定出的任务目标能够充分承接流程目标，流程目标也能够充分承接组织目标。对于这 3 个层面的目标，绩效管理人员可以将其对应到相应岗位，找到具体的责任人，将其作为该岗位、该责任人一段时期内的绩效指标。

4.2.4　层级目标设计方法

岗位目标的落脚点应当放在结果上。结果对应着岗位创造的价值。但是，公司中不同层级岗位强调的结果类型有所区别。不同层级关注结果目标的情况如图 4-8 所示。

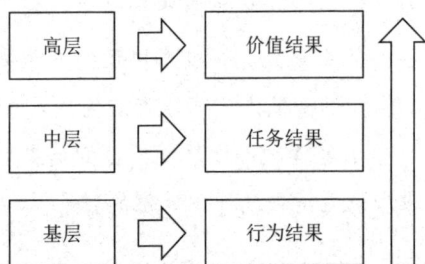

图 4-8　不同层级关注结果目标情况示意

基层人员，工作的落脚点和目标设计应该落在行为结果上。

中层人员，工作的落脚点和目标设计应该落在任务结果上。

高层人员，工作的落脚点和目标设计应该落在价值结果上。

行为结果是具体的行为或事件的结果。

任务结果是某项任务或某个项目的结果。

价值结果是为公司创造价值方面的结果，主要体现在效益、效率、成本和风险 4 个维度。

这 3 类结果是从微观到宏观互为因果的关系。

举例

某公司人力资源管理部设有分管培训管理工作的培训分部，其中设有培训专员、培训经理和培训总监 3 类岗位。

培训专员岗位是培训管理工作的基层岗位，平时负责的工作主要是组织和运营培训活动，这类岗位应重点关注行为结果。对于基层培训管理人员来说，行为结果可以是实施培训的次数，或者经手组织培训的参训学员人数。

培训经理岗位是培训管理工作的中层岗位，负责管理培训专员，这类岗位关注的重点应该是任务结果。对于中层培训管理人员来说，任务结果是指某一项任务或某一个项目得到的结果，可以是培训计划完成率、培训课程完成率等体现培训项目整体完成情况的指标。

培训总监岗位是培训管理工作的高层岗位，负责管理培训经理和培训专员，这类岗位关注的重点应该是价值结果。对于高层培训管理人员来说，价值结果可以是人才能力达标率和人才梯队完备率。

人才能力达标代表员工具备完成工作需要的效率，等于工作效率的提升。人才梯队完备率代表人才梯队的完整情况，重要岗位的人才离职后，有后备能力达标的人才及时进行补充，这能够降低人才离职带来的成本损失。

该公司的培训专员、培训经理和培训总监岗位的员工可以根据本岗位对应关注的行为结果、任务结果和价值结果设计本岗位的目标。

这里需注意，高层人员应当重点关注价值结果，但这并不代表高层人员不需要关注行为结果。同样地，基层人员应当重点关注行为结果，但并不代表基层人员不需要关注价值结果。重点关注的含义是有所侧重，是第一落脚点而不是唯一落脚点。

不论员工处在哪个层级，在关注本岗位层级的结果的基础上，也应看到其他岗位层级的结果并给予适当的关注，让自己具备全局视野有助于员工更好地完成工作。

如果某个层级的岗位员工没有把落脚点和目标放在本层级应当关注的结果上，就会有"越位"的嫌疑。例如，某基层员工过分关注公司战略完成情况和公司营业收入的情况，并把公司战略和营业收入设计为自己岗位的目标，这就是明显放错了落脚点。

可如果每个层级的岗位员工只关注手头工作，只关注自己层级应当关注的结果，完全不去想自己的结果如何为上一层级或下一层级提供帮助，不考虑其他层级岗位的工作结果如何为自己提供支持，格局和眼界就太小，不利于上下级之间工作的承接。这样设计出来的岗位目标难免偏颇。

4.2.5　层级目标关注重点

在行为结果、任务结果和价值结果方面,在为不同层级结果设定目标时所关注的侧重点应不同,如图 4-9 所示。

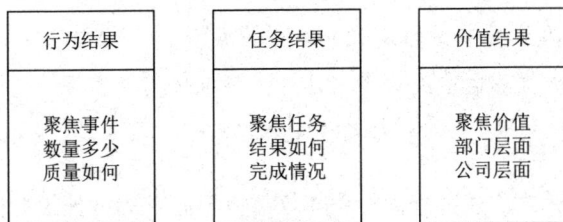

行为结果	任务结果	价值结果
聚焦事件 数量多少 质量如何	聚焦任务 结果如何 完成情况	聚焦价值 部门层面 公司层面

图 4-9　不同层级结果对应目标的侧重点

行为结果一般聚焦在具体事件上,一般更关注事物的数量多少或质量如何。

任务结果一般聚焦在整个任务上,一般更关注任务的结果如何或者完成情况如何。

价值结果一般聚焦在最终价值上,一般更关注部门或公司层面创造的价值。

举例

某招聘管理专员岗位,员工每天最多的工作内容是打电话邀约面试,筛选简历。过程中为了促成面试,招聘管理专员需要沟通人力资源部门的领导和各个部门的领导。人才招聘成功之后,招聘管理专员还要带领候选人办理入职手续。

这一系列的事务性工作的岗位目标,可以是平均每月打电话的数量、筛选简历的数量、组织面试的数量、办理新员工入职的数量等。在设计岗位目标的过程中,重点要体现该招聘管理专员做的具体事件是什么、数量有多少、质量怎么样。

继续向上推演,招聘管理专员应做哪些工作,聚焦任务的目标,变成任务结果。这里的目标可以是公司层面的目标,也可以是部门层面的目标。再向上推演,就能形成某项价值。这项价值可能是对公司的价值,也可能是对某个部门的价值。

如果不按照不同岗位层级对应不同结果的逻辑来设计岗位目标，就可能会出现问题，下面举一个反面的例子并给出修改建议。

举例

某公司设有人才发展总监岗位，人才发展总监负责整个公司的培训管理和人才培养工作。这位总监在为本岗位设计岗位目标的逻辑是：上年度一共组织了100场培训，那么本年度的目标是组织120场培训。

这个人才发展总监设定目标的逻辑显然有问题，因为他没有分析透彻本年度准备组织120场培训的数据是怎么得出来的，没有说明这120场培训要达到什么样的具体目标，也没有说明他通过组织培训准备为公司创造什么价值。

培训的数量绝对不是越多越好，因为培训过程需要耗费参训人员和组织人员大量的时间和精力，算上这些时间成本和机会成本，实际上组织一次线下培训的成本非常高。

如果这位人才发展总监想为公司创造价值，那么关于组织培训这项工作的逻辑也许可以是这样的：

上年度一共组织了100场培训，经过部门的评估，发现其中有20场培训的效果比较差，原因是……

发现有50场培训非常成功，原因是……

明年准备通过培训，将公司某类岗位的业绩提高到……，将某类岗位的效率提高到……，将某方面的成本控制在……，降低……方面的风险。

为了达成这个价值结果，准备组织的培训内容是……，培训的场次有……，每个场次准备达到……目标。

为了保证培训顺利进行，准备做的工作是……

按照这样的逻辑来设计目标，也许上年度组织了100场培训，本年度实际上组织50场培训就够了。而且这位人才发展总监将为什么要组织这50场培训也分析得有理有据，在正式开展工作之前就已经让人信服。

不同层级的岗位开展工作的内容不同，关注的重点也有所不同，设定岗位目标时的视野可以落在行为、任务和价值3个层面。员工也需要具备全局视野，要在关注自身工作内容所在层面的同时适当关注其他层面。

4.2.6　平行分解目标的方法

目标除了可以自上而下按照层级分解之外，还可以按照某种逻辑进行平行分解。平行分解目标的方法没有固定的"套路"，要视具体情况，按照时间逻辑、空间逻辑、因果逻辑等展开。

举例

笔者曾经为某公司设计培训管理体系。那家公司之前从来没有通过培训系统化解决问题。公司的总经理在接受了笔者团队关于每一场培训都应当有培训目标的理念之后，认为应该用培训系统化解决问题。

当时该公司正好有作业环境问题，该公司员工工作现场的作业环境比较差，不论是生产车间的工作环境还是办公室的环境都有待改进。该公司总经理希望员工能按照 5S[整理（Seiri）、整顿（Seiton）、清扫（Seiso）、清洁（Seiketsu）、素养（Shitsuke）] 管理的原则来管理作业现场。

这时组织层面的目标就有了，就是总经理希望的通过培训来改变员工的日常行为，即期望员工在培训之后，现场管理能够达到 5S 的要求。评估的方式可以是在培训后的检查评估，检查结果达到 90% 的合格率就算目标达成。到这里还没有出现问题，但在该总经理落实目标时出现了问题。

总经理一开始把培训的目标设置为：让员工学会 5S 管理。

这个目标合适吗？显然不合适。为什么呢？

对照 SMART 原则检验工具就能够发现问题。

一是：什么叫学会 5S 管理？如何定义？如何确定学会了的标准？

二是：用多长时间让员工"学会"？什么时候评估？

三是：员工学会了就有用吗？如果员工学会了，但行为不改变怎么办？很显然，公司要的结果是员工转变行为，而不仅是学会。

在笔者向总经理提出这些问题之后，总经理把培训目标改成了：在一次 2 小时的培训后彻底改变员工的行为，让所有员工的现场管理水平能够达到 5S 管理的要求。

这个目标合适吗？显然也不合适。为什么呢？

同样对照 SMART 原则检验工具，能够发现这个培训目标是不现实的，公司只能把这个目标当成组织层面的长远目标或愿景来努力。

人们行为的改变是一个长期的过程，不能一蹴而就。所以，公司在实施培训和设置培训目标时，要分时间段、分步骤进行。

笔者给出的建议是，把这项培训分成 3 个阶段，设置成 3 个不同目标的培训课程。这 3 个培训课程可以在 3 个时间段分别进行。这 3 个课程的逻辑分别是是什么、为什么和如何做。

第 1 阶段的培训课程可以向员工介绍 5S 管理的概念和原则。

第 1 阶段培训的主要目的是向员工传授 5S 管理的知识，也就是告诉员工 5S 管理是什么。这次培训的目的是让员工能够熟练掌握 5S 的基本概念和原则，具体目标可以设置成：培训结束后，员工能够准确陈述出什么是 5S 管理，以及 5S 管理的原则是什么。

第 2 阶段的培训课程可以向员工介绍 5S 管理对员工和公司都有哪些好处。

第 2 阶段培训的主要目的是让员工转变态度，认可 5S 管理的理念和精神，也就是告诉员工为什么要做 5S 管理。这次培训的目标可以设置成：培训结束后，员工赞成 5S 管理理念，并决定主动实施 5S 管理。

第 3 阶段的培训课程可以向员工介绍不同的岗位如何做好 5S 管理。

第 3 阶段培训的主要目的是让员工知道 5S 管理的正确做法是什么，也就是员工如何做好 5S 管理。这次培训的目标可以设置成：培训结束后，员工能够采取措施使现有的作业环境达到 5S 管理的要求。

经过这 3 个阶段的培训目标分解，公司将会相对比较容易地实现最初的目标。

上述案例是按照时间逻辑和因果逻辑对目标进行平行分解，公司在平行分解目标时，应视具体的场景和情境采取相适应的逻辑。

4.2.7　目标设计的 4 类角色

很多岗位的从业者因为对自身岗位的理解不深刻，在设计岗位目标时不知道应从哪些角度入手。这时，我们可以用到一个工具——岗位角色 4 维饼图，如图 4-10 所示。

图 4-10　岗位角色 4 维饼图

每个岗位或多或少都会涉及 4 类角色，分别是产品人、服务人、运营人和媒体人。

产品人角色输出的是一种产品，通常是比较具体的事物。

服务人角色输出的是一种基于产品的服务。

运营人角色输出的是一种为了更好地销售产品和服务而进行的规划与管控。

媒体人角色输出的是一种把终端用户和产品做连接的功能。

每个岗位都离不开这 4 类角色，从这 4 类角色的角度出发，有助于员工快速理解岗位，制定岗位目标。

举例

张三是某公司办公室的行政文员。张三的岗位表面上看起来是纯粹的服务型岗位，比较难设计岗位目标。但当张三运用岗位角色 4 维饼图时，就能够发现行政文员岗位中包含的不同角色。

行政文员岗位要输出一些文件，不一定是文件的编写，可能是文件的排版；可能要对某些制度的编制实施调研，形成调研报告；可能会在月底统计账单或数据，形成报表。这些内容都属于输出产品。只要输出了具体实物，需要交付给他人，这类岗位就具备产品人的角色。

行政文员岗位的服务属性比较明显，既要服务于公司的高层管理者，服务于公司的各部门管理者，也服务于全体员工。行政文员平时做得最多的就是服务工作，所以行政文员岗位天然具有服务人的角色。

行政文员岗位其实也有运营人的角色。在从事某些工作时，如组织年终总结大会、召开业绩分析会议、举办集体活动等，虽然行政文员属于基层员工，但他们或多或少需要做一些统筹、规划、组织方面的把控，不能只做简单的事务性工作。其他类似岗位也是同样的道理，只要涉及规划与统筹的工作，都有运营人的角色。

行政文员岗位还有媒体人的角色，媒体人是把终端用户和产品做连接。几乎所有岗位都要输出某一种产品或服务，但岗位输出这种产品或服务后，谁获得了这种产品或服务？是如何获得的？这种获取途径就产生了媒体人的角色。例如，开会时行政文员需要沟通各部门，让他们按时参加会议，这时就需要告知和协调。

所有岗位都离不开这4类角色，只不过不同岗位这4类角色的侧重点可能有所不同。为了保证目标的完整性，在设计岗位目标时，要注意不要忽略岗位涉及的不同角色，必须根据岗位包含的角色设计岗位目标。

在设计岗位目标时，可以首先从这4个维度对岗位进行分析。如果分析之后，发现岗位在4类角色上比较平均，可以平均设计目标；如果发现这4类角色有所侧重，可以以某方面为重点，有目的、有侧重地设计目标。但有所侧重的同时，不要忽略其他角色。

4.2.8　总结、计划的6个步骤

有复盘才有提高，我们要定期对公司、部门和岗位的目标进行总结和评估，根据总结和评估结果，为下一个绩效周期制订计划。

对MBO进行总结与计划可以分成6个步骤，如图4-11所示。

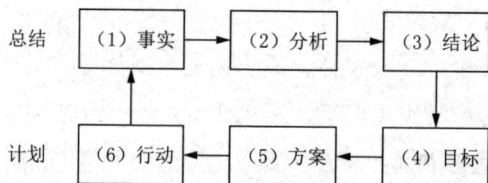

图4-11　对MBO进行总结与计划的6个步骤

这6个步骤可以分成2个部分，分别是总结的部分和计划的部分。

总结的部分可以分成3步：

第1步是总结事实，就是用量化的数据说明当前的情况；

第2步是进行分析，就是通过对这些数据做出分析，查找出当前的问题；

第 3 步是得出结论，就是根据整个分析的过程得出一个结论。

计划的部分也可以分成 3 步：

第 1 步是设定目标，就是准备做什么；

第 2 步是形成方案，就是根据目标形成能够解决问题的具体方案；

第 3 步是把方案细化成可落地、可实施的具体行动。

总结部分的 3 步和计划部分的 3 步合在一起后，便是对 MBO 进行总结与计划的 6 个步骤。在实施总结与计划的过程中，要不断验证行动与目标之间的承接性和关联性，根据行动、获得的结果，按照某种时间周期不断进行复盘和调整，重新进入总结事实、进行分析、得出结论和制定目标等 6 步循环的过程。

这 6 个步骤看似简单，很多人在应用时却很容易出错。例如，在第 1 步总结事实中，对于什么叫事实很多人是不清楚的。类似"今天天气很冷""这个事情很好""做出很大努力"等都不是事实，而是一种主观判断。"现在的温度是 18 摄氏度"，这才是事实。

举例

张三在某公司从事招聘管理岗位，在对本岗位的 MBO 进行总结时，张三是这样说的："虽然今年的招聘形式很严峻，人才很难招，但是我们凭借着顽强的毅力，经过夜以继日的努力，通过多种渠道，采取各种方式，筛选了大量的简历，组织了大量的面试，接待了大量的候选人，最终很好地满足了公司的用人需求。"

张三的这段话是事实吗？显然不是，这段话中没有一句话在讲事实。

那么，事实应该怎么说？

张三可以这样说："今年年底，我们调研了 5 家竞争对手和 10 家同行业公司的招聘满足率情况，发现这 15 家公司平均的招聘满足率在 70%，而去年这个数据还是 85%。这说明，同行业其他公司的招聘形式普遍比较严峻。"

接下来，张三对本岗位的 MBO 进行总结和计划时可以这样说："公司当前的招聘满足率只有 50%，低于行业的平均水平。接下来，我们要分析招聘满足率低的具体原因……"

这就来到了第 2 步的分析过程，张三可以分析薪酬的外部竞争力，可以分析雇主品牌在外部市场上的影响力，可以分析招聘环节和流程本身有哪些能够改善的地方等。

分析完后，张三应进入第 3 步，也就是得出结论的环节，如在分析之后，最后得出的结论是公司招聘满足率低的主要原因是在招聘渠道的开发和人才简历的获取上存在问题。

接下来，张三可以进入第 4 步，开始针对结论设定目标。例如，目标可以是明年要让公司的招聘满足率达到 80%。这一步中设定的目标，可以成为张三所在岗位在下一个绩效周期中的 MBO。

如何达成这个目标呢？张三接下来要进行第 5 步，通过对当前问题进行进一步细化分析，形成一套解决方案。例如，方案可以是扩充招聘渠道，增加招聘投入或者通过一些其他手段更多地获取人才简历等。

接下来，张三需要把这些方案落实到具体行动上，如具体行动可以是明年扩充 3 个招聘网站，与 10 个外部公司谈招聘项目合作等。

当然在具体的方案和行动当中，张三要清楚，为了达成目标自己需要哪些基础，需要公司提供哪些资源，需要谁在什么时间给自己提供何种支持等。

在持续行动的过程中，张三要不断复盘并在发现问题后及时调整，及时修正行动或目标，让整个过程变成一个管理循环。

4.2.9　目标评估改进方法

在岗位总结和评估目标完成情况后，可以根据不同情况实施改进。目标评估改进方法如图 4-12 所示。

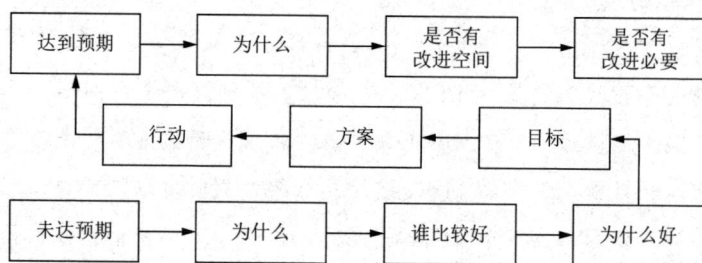

图 4-12　目标评估改进方法

图 4-12 实际上分成上层、中层、下层 3 个部分。

如果发现岗位目标达到预期，此时可以按照上层逻辑进行分析。达到预期是指达到了当初制定的目标。总结与计划是一个闭环管理过程，所以有没有达到预期的前提是有没有制定目标，从这里也能看出目标的重要性。

当目标达到预期后，下一步要研究的是为什么能够达标。这里要探讨的是目标达到预期的原因是根据岗位目标制定的方案和行动都落地了，还是靠运气。这也是一个复盘的过程。现实中有很多这样的情况——虽然岗位目标达成了，但是为什么能够达成，岗位的从业者是不清楚的。如果不清楚达成目标的原因，未来就可能会出现问题。

例如，某销售岗位制定的目标是今年的销售业绩达到 1 000 万元，到年底时发现，岗位目标完成了。但完成这个目标有很大的运气或巧合成分，与该岗位从业者的个人行动和努力关系较小，而这种运气和巧合在未来能否一直延续很难讲。

当了解了为什么，发现了问题以后，岗位从业者要判断是否存在改进的空间，而且要判断是否有改进的必要。任何管理活动都需要付出成本，改进也不例外，在判断是否有改进必要时，岗位从业者要分析管理成本的投入和产出情况。在不考虑其他因素的情况下，如果投入产出比高就值得做，如果投入产出比低就不值得做。

如果发现某岗位的目标没有达到预期，此时可以按照目标评估改进方法的下层逻辑进行分析。当目标没有达到预期时，岗位从业者可以按照以下 3 个步骤实施改进。

（1）判断为什么目标没有达到预期。

（2）判断在同类岗位的员工中，谁达到了预期且做得比较好，也就是找到最佳实践。

（3）研究最佳实践为什么好，也就是分析最佳实践能成为最佳实践的原因。

当查找出最佳实践能够做得好的原因后就到了改进的环节，这时可以参考目标评估改进方法的中间层逻辑，也就是编制计划的 3 个步骤，分别是设定目标、形成方案和采取行动。

对没有达到预期目标的改进，实际上就是对情况进行分析后找到最佳实践、研究最佳实践并提炼最佳实践的方法，然后把这个方法进行推广和改进的过程。

举例

笔者曾经服务过一家公司，其招聘压力非常大。有一次公司要在一个新的区域发展，总部派了 3 名招聘专员帮助这个新区域招聘，结果招聘效果很差。3 名招聘专员待了 3 个多月，招聘满足率只有 30%。

在进行绩效分析时，这 3 名招聘专员都表示，在新区域招聘效果比较差的主要原因是公司对当地劳动者来说并不具备品牌知名度，大部分劳动者并没有听说过这家公司。当这些劳动者有就业选择时，他们就会选择当地的一些知名公司。

那时候，该公司正好新聘请了一位招聘经理。笔者想试试他的"身手"，就将这位招聘经理派到那个新区域，让其协助该区域的人事专员继续开展人才招聘工作。由于其他新区域还有招聘任务，笔者就把当时在那个新区域的 3 名招聘专员撤出并调配到了另外的新区域。

没想到的是，这位招聘经理到了新区域以后，只用了一个月的时间，招聘满足率就达到了 90%。笔者很震惊，把这位招聘经理召回总部交流，问其是如何实施招聘工作的。这一步就是发现最佳实践。

这位经理从招聘渠道、招聘方法和面试技巧 3 个方面给笔者讲了很多。笔者听完后觉得受益匪浅，认为这套方法非常值得推广。这一步就是提炼最佳实践的方法。

于是，笔者让这位招聘经理把招聘的方法做成课程，并召集了公司所有的招聘专员，让这位招聘经理向所有的招聘专员教授最佳实践。这一步就是持续推广改进。

在这位招聘经理培训完后，效果非常好，公司整体的招聘满足率都得到了提升。而且通过这位招聘经理的分享，公司也总结了一套适合在新区域发展扩张的招聘流程和方法。

4.3 【实战案例】某零售业上市公司应用 MBO 的案例

本节将以某大型上市公司 B 公司为例，介绍这家公司主要岗位的 MBO 设计。

B 公司是以线下超市连锁为主业，以区域一体化物流为支撑，以发展现代农业生产基地和食品加工产业链为保障，以经营生鲜为特色的全供应链、多业态的综合性零售渠道商。

B 公司目前拥有直营连锁门店 750 家，员工 2 万余人，是所在区域快速消费品领域连锁零售的龙头公司。B 公司成立于 1995 年，如今的年营业收入已经接近 150 亿元，会员人数超过 700 万人。

B 公司的快速发展得益于公司高层对目标的重视以及对业绩的强调。为了引导公司各层级重视目标和业绩，B 公司采用的绩效管理工具为 MBO。

4.3.1　绩效管理体系

B 公司绩效管理体系的逻辑如图 4-13 所示。

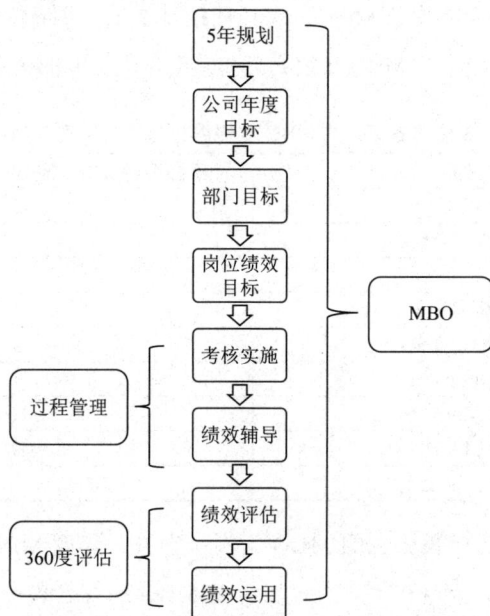

图 4-13　B 公司绩效管理体系的逻辑

B 公司在实施绩效管理时，首先会确定自身的 5 年规划，根据 5 年规划制定公司的年度目标。然后将公司年度目标分解为部门目标和岗位绩效目标，并实施绩效考核工作。在考核实施的过程中，应注重绩效辅导工作。到绩效考核周期末时进行绩效评估，并运用绩效评估结果。

在 B 公司的整个绩效管理体系中，主要采用的绩效管理工具是 MBO。MBO 的思想贯穿整个绩效管理的过程。B 公司强调高绩效文化，强调各部门和各岗位要有目标意识，公司全员以完成目标为基本行动准则。

在实施考核的过程中，B 公司同样强调过程管理而不是"秋后算账"。过程管理的形式主要是当上级管理者发现下级的 MBO 出现问题时，及时帮助下级查找问题原因，及时找到问题根源并帮助下级做出调整。

B 公司在设计各岗位 MBO 时，多采取的是相对比较客观、比较能反映岗位核心价值的目标。这就可能会造成绩效评价过程中的客观因素过多，不一定能够真实地反映人才的能力和工作状态。

为了平衡这种情况，B 公司在绩效评估和绩效运用阶段采用了 360 度评估的方式，即通过岗位员工的上级、下级、平级、客户或外部协作方等对岗位员工进行主观评价。

B 公司对大多数重要岗位 MBO 的考核周期是 1 年。各岗位的年终奖金与 MBO 的年终得分有关，各岗位的 MBO 年终得分与奖金倍数之间的关系如表 4-2 所示。

表 4-2　B 公司各岗位的 MBO 年终得分与奖金倍数之间的关系

得分区间	年终奖金倍数（岗位月基本工资倍数）
85 分以下	0
85 ～ 89.99 分	1
90 ～ 94.99 分	2
95 ～ 100.99 分	3
101 ～ 105.99 分	8
106 ～ 109.99 分	9
110 ～ 114.99 分	10
115 ～ 124.99 分	11
125 分及以上	12

以 B 公司某门店店长张三的 MBO 为例：当张三年度 MBO 的综合得分在 85 分以下时，其年终奖金为 0 元；当张三年度 MBO 的综合得分在 125 分以上时，其年终奖金为月基本工资的 12 倍；当张三年度 MBO 的综合得分为 102 分时，其年终奖金为月基本工资的 8 倍。

在员工个人层面，MBO 结果除了与年终奖金有关之外，还与岗位的薪酬调整、职业发展、员工福利、员工荣誉等方面有关。在组织层面，各岗位的 MBO 结果是 B 公司进行组织问题诊断、招聘选拔、能力培训、岗位调整等工作的重要依据。

4.3.2　运营总监岗位 MBO

在大规模的线下零售公司中，运营部门通常充当着公司"大脑"的角色，B 公司的运营部门统筹管理着整个公司的运营工作，是保证公司正常运营的重要管理机构。

B 公司运营总监岗位的主要职责如下。

（1）根据公司战略，制定公司整体营销工作的长短期规划。

（2）制定全年每月各部门预算，分解下发各部门并组织实施。

（3）建立公司多业态营运组织架构、管理体系和品牌营运策略。

（4）负责公司营运标准与流程的制定与规范。

（5）负责会员积分兑换政策、招商流程、租赁商与联营商现场管理规范的制定。

（6）负责监督、检查各部门履行岗位职责和遵守行为规范。

（7）负责检查、监控门店的内部管理，认真执行公司营运标准流程。

（8）加强对门店营运费用的预算和管理，确保费用控制在公司规定的范围内。

（9）根据门店实际管理状况下达整改通知，填写奖罚通知，根据权限按照程序执行。

（10）负责检查下级部门工作，做出评定并定期上报。

（11）公司批准开店计划后，负责筹备新店、企划、人员配备、设备配置、营运、陈列、收货等相关工作的跟进，协调相关部门配合工作，保证新店按时开业。

（12）按工作程序做好与相关部门的横向联系，并及时对部门间争议提出界定要求。

（13）定期召开营运例会和门店经营会议，对问题门店制定整改方案后报总经理。

（14）负责全公司设备的安全防范与应急处理工作。

B 公司运营总监岗位的 MBO 如表 4-3 所示。

表 4-3　B 公司运营总监岗位的 MBO

序号	目标项目	20×× 年目标	20×× 年结果	权重 /%	分数
1	总销售额			10	
2	可比门店增长率			15	
3	毛利率			10	
4	运营成本			15	
5	息税前利润率			5	
6	新店开业			5	
7	员工劳效			10	
8	人工费用率			15	
9	损耗率			10	
10	周转天数			5	
总计				100	

4.3.3　采购总监岗位MBO

具备一定规模的线下零售公司当中，通常采取的是集中采购、分仓储存策略，采购部门在公司中的地位很高，是公司的核心部门。采购部门的工作质量直接影响着商品的价格、质量和毛利率。

B公司采购总监岗位的主要职责如下。

（1）构建采购体系，对采购作业基本流程、采购政策、采购合同管理、商品市场信息以及促销员管理流程等制定一系列具体要求。

（2）组织本部门员工进行商品的品项合理化、数量合理化及品项选择，组织本部门员工维护商品价格决定及商品价格形象，建立业态分组。

（3）负责新商品引进、滞销商品处理、商品销售异常处理以及自有品牌的选择与开发。

（4）负责对商品品类、价格、库存的管理。

（5）制定商品促销方案及重大活动洽谈，门店促销活动安排、促销员的洽谈和促销位的规划。

（6）制定商品价格策略，控制并降低商品采购成本以及提高商品的销售利润。

（7）负责新供应商的开发、调查评估和引进，参与重要商品的采购，为公司争取最大利益，负责旧供应商的监控评审、淘汰。

B公司采购总监岗位的MBO如表4-4所示。

表4-4　B公司采购总监岗位的MBO

序号	目标项目	20××年目标	20××年结果	权重/%	分数
1	总销售额			30	
2	采购总费用率			10	
3	销售税前利润率			10	
4	周转天数			10	
5	采购部门费用			10	
6	损耗率			10	
7	满足率			10	
8	追缴应收款额			10	
总计				100	

4.3.4　拓展总监岗位MBO

连锁零售业中有句俗话——开店成不成功，五分靠选址。选址的质量决定了门店的客流量和增长潜力的上限。B 公司的网络拓展部肩负着规划、选择新店和开设新店的职责。

B 公司拓展总监岗位的主要职责如下。

（1）负责决定区域开店数量和位置规划。

（2）确定公司新店的选址数量目标。

（3）保证新店顺利开业。

（4）保证新店的质量。

（5）进行老店续约管理。

B 公司拓展总监岗位的 MBO 如表 4-5 所示。

表 4-5　B 公司拓展总监岗位的 MBO

序号	目标项目	20×× 年目标	20×× 年结果	权重 /%	分数
1	新址签约数量			30	
2	新址开店数量			30	
3	到期门店续签数量			20	
4	新址门店坪效			10	
5	新址门店客流量			10	
总计				100	

4.3.5　招商总监岗位 MBO

对于线下零售公司来说，招商部门起着增加额外收入的作用。有的线下零售店还没有开张就能实现盈利，或者开张后门店收益为负，但总收益却为正，这是因为门店外租区的租金收益能够为门店提供收益，从而缓解门店的经营压力。

线下门店外租区的租金高低主要与门店的客流量有关，门店商品的毛利率越低，客流量越大。所以很多线下门店甚至会经营一些低毛利或负毛利商品，就是为了增加客流量，增加外租区的收益，从而增加总收益。

招商总监岗位的主要职责如下。

（1）制订外租区的招商计划，制订项目的组合及总收入计划。

（2）保证外租区空间的充分运用。

（3）负责外租区的租金回收。

（4）管理和调整外租区的商品品类。

B 公司招商总监岗位的 MBO 如表 4-6 所示。

表 4-6　B 公司招商总监岗位的 MBO

序号	目标项目	20××年目标	20××年结果	权重 /%	分数
1	租金收入额			40	
2	租位闲置率			30	
3	年租金回收率			20	
4	每平方米租金增长率			10	
总计				100	

4.3.6　物流总监岗位 MBO

物流成本一直是商品流通行业比较大额的成本，对于较大规模的线下零售公司来说，物流成本同样是非常重要的成本。B 公司的物流中心不仅是商品货物的中转站，还负责整个供应链的建设、管理与优化，肩负着减少物流成本的重要责任。

B 公司物流总监岗位的主要职责如下。

（1）进行物流体系建设，制定长短期计划，完成供应链的整体优化与升级。

（2）规划与选择物流基地，规划与建设第三方物流，负责对物流基地功能区的布局与调整。

（3）对供应商进行评估、监督与管理。

（4）负责配送设备的使用规范管理及保养、保管。

（5）对于配送流程的技术提升予以监督指导，及时应对突发情况。

（6）对物流数据进行分析，建立标杆，管控各配送仓的物流成本。

B 公司物流总监岗位的 MBO 如表 4-7 所示。

表 4-7　B 公司物流总监岗位的 MBO

序号	目标项目	20××年目标	20××年结果	权重 /%	分数
1	物流总出货金额			30	
2	费用额			30	
3	常温周转天数			10	
4	生鲜周转天数			10	
5	损耗率			10	
6	满足率			10	
总计				100	

4.3.7　人力资源总监岗位 MBO

B 公司人力资源总监岗位的主要职责如下。

（1）负责制定人才发展计划。根据公司战略规划，制定公司的人力资源战略计划方案。

（2）负责公司人力资源计划的组织实施和监控。负责计划的解释与沟通；安排各项工作；负责监控各项计划的实施。

（3）负责制定公司人才成长通道，并积极推进人才的成长。

（4）负责公司内外部员工的招聘与招考录用全程监督工作。

（5）负责制定、完善与审核本部门的规章制度与工作流程。

（6）负责绩效管理和薪酬管理工作的落实。

B 公司人力资源总监岗位的 MBO 如表 4-8 所示。

表 4-8　B 公司人力资源总监岗位的 MBO

序号	目标项目	20×× 年目标	20×× 年结果	权重 /%	分数
1	人工费用			30	
2	员工劳效			30	
3	门店员工培训次数			10	
4	招聘满足率			20	
5	员工离职率			10	
总计				100	

4.3.8　财务总监岗位 MBO

B 公司财务总监岗位的主要职责如下。

（1）全面主持财务部门的工作，组织并督促财务人员完成本部门工作职责范围内的工作。

（2）根据公司发展战略规划制定财务规划，并指导部门员工制定、完善财务政策和管理制度。

（3）参与本公司年度经营计划、财务预算方案、投资等重大财务事项和业务问题的决策。

（4）根据公司经营目标指导编制并审核财务预算，审核成本计划、利润计划并监督执行情况。

（5）定期对公司经营状况进行财务分析与财务预测，并提出财务改进方案。

（6）向董事会提供财务分析预测报告，提出合理化建议或意见。

（7）审批财务信息对外披露资料。

（8）分析公司各单位的各种经济指标并撰写财务分析报告。

（9）考核并通报各部门、门店的经营情况。

B 公司财务总监岗位的 MBO 如表 4-9 所示。

表 4-9　B 公司财务总监岗位的 MBO

序号	目标项目	20××年目标	20××年结果	权重（%）	分数
1	财务做账的准确性			40	
2	追缴应收款			30	
3	无税收处罚			20	
4	各部门协作满意度			10	
总计				100	

4.3.9　投融资总监岗位 MBO

B 公司投融资总监岗位的主要职责如下。

（1）组织编制公司融资计划，负责公司融资渠道的疏通和公司资本运作的指导工作。

（2）负责本公司税收管理和纳税筹划工作。

（3）负责集团所有开户银行的管理、整合。

（4）负责集团及各子公司、分公司现金流量的分析。

（5）根据采购、设备、工程等资金支出情况，编制周、月、季、年度财务收支预算表。

（6）负责集团资金的调度、归集。

（7）分析项目资金的投入情况，研究分析项目资金的使用效益。

B 公司投融资总监岗位的 MBO 如表 4-10 所示。

表 4-10　B 公司投融资总监岗位的 MBO

序号	目标项目	20××年目标	20××年结果	权重 /%	分数
1	分管业务做账的准确性			20	
2	资金收益			30	
3	财政补助收入			20	
4	新店投资			10	
5	租金收入			10	
6	融资完成情况			10	
总计				100	

4.3.10　店长岗位 MBO

B 公司店长岗位的主要职责如下。

（1）完成本店的业绩目标（销售额、毛利水平、损耗、净利润等）。

（2）进行销售管理，包括货架陈列、开展促销活动、商品质量管理、制定商品价格等。

（3）负责门店堆头、端头、广告位的整体统计规划、合理布局，保障资源性收入。

（4）进行库存管理，负责保证充足的货品、准确的存货及订单的及时发放。

（5）保障营运安全，严格做好清洁、防火、防盗的日常管理和设备的日常维修、保养。

（6）控制损耗、人力成本和营运成本，防止商品丢失和资源浪费，进行费用管控。

（7）负责营造整洁、亲切、舒适的购物环境，保持良好的顾客服务水平。

（8）负责对店内人员的合理定编，提高工作效率，控制人力资源成本。

（9）按公司规定对有外租区的门店进行规范管理。

（10）负责处理店内各种突发事件。

B 公司店长岗位的 MBO 如表 4-11 所示。

表 4-11　B 公司店长岗位的 MBO

序号	目标项目	20××年目标	20××年结果	权重 /%	分数
1	销售额			15	
2	门店总毛利额			10	
3	损耗			10	
4	员工劳效			10	
5	人工费用率			15	
6	门店总营运费用率			20	
7	门店息税前利润			10	
8	周转天数			10	
总计				100	

第 **5** 章

BSC 的用法

平衡计分卡（The Balanced Score Card，BSC）是由美国
哈佛商学院的教授罗伯特·S. 卡普兰（Robert S. Kaplan）和诺
朗诺顿研究所（Nolan Norton Institute）所长、复兴全球战略集
团创始人兼总裁戴维·P. 诺顿（David P. Norton）共同创建的。

5.1 BSC 功能介绍

BSC 表明了源于战略的一系列因果关系，发展和强化了战略管理系统。利用 BSC 作为核心战略管理的衡量系统，可以完成对关键过程的有效控制和资源的优化配置。BSC 可以有效处理组织内部、外部各种变量的相互关系，保证组织系统变革过程中的均衡性。

5.1.1 BSC 的实施逻辑

BSC 的核心思想是通过财务（Financial）、客户（Customers）、内部流程（Internal Business Progress）、学习与成长（Learning and Growth）4 个维度的指标之间相互驱动的因果关系，展现出组织的战略轨迹，实现从"绩效考核"到"绩效改进"以及从"战略实施"到"战略修正"的目标。

BSC 的 4 个维度之间的因果关系如图 5-1 所示。

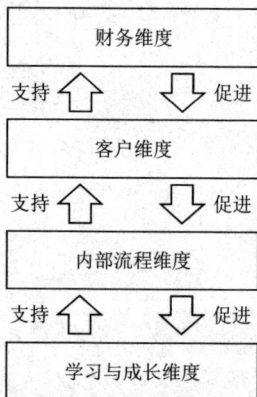

图 5-1　BSC 的 4 个维度之间的因果关系

BSC 的 4 个维度如果按照空间顺序来排列，学习与成长维度处在最底端。学习与成长维度是实现财务维度目标的根本，它聚焦在人力资源的维度，强调人的学习与成长，关注人的发展，有助于提高团队成员的整体能力和稳定性。

组织中的一切价值最终都是由人创造的。人力资源是组织发展最重要的生产资料，也是为组织创造价值的核心资源。只有人的能力得到提升，组织才能获得发展。

内部流程维度处在学习与成长维度之上，表示内部制度和流程的运行情况。内部流程的平稳运行有助于组织稳定地为客户提供标准化的产品或服务，有助于保证产品或服务的品质，有助于实现财务维度的目标。

因为有学习与成长维度作为基础，所以才能保证内部流程顺利运行。内部流程维度需要学习与成长维度的支持，做好了内部流程维度，也能反过来促进学习与成长维度的进一步发展。

客户维度处在内部流程维度之上，表示客户对组织的认可度或满意度。它是客户对组织的认知程度。有了充足的客户基础，有了客户的良好口碑，才能实现财务维度的目标。

因为内部流程运行到位，组织的产品或者服务能够稳定地提供给客户，才能获得客户的认可。客户维度需要内部流程维度的支持，做好了客户维度，也能促进内部流程维度的进一步发展。

财务维度处在最顶端，是最终要实现的目标，是创造价值的体现。有了充足的客户，有了客户的认可，有了客户的重复购买，才有财务维度的目标实现的可能性。财务维度需要客户维度的支持，做好了财务维度，也可能促进客户维度的进一步发展。

BSC 中的每个维度之间相互协同，都是一系列因果关系中的一环，通过它们之间的相互作用关系，可以把组织的目标和相关部门的目标联系在一起，把部门的目标和岗位的目标联系在一起。最终通过岗位目标的实现，实现组织的目标。

为什么这种绩效管理工具叫"平衡"（Balanced）计分卡？

通过 BSC 的 4 个维度之间的协同关系能够发现这种绩效管理工具具有如下特点。

BSC 既关注战略，又考虑实际经营管理，是战略落地和公司经营管理之间的平衡。

BSC 既有财务指标考核，又有非财务指标考核，是财务与非财务的平衡。

BSC 既有定量的指标，又有定性的指标，是定量与定性的平衡。

BSC 既有主观的评价，又有客观的评价，是主观与客观的平衡。

BSC 既有前馈指导，又有后馈控制，是结果与达成结果需要的动因或过程之间的平衡。

BSC 既考虑短期增长，又考虑长远发展，是短期价值与长远价值的平衡。

BSC 既考虑组织的利益，又考虑利益相关者的利益，是组织与各利益相关者期望的平衡。

BSC 既关注外部衡量结果，又关注内部衡量结果，是内外部衡量结果之间的平衡。

5.1.2　BSC 的组成要素

BSC 作为一套完整的业绩评估系统，主要从财务维度、客户维度、内部流程维度、学习与成长维度 4 个层面来衡量组织的经营情况，体现了组织价值创造的全过程，如图 5-2 所示。

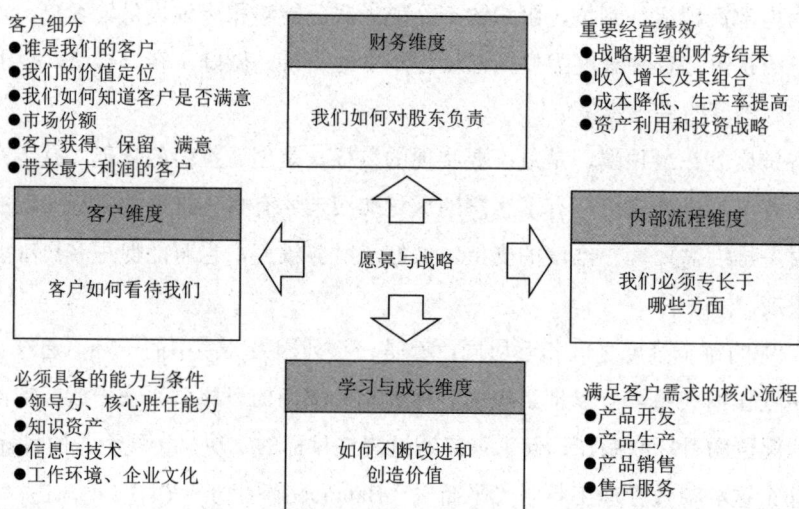

图 5-2　BSC 图示

1. 财务维度

这个维度是站在股东的视角看待公司的成长、盈利能力和风险情况，是组织在财务结果上的直观表现。常见的指标有营业收入、资本回报率、利润、现金流、经营成本、资产负债率、项目盈利性等。

2. 客户维度

这个维度是从客户的视角看待公司创造价值在外部市场体现出的差异化，是客户对组织感受的直接表现。常见的指标有市场份额、客户满意度、客户忠诚度、价格指数、客户保留率、客户获得率、客户利润率等。

3．内部流程维度

这个维度是从经营管理的角度看待内部流程为业务单元提供的价值主张，是产生结果之前的重要过程管控。常见的指标有新产品开发时间、产品质量、生产效率、生产成本控制、返工率、安全事故件数等。

4．学习与成长维度

这个维度是从创新和学习的角度评价公司的运营状况，是关注公司未来是否有持续稳定发展能力的指标。这类指标通常与人力资源的情况有一定关联。常见的指标有员工满意度、员工离职率、员工生产率、人均培训时间、合理化建议数量、员工人均收益等。

一个完整的 BSC 应用应当从财务维度、客户维度、内部流程维度和学习与成长维度 4 个层面着手分解并设计 BSC 的相关指标。同样地，一套完整的 BSC 指标同样应当包括财务类指标、客户类指标、内部流程类指标、学习与成长类指标。

举例

某公司处在快速成长期，上市后，董事会制定了公司每年的利润目标，强调公司要围绕净利润开展生产和经营活动。为了不让公司的绩效管理有失偏颇，陷入盲目追求财务目标的情况，该公司选择运用 BSC 绩效管理工具，围绕公司的净利润目标，在 BSC 的 4 个维度上进行分解，如图 5-3 所示。

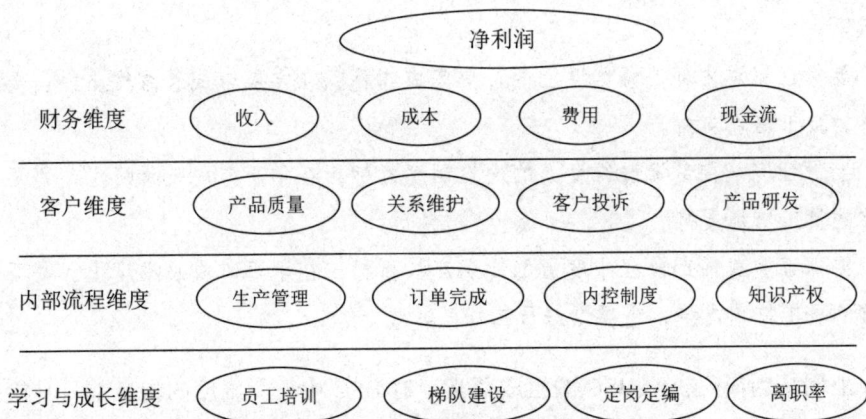

图 5-3　某公司 BSC 分解逻辑

要完成净利润目标，该公司在财务维度上需要保证收入、成本、费用和现金流。这4项指标可以作为公司在财务维度的指标。

要保证完成财务维度的收入指标，在客户维度上，需要产品质量的支持，需要良好地维护客户关系，需要妥善地处理客户投诉，需要做好产品研发工作。

要保证完成财务维度上的成本指标，在客户维度上，需要注意客户关系的维护，需要注意客户投诉的处理，需要做好产品研发工作。

要保证完成财务维度上的费用指标，在客户维度上，需要保证产品质量，需要做好客户关系维护，需要控制产品研发的成本。

要保证完成财务维度上的现金流指标，在客户维度上，需要做好客户关系维护。

要保证完成客户维度上的产品质量指标，在内部流程维度上，需要生产管理能力的支持，需要建立完善的内控制度。

要保证完成客户维度上的关系维护指标，在内部流程维度上，需要保证产品订单按期完成，实现产品或服务保质保量交付。

要保证完成客户维度上的客户投诉指标，在内部流程维度上，需要有生产管理能力的支持。

要保证完成客户维度上的产品研发指标，在内部流程维度上，需要有相关的知识产权支持。

要保证完成内部流程维度上的生产管理指标，在学习与成长维度上，需要有足够的员工培训，需要做好员工梯队建设，需要做好定岗定编，需要控制员工的离职率。

要保证完成内部流程维度上的订单完成指标，在学习与成长维度上，需要有足够的员工培训支持。

要保证完成内部流程维度上的内控制度指标，在学习与成长维度上，需要有足够的员工培训支持。

要保证完成内部流程维度上的知识产权指标，在学习与成长维度上，需要有足够的员工培训支持，需要做好员工梯队建设。

上例是为简化说明BSC的组成要素，对BSC中4个维度的指标都只是简化说明。读者在实际应用时，可以按照上例中的逻辑对4个维度进行逐级分解。

5.1.3　BSC 的应用特点

公司在应用 BSC 时，最常用到的衡量指标有 3 类。

1．结果类指标和驱动类指标

结果类指标是用以说明绩效结果的指标，一般属于"滞后指标"，它主要用于告诉人们发生过什么，结果是什么。驱动类指标属于"提前指标"，也可以理解为过程指标，它反映的是组织在实施战略时，关键领域的某些进展将如何影响绩效的结果，做好该指标可以获得良好的绩效或提前预防风险的发生。

2．内部指标和外部指标

内部指标是基于组织内部经营管理产生的指标，如生产效率、产品合格率、员工满意度等。外部指标是基于组织外部的利益相关者及全社会产生的指标，如客户满意度、组织的社会声誉、产品的市场形象等。

因为内部指标相对可控，所以要提升组织的核心竞争力，优秀的公司通常会在稳定内部指标的基础上，在如何提升外部指标上做文章。

3．财务指标和非财务指标

财务指标是指可以用财务形式计算出来的指标，如收入、成本、费用等。非财务指标是指无法用财务数据计算的指标，如方案类的指标，其评价标准往往在于上级或者评审小组的主观判断。

BSC 绩效管理工具的优点主要如下。

（1）BSC 对战略和目标的分解和细化考虑得更细致。BSC 对战略的分解比其他的绩效管理工具更加清晰，维度更分明，考虑得更周全。

（2）BSC 能够更好地把公司的战略目标落实到部门的具体工作中。公司通过 BSC 对战略进行分解，能够使战略实现的路径更清晰，让部门的工作重点更明确。

（3）BSC 不仅是为了实现公司的短期目标，还为了实现公司更长远的目标，能够实现将公司的短期利益和长期利益相结合。

BSC 绩效管理工具的缺点主要如下。

（1）实施 BSC 的过程难度较大，对实施者的能力有比较高的要求。要实施 BSC，最好找具备相关项目实施经验的人才。

（2）实施 BSC 的工作量大，短时间内很难实现，不适合期望在短期内达到绩效考核目的的公司。

（3）BSC对顶层战略目标的分解比较清晰，比较适合用来把目标分解到部门。但到了具体岗位层面，在设计每个岗位具体要负责什么工作、需要达到什么标准以及需要什么条件时运用BSC比较困难。

5.1.4　BSC的使用场景

相比于其他绩效管理工具，BSC相对比较复杂，并不是所有公司都适合用BSC作为绩效管理工具。

如果公司的业务已经比较成熟，外部市场相对较稳定，内部各岗位的工作相对固定，处在成长期或成熟期的公司更适合运用BSC绩效管理工具。

如果公司已经有5年以上的绩效管理经验，公司对绩效管理的方法和理念比较熟悉，这时也可以采取BSC绩效管理工具，让岗位的绩效指标更加多元。

BSC特别强调对战略目标的承接和分解，特别强调要实现战略需要做好哪些维度的工作。采用BSC有助于实现公司的战略目标。对于不同公司的不同需求，BSC可以发挥不同的功能。

1．业务转型的公司

对处于业务转型期的公司来说，公司可以利用BSC实现传统业务与新战略的衔接。例如，许多传统产业处在新旧动能转换阶段，公司有了新的战略发展方向，正在大力发展新业务线，这时可以用BSC帮助公司理清实现战略需要的相关指标。

2．管理升级的公司

对于一些原本绩效管理水平比较差，现行绩效管理工具不能起到支持公司战略作用的公司来说，可以把BSC作为落实战略的工具。通过把BSC作为公司的绩效管理模式，让各岗位的工作和公司战略之间的关联性更强，可以更好地实现公司战略。

3．绩效改善的公司

对于绩效比较差的公司来说，BSC可以作为公司目标体系建设、业绩控制、绩效衡量的有效方式。采用BSC对绩效目标进行层层分解，发现绩效存在问题的环节，改善岗位的绩效水平，可以提高公司的绩效水平。

5.2　BSC 应用方法

公司在应用 BSC 时，通过把总战略分解到财务层面，分解到客户层面，分解到内部流程层面，再分解到学习与成长层面，从而可以把各项指标分解到部门、岗位。上级通过和下级一起制定绩效计划并对下级实施绩效辅导，帮助下级完成指标，从而实现公司的战略。

5.2.1　BSC 的战略地图法

在运用 BSC 时，要实现对战略的分解，可以运用战略地图法。战略地图法是一个描述和分解公司战略的工具，它是在公司战略的指引下分层级地逐级定义公司的目标，保证各层级之间保持因果关系和递进关系。

战略地图法按照 BSC 的财务、客户、内部流程和学习与成长 4 个层面划分层级，也可以根据公司的行业特性和实际需要选择不同的层面进行划分。但不论按照哪种方式来划分层级，都应当包含财务、客户、内部流程和学习与成长 4 个维度。

很多公司有了战略却不能成功执行，往往是因为其不能全面、清晰地描述战略，这就造成员工不了解战略或者不了解战略与自身岗位之间存在的关系。战略地图法的优点之一就是能够让员工了解公司的战略。

公司可以按照如下步骤绘制战略地图。

第 1 步，确定公司战略的价值目标和客户价值理念，将最终想要达成的目标放在图形的最顶端。

第 2 步，将公司的价值目标按照 BSC 的 4 层级逻辑进行分解，并把其他支持目标分别列在各自对应的层级中。

第 3 步，把各个目标之间的因果关系用线连接，描述最终目标与其他层级目标之间的相互关系。

举例

国内某大型连锁药店经过十几年的快速发展，到 20×× 年时，已经成为全国排名前 5 的连锁药店。该公司在发展过程中运用了战略地图的概念，将公司的战略目标层层分解，分步落实，取得了较好的经营成果。

该公司某年度的战略地图如图5-4所示。

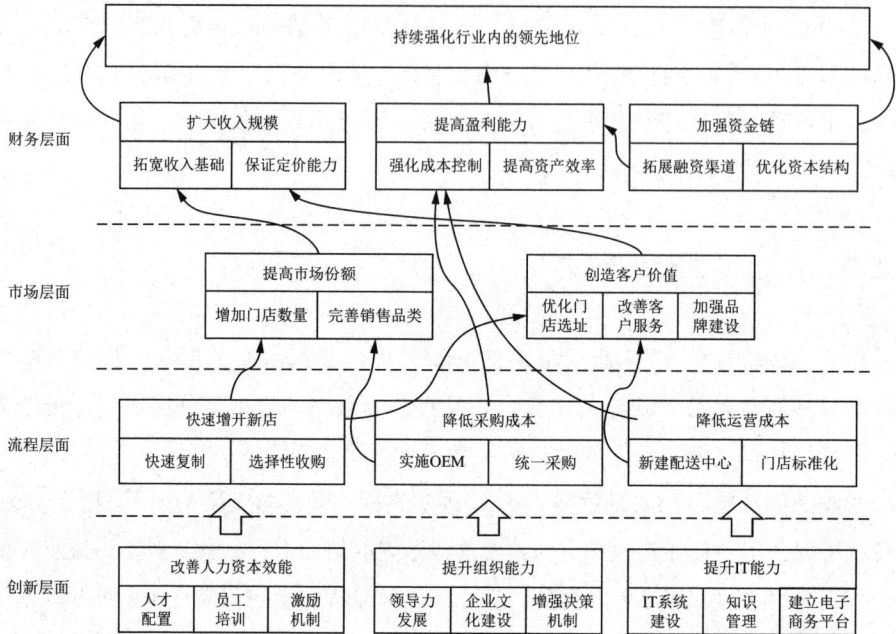

图5-4　某公司某年度的战略地图

1. 财务层面

扩大收入规模是该公司最重要的目标。作为药品的连锁零售公司，该公司应努力拓宽收入基础，同时必须保证一定的定价能力。

提高盈利能力是该公司排在第2位的目标。只有当盈利能力得到保证时，才能在收入增长、资金保证两个方面都取得理想的均衡状态。提高盈利能力需要在成本控制、资产效率两个方面努力。

资金链关系到该公司的安全平稳发展，是公司发展的基本保障。为强化资金链，该公司可通过拓展融资渠道和优化资本结构两种方式来实现。

2. 市场层面

为了实现财务层面上收入规模的扩大，该公司需要在市场层面做足两个方面的功课。一方面，通过提高市场份额来保证公司整体的收入基础；另一方面，通过创造客户价值来保证在销售上的定价能力。

在提高市场份额方面，该公司通过增加门店的数量和完善销售品类两种方式来实现；在创造客户价值方面，该公司通过优化门店选址、改善客户服务、加强品牌建设 3 种方式来实现。

3．流程层面

为了实现市场层面增加门店数量和优化门店选址的目标，该公司必须在流程层面能够快速增开新店。在门店扩张中，该公司没有采取连锁加盟的形式，而是全部采取了自营。该公司一方面实现自身的快速复制，另一方面有选择地进行收购。

财务层面要求的强化成本控制，在流程层面通过降低采购成本、降低运营成本来实现。在降低采购成本方面，该公司通过实施定点生产（Original Equipment Manufacturer，OEM）和统一采购来实现；在降低运营成本方面，该公司通过新建配送中心和门店标准化来实现。

4．创新层面

为了对财务层面、市场层面和流程层面形成支持，在创新层面，该公司需要做好改善人力资本效能、提升组织能力、提升 IT 能力 3 个方面的工作。

该公司定义的创新层面，实际上就是 BSC 的学习与成长层面。该公司为了追求快速发展，不仅强调员工的学习与成长，更强调组织能力方面的创新，所以这里命名为创新层面。从创新能力包含的内容来看，这个层面是学习与成长层面的延伸。

在改善人力资本效能方面的努力反映在人才配置、员工培训、激励机制 3 个方面；在提升组织能力方面的努力体现在领导力发展、公司文化建设和增强决策机制 3 个方面；在提升 IT 能力方面的努力体现在 IT 系统建设、知识管理和建立电子商务平台 3 个方面。

从该公司战略地图的绘制能够看出，在实际运用 BSC 的方法论绘制战略地图时，要考虑公司的实际需要，不可生搬硬套。对于 BSC 方法论，公司要活学活用，要在掌握基本方法的基础上做好对实际情况的分析。

无形资产是公司可持续发展的基础，也就是公司的核心竞争力，但是无形资产很难被管理，同时也无法直接帮助公司创造有形的成果。如果公司不能掌握好、管理好、运用好这部分无形资产，将是对于公司资本的极大浪费。

开发和绘制战略地图的关键是找到把无形资产转化为有形成果的具体路径，建立起能够把概念化的战略转化为具体的财务和客户价值指标的过程。

5.2.2 BSC 指标分层设计

根据指标分解的需要，BSC 的指标类型可以分成不同的层级。划分 BSC 指标的层级有助于对 BSC 指标实施分解，有助于把大方向的指标分解成具体的指标，有助于把大目标分解成小目标，也有助于把指标分解成具体的行动。

BSC 4 个维度的指标即财务维度指标、客户维度指标、内部流程维度指标和学习与成长维度指标，它们都属于 1 级的指标类型。将 1 级指标类型向下分解，可将其分成 2 级指标类型、3 级指标类型，甚至可以分成更多的指标类型。

1. 财务维度的指标类型分层

财务维度指标类型的层级划分逻辑如表 5-1 所示。

表 5-1 财务维度指标类型的层级划分逻辑

指标类型（1级）	指标类型（2级）	指标类型（3级）
财务维度指标	盈利类指标	净利润、净利润率、净利润增长率、投资回报率等
	经营管理类指标	收入额、收入增长率、成本 / 费用额、成本 / 费用比率等
	偿债能力类指标	资产负债率、流动比率、产权比率等
	股票类指标	市盈率、股价、股息、每股收益等

2. 客户维度的指标类型分层

客户维度指标类型的层级划分逻辑如表 5-2 所示。

表 5-2 客户维度指标类型的层级划分逻辑

指标类型（1级）	指标类型（2级）	指标类型（3级）
客户维度指标	满意度	客户满意度、客户投诉数量、客户投诉解决及时性等
	忠诚度	客户忠诚度、重复购买率、客户流失率等
	吸引力	新客户增长数量、会员增长率、客单价、客品数等
	市场份额	市场占有率、市场渗透率、市场知名度等
	成本	客服成本、单位客户客服成本、获客成本等

3. 内部流程维度的指标类型分层

内部流程维度指标类型的层级划分逻辑如表 5-3 所示。

表 5-3 内部流程维度指标类型的层级划分逻辑

指标类型（1级）	指标类型（2级）	指标类型（3级）
内部流程维度指标	数量	渠道数量、产品数量、风险数量等
	质量	一次合格品比率、项目完成率、方案成功率等
	创新	产品开发周期、产品开发费用、新产品数量等
	时效	产品交期及时性、存货周转率、应收账款周转率等

4．学习与成长维度的指标类型分层

学习与成长维度指标类型的层级划分逻辑如表 5-4 所示。

表 5-4　学习与成长维度指标类型的层级划分逻辑

指标类型（1 级）	指标类型（2 级）	指标类型（3 级）
学习与成长维度指标	员工忠诚度	员工离职率、员工出勤率、员工缺岗率等
	员工满意度	员工敬业度、劳动争议次数等
	员工素质能力	员工能力达标率、高绩效员工比例、举办培训次数等
	员工数量满足	招聘满足率、人才梯队完备率、人才规划完成率等
	员工发展成本	员工培训成本、单位员工培训成本、人才招聘成本等

5.2.3　BSC 的常见指标库

BSC 在公司层面的 4 个维度上常见的指标库如下。

1．财务维度的常见指标库

财务维度的常见指标库如表 5-5 所示。

表 5-5　财务维度的常见指标库

指标	指标	指标	指标
资产负债率	流动比率	产权比率	市盈率
销售净利率	销售毛利率	资产净利率	净资产收益率
营业收入	营业收入增长率	毛利收入	毛利收入增长率
净利润	净利润增长率	坏账比率	投资回报率
流通比率	资金充足率	现金流	成本额
成本 / 费用比率	股息	每股收益	预付款金额
贷款总额	新客户营业收入	股价	人均营业额
人均净利润	产量	产值	资产收入

2．客户维度的常见指标库

客户维度的常见指标库如表 5-6 所示。

表 5-6　客户维度的常见指标库

指标	指标	指标	指标
市场占有率	市场渗透率	客户满意度	客户忠诚度
客户投诉数量	客户投诉解决及时性	品牌价值认可度	客户流失率
客服成本	单位客户客服成本	会员数量	有 / 无消费会员比率
会员增长率	客单价	客品数	新客户收入占比
老客户推荐率	新客户增长率	重复购买率	获客成本
单位客户销售额	单位客户净利润	产品价格指数	客户对产品的好评率
公共关系评价	市场知名度	媒体正面报道次数	危机公关次数
危机公关处理情况	网站用户满意度	点击率 / 阅读量	点赞数 / 转发率

3. 内部流程维度的常见指标库

内部流程维度的常见指标库如表 5-7 所示。

表 5-7   内部流程维度的常见指标库

指标	指标	指标	指标
存货周转率	存货周转天数	应收账款周转率	应收账款周转天数
每平方米销售额	产品开发周期 / 费用	内部客户满意度	产品交期及时性
渠道数量	新产品数量	风险数量	违规件数 / 次数
新产品数量 / 比率	制度流程完备率	异常处理及时率	供应商数量
质量体系认证达标率	工作计划完成率	档案完整性	出现错误的次数
项目完成率	方案成功率	信息系统安全性	硬件设备完好率
信息披露及时性	会议组织的有效性	信息收集的准确性	人员编制控制
机构扩张达成率	内控体系完备率	信息 / 内容传递效率	安全事故发生次数

4. 学习与成长维度的常见指标库

学习与成长维度的常见指标库如表 5-8 所示。

表 5-8   学习与成长维度的常见指标库

指标	指标	指标	指标
员工离职率	员工敬业度	员工满意度	员工能力达标率
员工平均晋升时间	员工培训成本 / 费用	员工违纪次数	员工投诉次数
招聘满足率	员工招聘成本	员工缺岗率	培训费用支出
举办培训次数	举办培训课时数	单位员工培训成本	年均员工培训时间
人才梯队完备率	劳动争议次数 / 比率	工伤发生次数 / 比率	员工出勤率
合理化建议数量 / 质量	创新建议数量 / 质量	员工建议采纳数量 / 比率	培训课程种类完备率
新产品 / 技术培训及时性	培训参与率	培训满意度	团队建设质量
培训覆盖率	公司文化活动 / 培训次数	核心 / 高绩效员工比例	人才规划完备率

在应用 BSC 常见指标库时须注意，本节介绍的 BSC 常见指标库是公司层面的指标库。因为每个部门的职能有所不同，BSC 在部门层面的指标与公司层面的指标也有所不同。这种不同主要体现在以下 3 个方面。

（1）侧重点有所不同。公司层面的 BSC 更关注实现战略，对战略的实现有比较直接的支持作用。部门层面的 BSC 在关注战略的基础上更关注如何对公司形成支持，如何为公司创造价值。

（2）指标的定位有所不同。由于侧重点不同，有的在公司层面属于某个维度的指标，在部门层面可能属于另一个维度。例如，对于公司来说"内部客户满意度"属于内部流程维度的指标，其含义是内部各业务关联部门相互协作的满意度，体现的是公司内部运营的和谐程度。但对于行政部门来说，这个指标则属于客户维度的指标，是评判行政部门服务内部员工工作质量的重要依据。

（3）指标的含义有所不同。很多指标在公司层面代表着一种含义，在部门层面则代表另外一种含义。例如，在公司层面，关注的成本额指标是整个公司的所有成本；但是到了部门层面，关注的成本额指标主要是与部门有关的、部门可控的成本。

5.2.4　BSC 指标分解工具

在绘制出战略地图之后，公司可以把不同层级要做好的关键工作作为关键指标，把关键指标分解到不同的部门，作为不同部门对应的考核指标。对 BSC 指标的分解，公司可以使用 BSC 指标分解工具表，如表 5-9 所示。

表 5-9　BSC 指标分解工具表

指标类型	指标名称	A 部门	B 部门	C 部门	D 部门	E 部门
财务指标	指标 1					
	指标 2					
	指标 3					
客户指标	指标 4					
	指标 5					
	指标 6					
内部流程指标	指标 7					
	指标 8					
	指标 9					
学习与成长指标	指标 10					
	指标 11					
	指标 12					

BSC 指标分解工具表的纵向是指标类型和不同类型指标对应的指标名称，横向是不同的部门。若想将某个指标分配到某个部门，可以在该指标横向对应与该

部门纵向对应的方格中打"√"。

将 BSC 指标分解到部门时要遵循三大原则。

1．关联性

将公司的 BSC 指标分解到部门要考虑部门和指标之间的关联性。如果公司的 BSC 指标和部门之间不存在关联性或者关联性很小，那么这项指标即使比较重要，也不能作为部门的考核指标。只有与部门具备一定关联性的指标，才能作为部门的 BSC 考核指标。

2．可控性

将公司的 BSC 指标分解到部门要考虑部门对指标的可控性。判断可控性主要是判断该指标是否受该部门控制，该指标能否通过该部门的努力达成，该指标与该部门之间是否存在直接的责任归属关系。

3．贡献度

将公司的 BSC 指标分解到部门要考虑部门对指标的贡献度。有时某个指标可能与多个部门存在关联，可能该指标受多个部门控制，但不同部门对指标的贡献不同。此时应当选择对指标贡献度高的部门作为指标对应落实的部门。

举例

某公司采用 BSC 绩效管理工具，在绘制了战略地图后，确定了整个公司层面需要达成的财务指标、客户指标、内部流程指标和学习与成长指标。

为了将公司层面的指标分解到不同的部门，该公司运用 BSC 指标分解工具表对各部门的指标进行分解，如表 5-10 所示。

表 5-10　某公司对 BSC 指标分解工具表的应用示意

指标类型	指标名称	销售部门	采购部门	研发部门	生产部门	财务部门	人力资源部门
财务指标	销售额	√					
	成本额		√	√	√	√	√
	净利润	√	√				
	人均劳效				√		√
客户指标	新客户增长数量	√		√			
	客户满意度	√	√		√	√	√
	客户投诉数量		√	√			

续表

指标类型	指标名称	销售部门	采购部门	研发部门	生产部门	财务部门	人力资源部门
内部流程指标	流程制度出现异常的数量	√	√	√	√	√	√
	新产品研发项目进度			√			
	生产工艺改进项目进度			√	√		
学习与成长指标	员工敬业度	√	√	√	√	√	√
	员工离职率	√	√	√	√	√	√
	员工能力达标率	√	√	√	√	√	√

5.2.5　BSC 的目标分解法

在目标分解方面，BSC 的原理与其他绩效管理工具的原理相似，都遵循自上而下的目标分解逻辑，都是根据公司的目标来设计部门的目标，根据部门的目标来设计岗位的目标。

BSC 目标分解的独特之处在于 BSC 对战略支撑的属性。BSC 的目标分解强调以实现战略为导向。

笔者与国际商业机器公司（International Business Machines Corporation，IBM）咨询团队的人员一起共事时，其中一位资深咨询顾问告诉笔者，在 IBM，每一天要达到什么目标都是有计划的，而且这个计划是自上而下逐级推导出来的。

这位 IBM 的咨询顾问说："IBM 全球总公司的战略部门，每年都会规划 3 年之后 IBM 的股价，然后根据 IBM 3 年后的股价推导 IBM 3 年后要开展的业务类型、经营业绩要达到的水平以及 3 年后 IBM 的市场影响力要达到什么样的水平。"

在明确了这些目标后，再向下分解，根据 IBM 3 年后的情况，推导未来 1 年的情况，而且要把未来 1 年的情况推导给全球不同的分公司。根据全球不同分公司的情况，再向下分解，分解到不同的事业部、部门、岗位。

根据这种目标分解方式，IBM 能够判断哪些业务板块要大力发展；能够判断哪些业务板块当前已经开始走下坡路，准备对外出售；能够判断哪些业务板块在什么时间之内，需要增加何种能力的人才；能够判断哪些业务板块在什么时间之内，需要缩减某部分人才。

所以人们经常能看到一些财经新闻：IBM又裁员了，IBM的某些业务又被收购了，实际上大多是IBM的某些业务板块在裁员或被收购。IBM裁员或出售某些业务，实际上是与公司未来的战略规划与目标相匹配的。

例如，当年IBM的个人计算机业务被联想公司收购时，很多不了解情况的人以为IBM的经营出现了大问题。实际上这是IBM卖掉对自己公司来说相对低附加值的业务转而做高附加值业务的战略决策。对IBM来说，这个决策是英明的。

当然，当时的联想公司也不是"冤大头"，联想公司当时处在整合全球个人计算机的硬件、打造全球个人计算机品牌的发展阶段，收购IBM的个人计算机业务对联想公司来说也是一个正确的决策。这是一个双赢的战略收购。

IBM的目标分解与承接情况如图5-5所示。

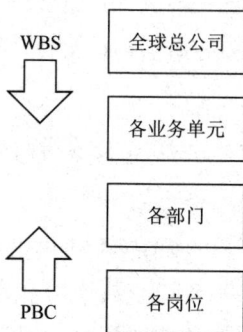

图5-5　IBM的目标分解与承接情况

IBM自上而下对目标的层层分解，是在明确总目标之后，采取工作分解结构（Work Breakdown Structure，WBS）的方式。WBS是根据组织机构和工作关系，将目标粗略分解到不同业务单元或部门的过程。

IBM自下而上对目标的承接采取的是个人绩效承诺（Personal Business Commitments，PBC）的方式。各岗位应根据各业务单元或者部门的目标制定本岗位的PBC。IBM的PBC包括3部分，分别是对结果目标的承诺（Win），对执行措施的承诺（Execute）和对团队合作的承诺（Team）。

PBC形成了每个岗位对战略目标的支持，把每个岗位的目标细化到年度目标、月度目标、周度目标甚至每天的目标。

这位资深咨询顾问说："IBM 能够实现一种场景，让每个岗位的目标与全球总公司预期达成的目标连接，当每个岗位都能够达成目标时，全球总公司的目标就能够达成。"

IBM 全球员工总数有几十万人，如此大型的公司能将对目标与计划的执行做到这种程度，可见 IBM 的管理水平之高。

在制定公司、部门与岗位的目标时可以学习 IBM 的思路，逐层设计和分解公司的目标、部门的目标与岗位的目标，实现全公司范围内的 BSC 管理。

5.2.6　BSC 部门指标分解

在公司战略层面实施 BSC 指标分解之后，在部门的层面也要继续实施部门层面的 BSC 指标分解。实施部门层面的 BSC 指标分解可以分成 3 步。

第 1 步，考虑对公司战略的支持。部门 BSC 指标的分解首先要对战略形成支持作用。如果部门能够对公司层面 BSC 指标分解之后的某类指标形成比较强的关联或支持作用，那么部门应以公司层面的 BSC 指标作为部门的总目标。

第 2 步，考虑为公司创造的价值。如果部门不能对公司层面某类 BSC 指标形成比较强的关联或支持作用，那么部门应在充分考虑公司战略层面 BSC 分解的基础上，以为公司创造价值为总目标。当然，就算部门能够与某类公司战略层面 BSC 指标形成强关联或支持作用，也需要考虑如何为公司创造价值。

第 3 步，把部门的总目标放在图形的最顶端，按照 BSC 方法论的逻辑，按照财务维度、客户维度、内部流程维度、学习与成长维度对部门总目标实施分解，找到部门需要关注的关键指标。

有时候，在对部门实施 BSC 指标分解后，各维度的指标比较宏观，只能代表部门努力的方向，不能作为指标，达到设计指标的目的。这种情况下可以进一步实施更细致的分解，分解到具体、可定义、可落地、可实施的指标。

举例

某公司利用战略地图法对公司层面的 BSC 进行分解后，要求各部门按照 BSC 的逻辑实施部门层面的 BSC 分解，确定部门层面的财务维度、客户维度、内部流程维度、学习与成长维度的指标。

其中，人力资源部虽然对公司战略的实现能够起到一定的支持作用，但人力资源部因为不属于直接业务部门，所以这种支持作用并不显著。所以，该公司人力资源部结合战略层面 BSC 的分解，将为公司创造价值作为部门的总目标。

该公司人力资源部设计部门 BSC 的思路如图 5-6 所示。

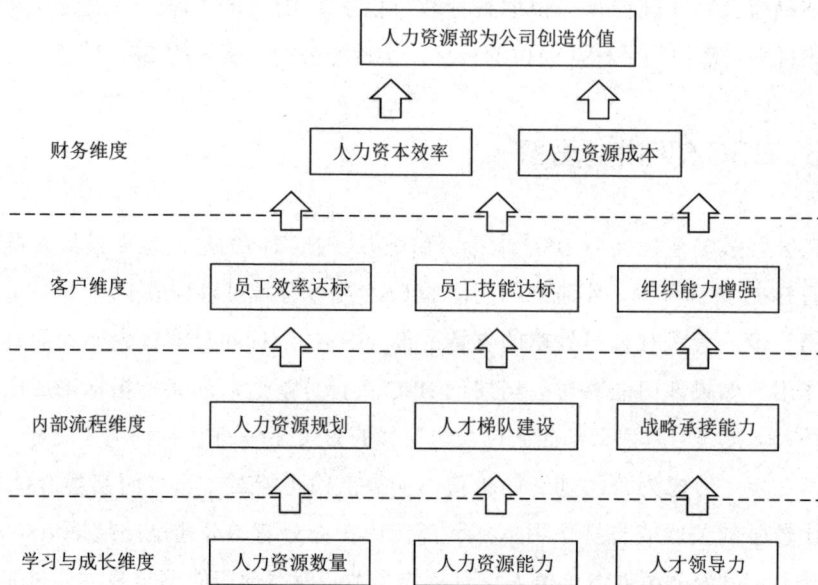

图 5-6 某公司人力资源部设计部门 BSC 的思路

该公司人力资源部期望为公司创造价值，要达成这一部门目标，在财务维度，人力资源部要关注人力资本效率和人力资源成本两大指标。

在财务维度：表示人力资本效率的指标可以包括人均劳动效率、人均利润、人均产值、万元工资产值、万元工资利润等；表示人力资源成本的指标可以包括人力成本额、人力成本费用率等。

为了达到财务维度的人力资本效率和人力资源成本两大指标，在客户维度，人力资源部要保证员工效率达标、员工技能达标、组织能力增强。

在客户维度：表示员工效率达标的指标可以包括员工绩效达标率、员工绩效工资比率等；表示员工技能达标的指标可以包括人才能力结构达标率、人才绩效结构达标率等；表示组织能力增强的指标可以包括高绩效人才的比率、员工敬业度、文化认可度等。

为了达到客户维度的员工效率达标、员工技能达标和组织能力增强三大指标，在内部流程维度，人力资源部要做好人力资源规划、人才梯队建设并提高战略承接能力。

在内部流程维度：表示人力资源规划的指标可以包括人力规划完备率、人员编制控制率、人才缺口率等；表示人才梯队建设的指标可以包括人才梯队完备率、岗位胜任情况达标率、后备人才能力达标率等；表示战略承接能力的指标可以包括人才培养体系完备率、员工满意度等。

为了达到内部流程维度人力资源规划、人才梯队建设、战略承接能力三大指标，在学习与成长维度，人力资源部要保障人力资源数量、人力资源能力和人才领导力三大指标。

在学习与成长维度：表示人力资源数量的指标可以包括招聘满足率、员工离职率、员工缺勤率等；表示人力资源能力的指标可以包括培训计划完成率、培训课时完成率、培训的投资回报率等；表示人才领导力的指标可以包括领导力培训计划完成率、管理者能力认证达标率等。

5.2.7　BSC 绩效实施计划

在进行指标和目标的分解之后，是编制绩效实施计划的环节。绩效实施计划是上级和下级之间就绩效指标沟通后的输出物。上级和下级的共同参与以及员工个人的承诺是编制绩效实施计划的前提。

绩效实施计划的主要作用如下。

1．提供员工绩效考核的依据

编制绩效实施计划阶段是绩效管理工作的开端。有了绩效实施计划，在绩效考核周期末就可以根据员工本人参与制订的个人绩效承诺计划进行考核。绩效计划完成出色的员工将得到相应的奖励。对于绩效计划完成不理想的员工，员工的上级应帮助员工查找绩效计划没有达成的原因，并制订绩效改进计划。

2．保证公司和部门目标的有效达成

公司的绩效计划、部门的绩效计划和个人的绩效计划之间是逐步分解、相互依赖和支持的关系。个人绩效计划是部门绩效计划的基础，部门绩效计划是公司绩效计划的基础。在制定这 3 类绩效计划的过程中，公司要充分考虑三者之间的对应关系，充分协调各岗资源，保证个人、部门和公司目标的有效达成。

3．为员工提供明确的努力方向

绩效计划中包含绩效指标的类型、权重、评判的标准，同时明确了部门或员工在某些方面取得成绩时将获得相应的某种奖励，这些内容相当于对部门或员工的工作提出了明确的期望和目标要求。当有了明确的绩效计划之后，部门或员工就有了明确的努力方向。

制订绩效计划的简要流程如图 5-7 所示。

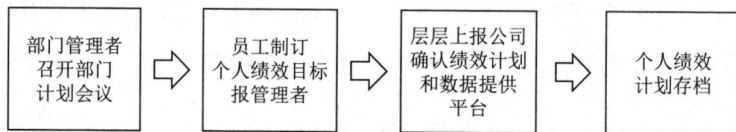

图 5-7　制订绩效计划的简要流程

公司在编制绩效实施计划的时候要注意以下几点。

（1）绩效计划应是上级与下级共同制订，双方应就此达成共识，而不是上级对下级强硬的分配。

（2）绩效计划中应当明确员工的个人目标与部门目标、公司目标之间的关联，不应有不明出处的目标或计划。

（3）制订绩效计划时，应当明确员工的考核标准和数据来源。

（4）绩效计划中应包含员工针对实现绩效目标的明确的、可实施的行动方案。

（5）制订绩效计划后，在下级实现目标的过程中，上级应对其进行密切的跟踪，并对目标和行动的偏离做出及时的调整。

5.2.8　BSC 问题分析方法

绩效计划在实施的过程中会出现各类影响目标达成的问题。出现问题后，如何分析问题、解决问题，决定了问题能否得到改善。

这时，公司需要实施绩效原因分析。绩效原因分析是绩效改进的前提。它是公司根据当前表现出来的绩效问题，找到绩效差距、深入探索，发现根本原因的过程。最常用的绩效原因分析方法是鱼骨图法。

鱼骨图法最早是 20 世纪 50 年代初由日本著名的质量管理专家石川馨教授发明的。这个工具可以用来分析问题和原因之间的因果关系。运用鱼骨图法分析绩效问题,有助于各方对绩效问题达成共识,揭示问题的潜在原因,明确问题的根本原因。

绘制鱼骨图的过程需要多人参与。在绘制鱼骨图时，通常可以采用头脑风暴法，把参与者的意见和想法全部收集上来，并通过鱼骨图将其展示出来，其具体步骤如下。

1．明确问题

简明扼要地把待解决的绩效问题填入鱼骨图的"鱼头"中。

2．归类因素类别

根据鱼骨图需要解决的问题，列出影响该问题的相关因素类别。

针对生产制造类的相关问题，通常可以将影响问题的相关因素分成人员、机械设备、材料、方法、环境、测量这 6 类，如图 5-8 所示。

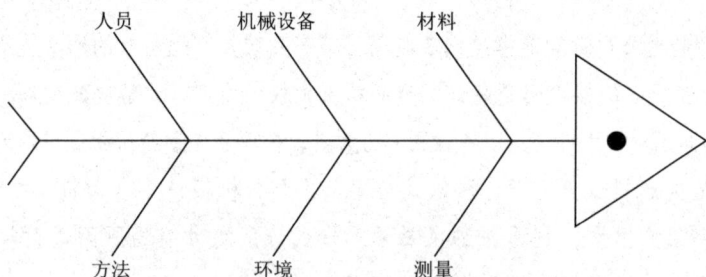

图 5-8　生产制造类问题因素类别

针对管理服务类的相关问题，通常可以将影响问题的相关因素分成人员、程序、政策、地点这 4 类，如图 5-9 所示。

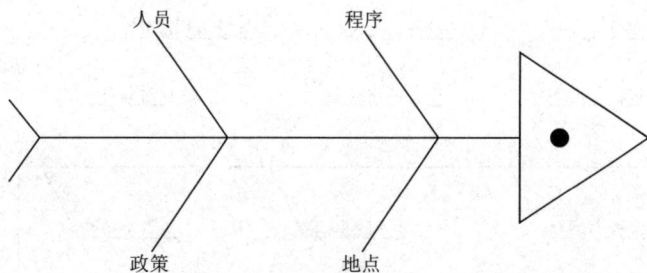

图 5-9　管理服务类问题因素类别

3．查找原因

利用头脑风暴法把所有可能的产生该问题的原因按照其不同的分类填入各分支中。根据需要也可以在分支中继续分支，也就是可以进一步探讨和分析更深层次的原因。

4．检查整理

对绘出的鱼骨图进行进一步的检查和整理，对比较含糊的内容给予补充，对存在重复的内容进行合并。

5．判断原因

进一步进行小组讨论，对原因进行充分的比较和探讨，对于引起问题的可能性最高的几个原因进行进一步的数据收集和整理，将其作为下一步问题分析和改进的重点内容。

举例

某生产制造公司近期连续接到3起因为某产品质量问题引起的顾客投诉，经过调查发现，引起投诉的核心问题是该类产品的质量很不稳定。为解决此问题，该公司人力资源部协同生产技术部门，以鱼骨图法为工具，梳理了导致产品质量不稳定的原因。

因为是生产制造类问题，所以该公司从人员、机械设备、材料、方法、环境、测量这6个因素出发，利用头脑风暴法对造成该问题可能的原因进行梳理，经过检查和整理后，得出的鱼骨图如图5-10所示。

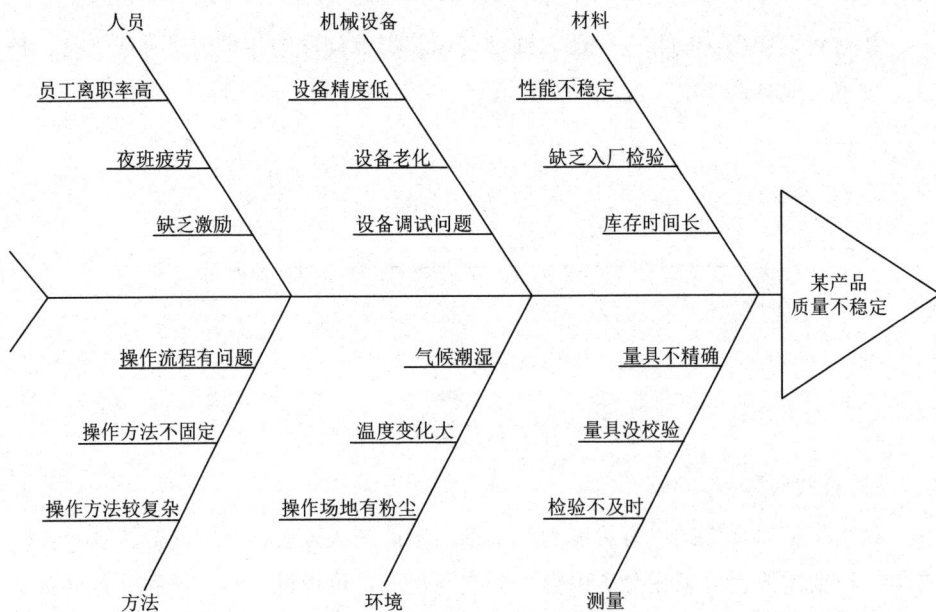

图5-10　某公司某产品质量不稳定的鱼骨分析图

该公司经过进一步的充分讨论，得出所有这些可能的原因当中，最可能导致该产品质量不稳定的原因有以下 3 点。

（1）操作方法不固定，且较复杂。

（2）操作场地有粉尘，且气候潮湿、温度变化大。

（3）原材料性能不稳定，缺乏入厂检验。

针对这 3 点原因，该公司决定进行进一步的资料收集和问题查找。

5.3 【实战案例】某大型跨国外资公司应用 BSC 的案例

本节将以某大型跨国外资公司 C 公司为例，介绍这家公司对各主要职能部门的 BSC 设计。

C 公司在全球 20 多个国家和地区开展业务，旗下拥有多个著名品牌，全球员工数量超过 10 万人。如今，C 公司在全球已经拥有比较稳定的经营网络，在其所在行业内拥有比较高的品牌知名度和市场影响力。

C 公司总部会在每年 11 月月底前设计各职能部门的 BSC。职能部门的 BSC 也是职能部门负责人的 BSC。每年 12 月月底前，在职能部门内部，由职能部门负责人牵头设计职能部门员工的 BSC。

本节中呈现的内容主要为演示方法，因内容涉及实际公司的数据，为保护该公司的隐私，笔者已隐去了各项指标对应的目标值，但就目标值的来源做出了说明。同时为帮助读者理解，笔者增加了各项指标设置的目的。

5.3.1　总经理的 BSC

C 公司的总经理是 C 公司职级最高的行政管理人员，主要负责处理公司日常的经营管理工作，负责达成公司的营业收入、成本及利润等财务目标；负责公司人才队伍和组织建设，负责公司的公司文化建设，保证整个公司管理的制度化和规范化，有效解决公司经营管理过程中的问题。

C 公司总经理的 BSC 如表 5-11 所示。

表 5-11　C 公司总经理的 BSC

指标类型	指标名称	指标含义	指标设置目的	数据提供部门	指标占比
财务指标	销售额	考核期内，公司的销售额应达成某个目标。此处的销售额为实际回款额，而非订单额或预计订货额	销售额反映了公司的经营业绩、市场影响力、市场占有率、产品渗透率等，能够比较直接地表示总经理的工作成果	财务中心	20%
	利润额	考核期内，公司的利润额应达成某个目标。此处的利润额指的是经营性损益的利润额	该公司非常重视利润成果。之所以采用经营性损益的利润额，是为了更直接地表示公司的盈利能力，更直接地表示公司的经营成果	财务中心	25%
客户指标	客户满意度	考核期内，客户满意度调查结果的平均值不低于去年同期水平	客户满意度体现了公司的服务人群对公司的认可，代表着公司产品与服务的质量。客户满意度的高低影响着公司的发展	第三方机构	10%
	公共关系满意度	考核期内，公司所有公共关系满意度应保持在一定水平	公共关系满意度体现了公司外部人员对公司的认可，代表着公司的社会形象，代表着公司的口碑。公共关系满意度高不仅能够帮助公司提升业绩，也能够帮助公司创建雇主品牌	第三方机构	10%
内部流程指标	成本控制	考核期内，公司的成本比率控制在一定范围内	成本控制的情况影响着公司的盈利能力，有效控制成本能够显著提升公司的盈利能力，确保公司达成利润额目标	财务中心	10%
	流程制度异常数量	考核期内，公司范围内的制度或者流程失效的次数。主要包括公司范围内出现的员工不按照流程制度运行，但却没有被提前发现或者采取相应措施的情况	公司的各项流程和制度构成了公司的内控体系，保证了公司内部运营发展的稳定性。如果公司能够通过自查发现问题，加强内控，就能有助于提高公司的管理水平，帮助公司更好地达成业绩目标	第三方机构	5%
学习与成长指标	员工敬业度	考核期内，员工的敬业度水平不低于去年同期水平	员工敬业度就是员工对自己的工作岗位、事业专心致志的程度。提升员工的敬业度有助于增强员工对公司的归属感、对工作的积极性和对岗位的责任感，有助于提升员工的绩效水平	人力资源中心	10%

续表

指标类型	指标名称	指标含义	指标设置目的	数据提供部门	指标占比
学习与成长指标	员工离职率	考核期内，员工的离职率不高于去年同期水平。公司不需要一味追求降低员工离职率，适度的员工离职率能够促进人才队伍的发展。所以员工离职率应保持在一定范围内	适度的员工离职率能够有效降低公司的人力资源管理成本，能够促进经营管理的平稳运行。为了减少离职员工中高绩效员工的占比，有时候可以将高绩效员工的离职率作为辅助考核指标	人力资源中心	5%
	员工能力达标率	考核期内，所有正式员工的能力应达到岗位要求的最低标准	员工的能力是达到岗位绩效要求的重要保证。对员工能力达标率的要求有助于完善公司内部的人才培养机制，有助于落实师徒机制。但能力水平与绩效水平并不存在必然的联系，有时候为了保证员工绩效达标，也可以把员工绩效达标率作为辅助考核指标	人力资源中心	5%

5.3.2　销售中心的 BSC

C 公司的销售中心主要负责 C 公司的市场开拓，开发和维护客户，制定市场营销方案，开展市场营销活动；负责进行市场调研和分析，保证产品优势和品牌价值；负责带领销售团队开展和落实销售任务，保证 C 公司完成业绩预算目标。

C 公司销售中心的 BSC 如表 5-12 所示。

表 5-12　C 公司销售中心的 BSC

指标类型	指标名称	指标含义	指标设置目的	数据提供部门	指标占比
财务指标	销售额	考核期内，公司的销售额达到某个水平。此处的销售额为实际回款额，而非订单额或预计订货额	销售额与销售中心工作成果的关联性最大，是最能体现销售中心价值的指标	财务中心	20%

续表

指标类型	指标名称	指标含义	指标设置目的	数据提供部门	指标占比
财务指标	毛利额	考核期内，公司的毛利额达到某个水平	公司近期比较重视毛利额，毛利额的水平与产品的定价有关，销售中心影响着产品的销售价格	财务中心	20%
	销售成本	考核期内，销售中心的费用控制在一定的水平	不能只追求增加销售额，不顾销售成本。在获得一定的销售额的同时，销售成本应当控制在一定范围内	财务中心	5%
客户指标	客户满意度	考核期内，客户满意度调查结果的平均值不低于去年同期水平	提高公司的客户满意度，有助于提高客户的复购率，有助于新客户的开发，有助于提高公司的销售额	第三方机构	10%
	市场占有率	考核期结束时，市场占有率高于去年同期水平	维持公司产品在市场上的领先地位，进一步提高产品的渗透率	第三方机构	10%
内部流程指标	销售网络覆盖率	产品在所有市场销售网络中的渗透率高于去年同期水平	提高销售网络覆盖率有助于提高产品的销量，提高销售额	第三方机构	10%
	销售合同完备率	每一笔销售发生额都有对应的销售合同	避免在回收账款时，因没有销售合同而产生呆账、坏账，从而降低公司的经营风险	销售中心	10%
学习与成长指标	营销人员能力达标率	在考核期内，全部已过试用期的营销人员应掌握必备的营销技能。检核方式为营销人员的技能检核与抽查	保证销售中心内部重视后备人才的能力发展，促进销售中心组织内部培训，落实公司内部师徒机制	人力资源中心	10%
	员工离职率	考核期内，员工离职率不超过去年同期水平	减少人才流失，稳定人才队伍，降低公司的用人成本。提高销售人员的稳定性也有助于帮助公司提升业绩	人力资源中心	5%

5.3.3　研发中心的BSC

C公司的研发中心主要负责新产品的设计、开发和现有产品的工艺改进；保证在尽可能短的时间内，用有限的研发资金开发出能够满足市场和顾客需求的产品；保持产品技术在市场中的领先地位；保持技术研发团队人才的能力优势和人才的稳定性。

C 公司研发中心的 BSC 如表 5-13 所示。

表 5-13　C 公司研发中心的 BSC

指标类型	指标名称	指标含义	指标设置目的	数据提供部门	指标占比
财务指标	新产品销售额	考核期内新产品的销售额应达到一定的水平。公司总的销售额是否达到公司的目标同样也作为研发中心的考核依据。其中，新产品的销售额占 50%，总销售额占 50%	提高公司新产品研发的质量，保证公司的新产品能够满足市场、客户的需求。同时使整个公司的经营业绩与研发中心形成关联，强调研发中心对公司业绩的支持作用	财务中心	20%
	研发经费	考核期内的研发经费要控制在一定的范围内	研发经费属于公司比较大的成本支出，研发经费能够得到有效控制将有助于降低公司的成本，提高利润	财务中心	10%
客户指标	新产品的客户满意度	考核期内客户对新产品的满意度调查结果不低于某个水平。公司全部产品的客户满意度是否达到公司的目标同样要作为研发中心的考核依据。其中，新产品的客户满意度占50%，全部产品的客户满意度占50%	产品的性能与研发中心的工作质量息息相关。提高客户对产品的满意度，有助于促进研发中心关注产品性能，提高产品质量，让产品具备市场竞争力	第三方机构	20%
	客户投诉数量	考核期内，因技术问题引发的客户投诉数量要控制在一定数量之内	降低产品因为技术问题出现故障的概率，有助于提高客户满意度	客服中心	10%
内部流程指标	专利数量	考核期内，研发团队申请专利的数量。以实际获得审批的专利数量为准，而非以申报的专利数量为准	提高公司技术研发的能力，提高新产品研发和旧产品改造成功的概率	行政中心	5%
	论文数量	考核期内，研发团队在核心期刊发表论文的数量。以实际刊发的论文数量为准，而非以投稿的论文数量为准	增强员工技术总结的能力，增强公司在相关技术领域的影响力	行政中心	5%
	新产品上市周期	考核期内的新产品应按照产品开发计划上市	保证新产品能够在预期的时间内上市，有助于增强公司的市场竞争力	生产中心	10%

续表

指标类型	指标名称	指标含义	指标设置目的	数据提供部门	指标占比
学习与成长指标	研发团队能力达标率	考核期内，所有正式的研发团队成员的技术能力应达到公司最低标准	保证研发团队的基本素质，保证新入职的研发人员能力达标，有助于提高产品研发的效率	人力资源中心	10%
	研发团队学历与职称比例	考核期内，研发团队的学历和职称比例应达到公司要求的最低标准	提升研发团队整体队伍的素质，有助于提高新产品开发的成功率，增加创新的可能性	人力资源中心	5%
	员工离职率	考核期内，研发团队的离职率应控制在一定范围内	控制研发团队的离职率有助于保证研发队伍的稳定性，有助于保证研发项目的连续性，有助于提高新产品研发成功的概率	人力资源中心	5%

5.3.4 生产中心的 BSC

C公司的生产中心主要负责管理全球所有分公司的生产环节，负责管理整个生产、设备、安全、环保等环节，保证产品的质量、交期、成本满足市场和客户的需求，保证公司的生产环节能够完全满足市场的需求。

C公司生产中心的 BSC 如表 5-14 所示。

表 5-14　C公司生产中心的 BSC

指标类型	指标名称	指标含义	指标设置目的	数据提供部门	指标占比
财务指标	总产量	考核期内，生产中心的总产量不得低于某个水平	保证产品的产量达到公司的要求，保证销售端有足够的产品能够投入市场，保证公司能够达到预期的销售额	财务中心	20%
	人均产值	考核期内，用总产值除员工人数，计算出的人均产值应控制在一定范围内	保证员工的生产效率能够不断提升有助于降低用人成本，提高公司利润。人均产值的提升能够为公司涨薪提供空间，提高员工满意度	财务中心	10%
	生产成本比率	考核期内，生产成本占产品总成本的比率应控制在一定范围内	控制生产成本等于提高产品的毛利，进而增加公司的利润，提高公司的盈利能力	财务中心	10%

续表

指标类型	指标名称	指标含义	指标设置目的	数据提供部门	指标占比
客户指标	客户满意度	考核期内，客户对产品质量的满意度要达到一定水平	生产中心的产品质量直接影响着客户满意度，将客户满意度与生产中心关联，有助于提高客户满意度	第三方机构	10%
	客户投诉数量	考核期内，所有因生产环节出现产品质量问题引发的客户投诉要控制在一定数量内	因生产环节出现产品质量问题引发的客户投诉数量的多少代表着产品质量是否具有稳定性，减少生产环节造成的客户投诉数量能够促进生产环节做好产品质量管控	客服中心	10%
内部流程指标	产品一次合格率	考核期内，所有生产环节生产产品的合格率应达到某个标准	生产环节的质量管控能力、员工生产操作的合规性直接影响着产品一次合格率。提高产品一次合格率有助于提升生产中心的生产管理能力，有助于提高生产效率，降低生产成本	品控中心	10%
	操作环节违规率	考核期内，品控中心定期检查员工违规操作出现的次数并将其控制在一定范围内	规范员工操作环节，有助于提高员工的劳动效率、生产效率，降低生产成本	品控中心	10%
学习与成长指标	员工离职率	考核期内，生产中心的员工离职率要控制在一定范围内	降低员工的离职率有助于降低生产环节的用人成本、生产成本，提高产品的毛利率和公司的盈利能力	人力资源中心	10%
	员工能力达标率	考核期内，生产中心所有正式员工的能力要达到岗位最低要求	对员工能力达标情况进行规范有助于提高生产中心的运营效率，有助于促进生产中心内部的员工能力培养，有助于落实公司的师徒机制	人力资源中心	10%

5.3.5　采购中心的 BSC

　　C 公司的采购中心主要负责统筹整个公司所有的大宗物资采购工作，要在保证质量的情况下，用最低的价格、最长的账期获得最低的物资采购成本，并在规定的时间内保证公司需求的物资（尤其是生产环节需求的物资）到位。

　　C 公司采购中心的 BSC 如表 5-15 所示。

表 5-15　C 公司采购中心的 BSC

指标类型	指标名称	指标含义	指标设置目的	数据提供部门	指标占比
财务指标	毛利率	考核期内，公司的毛利率应达到某个水平	大宗原材料的价格直接影响着公司的毛利额。设定毛利率指标有助于采购部门关注原材料的成本	财务中心	20%
	采购成本降低比率	考核期内，采购大宗原材料物资的价格应降低一定百分比	采购中心通过降低大宗原材料的价格，可以有效降低原材料成本，提高公司的毛利率、利润率，增强公司的盈利能力	财务中心	20%
客户指标	客户满意度	考核期内，客户对产品质量的满意度应达到一定水平	原材料的质量直接影响着客户满意度。设定客户满意度指标有助于采购中心关注原材料质量，稳定产品的质量，稳定市场份额	第三方机构	10%
	客户投诉数量	考核期内，因原材料问题引发的客户投诉数量应控制在一定水平	因原材料问题引发的客户投诉是直接反映采购中心工作成果的指标。设定该指标同样有助于使采购中心关注原材料质量	客服中心	10%
内部流程指标	采购物资合格率	考核期内，原材料质量应达到公司要求的水平	采购中心通过保证原材料达到公司的品质要求来保证产品的质量，提高客户满意度，从而保证公司经营的稳定性	品控中心	10%
	物资到位及时率	考核期内，原材料全部在规定的时间内到达公司	采购中心通过保证原材料及时满足公司的需求，来保证生产环节有稳定的物资供应，保证生产环节稳定，从而保证公司经营的稳定性	品控中心	10%
学习与成长指标	员工离职率	考核期内，采购中心的员工离职率应控制在一定范围内	降低采购中心的员工离职率有助于提高采购中心的运转效率，有助于采购中心更好地完成降低原材料成本的目标	人力资源中心	10%
	员工能力达标率	考核期内，采购中心所有正式员工的能力应达到岗位最低要求	采购人员能力达标有助于降低采购成本，设定员工能力达标率有助于采购中心关心采购人员的能力	人力资源中心	10%

5.3.6　财务中心的 BSC

C 公司的财务中心主要负责建立健全财务管理体系，督促各类财务制度的落实执行，按照法律法规、公司运营要求和财务准则保质保量地编制财务报表，及时为公司各部门的经营管理分析提供相关财务数据支持。

C 公司财务中心的 BSC 如表 5-16 所示。

表 5-16　C 公司财务中心的 BSC

指标类型	指标名称	指标含义	指标设置目的	数据提供部门	指标占比
财务指标	融资到位情况	考核期内，公司融资计划的资金到位情况。这里以融资实际到账为准，而非融资计划或正在运行的融资申报	对于资金状况紧张的公司而言，关注融资到位情况能够帮助公司缓解经营压力；对于资金状况特别紧张的公司而言，融资到位情况甚至关系着公司的生死存亡；对于资金状况比较好的公司，也可以设计投资类指标，促进公司资金的合理、有效运用	财务中心	20%
	净利润	考核期内，公司的净利润达到某个水平	财务中心虽然无法直接参与公司业务部门日常的经营管理，但财务中心通过日常的数据监控与定期的经营分析，能够发现公司产品的价格异常以及成本较高的环节，以帮助其他部门降低成本，帮助公司实现净利润目标。财务中心对资金的管理质量直接影响着财务费用的高低，财务费用对净利润存在直接的影响。必要时也可以将财务费用作为单独的指标	财务中心	20%
客户指标	内部部门满意度	考核期内，内部各部门对财务中心工作的满意度	在公司内部，财务中心不仅是管理部门，也是服务部门，财务中心对内部部门的服务质量影响着公司的内部团结	人力资源中心	10%
	外部部门满意度	考核期内，外部的会计师事务所、证券交易所、审计部门、税务部门等对财务中心工作的满意度	在公司外部，财务中心要与各类相关部门接触，要向各类相关部门提供报告或数据。外部的相关部门对财务中心的评价影响着公司的社会信誉和外部形象	第三方机构	10%

续表

指标类型	指标名称	指标含义	指标设置目的	数据提供部门	指标占比
内部流程指标	提供财务报告的及时性和准确性	考核期内，财务中心要按规定时间提供财务报告，且保证财务报告内容准确无误	财务报告的及时性和准确性不仅是公司内部管理的需要，也是上市公司的基本要求，是社会对上市公司监督的必要方式	第三方机构	10%
	内部经营分析数据提供的及时性和准确性	考核期内，因公司内部经营分析需要，财务中心应按规定时间提供相关报表或数据，且保证内容准确无误	公司内部定期的经营分析有助于帮助公司改善经营水平，帮助公司提高业绩。公司进行经营分析的基础是财务数据提供的及时性和准确性。当外部的财务报告的提供要求与内部经营分析相关数据的提供要求有所冲突时，应当优先满足外部财务报告的提供要求	人力资源中心	10%
学习与成长指标	员工离职率	考核期内，财务中心的员工离职率应控制在一定范围内	减少财务中心人才的流失，有助于稳定人才队伍，降低用人成本。人才队伍的稳定同时也有助于财务中心及时、准确地提供报表和数据	人力资源中心	10%
	员工能力达标率	考核期内，财务中心所有正式员工的能力应达到岗位最低要求	财务人员的能力达标，有助于公司保证财务报表和经营分析数据的准确性和及时性。同时，该指标有助于财务中心强化人才培养和员工培训工作，有助于落实公司的师徒机制	人力资源中心	10%

5.3.7　IT 中心的 BSC

C 公司的 IT 中心主要负责整个公司的 IT 系统程序的规划、整合、运维和开发等工作，保证公司 IT 系统和硬件设施的平稳有序运行；制定信息化战略，运用 IT 系统提高公司的运营效率，并有效控制 IT 系统的运营成本。

C 公司 IT 中心的 BSC 如表 5-17 所示。

表 5-17　C 公司 IT 中心的 BSC

指标类型	指标名称	指标含义	指标设置目的	数据提供部门	指标占比
财务指标	IT 系统投资回报率	考核期内，销售额与新增 IT 系统的投资费用相除后得到的比率应高于某个值。此处的销售额应当使用经营性损益的销售额	投资 IT 系统的最终目的是提高销售额，IT 系统的投资如果最终不能反映在销售额上，将是失败的投资	财务中心	15%
	IT 系统维护成本控制	考核期内，IT 系统的维护成本控制在某个范围内	IT 系统的运维必然需要公司承担一定的费用，在公司正常经营的情况下，这类费用应当控制在一定的范围内	财务中心	15%
客户指标	内部部门满意度	考核期内，内部各部门对 IT 中心工作的满意度要高于某个水平。一般至少应高于去年同期水平	公司的其他部门需要 IT 中心提供信息系统的支持，需要 IT 中心提供高质量的服务	人力资源中心	15%
	员工对 IT 系统的满意度	考核期内，员工对 IT 系统的满意度要高于某个水平。一般至少要高于去年同期水平	公司的 IT 系统是为了满足员工日常工作的需要而建立的，员工对 IT 系统的评价反映了 IT 系统在满足员工工作方面的情况	人力资源中心	15%
内部流程指标	IT 系统故障次数	考核期内，IT 系统出现故障的次数应控制在一定范围内	稳定的 IT 系统是公司经营发展的基本保障，IT 中心要保证 IT 系统稳定运行，不出现故障	行政中心	10%
	IT 需求响应及时率	考核期内，各部门对 IT 系统的需求能够得到及时响应	IT 系统难免出现故障，当故障发生时，IT 中心要及时响应，及时处理故障，保障各部门业务的稳定运行	行政中心	10%
学习与成长指标	员工离职率	考核期内，IT 中心的员工离职率应控制在一定范围内	IT 中心的人员稳定性直接决定了公司 IT 系统的稳定性以及 IT 系统出现异常状况时响应的及时性	人力资源中心	10%
	员工能力达标率	考核期内，IT 中心所有正式员工的能力应达到岗位最低要求	IT 中心的人员能力影响着公司 IT 系统的日常运维能力，也影响着公司 IT 系统升级和新程序开发的能力。对员工能力提出要求，有助于 IT 中心关心员工能力的成长，有助于师徒机制的落实	人力资源中心	10%

5.3.8　人力资源中心的 BSC

C 公司的人力资源中心主要负责制定人力资源策略，支持公司的总体战略；最小化用人成本，最大化用人效率；通过人力资源规划、岗位管理、能力管理、招聘管理、培训管理、绩效管理、薪酬管理、员工关系管理等方式，落实人力资源策略，促进公司总体战略目标的实现。

C 公司人力资源中心的 BSC 如表 5-18 所示。

表 5-18　C 公司人力资源中心的 BSC

指标类型	指标名称	指标含义	指标设置目的	数据提供部门	指标占比
财务指标	人均劳动效率	考核期内，公司的销售额与人员数量相除得到的数值。公司的销售额应当使用经营性损益。人员数量应当用时段人数，而非时点人数。人均劳动效率应大于某个数值	人均劳动效率不仅代表着公司的人力资源管理效能，同时代表着公司创造业绩的能力。当公司的人均劳动效率不断提高时，代表着公司创造业绩的能力不断增强，同时代表着公司整体的人力资本在增值	财务中心	20%
	人力费用率	考核期内，公司的人力成本与销售额相除得到的数值。公司的人力成本应当用财务上全部能量化的成本。销售额应当用经营性损益。人力费用率应控制在一定范围内	人力费用率不仅是财务上的费用类指标，也代表着人力资本的投资回报率。10% 的人力费用率既可以表示产生 100 元的销售额，需要 10 元的人工费用投入，也可以表示公司投入 10 元的人工费用，能够换来 100 元的销售额。对人力费用率提出要求，既有助于公司降低成本，又有助于公司提高在人力资本上的投资回报率	财务中心	20%
客户指标	员工敬业度	考核期内，员工的敬业度应达到某个水平	员工敬业度就是员工对自己的工作岗位、对自己的事业专心致志的程度。提升员工的敬业度有助于增强员工对公司的归属感、对工作的积极性和对岗位的责任感，有助于提升员工的绩效水平	人力资源中心	10%
	员工离职率	考核期内，员工的离职率不高于某个水平，一般应控制在一定范围内	适度的员工离职率能够有效降低公司的人力资源管理成本，能够促进经营管理的平稳运行。为了减少离职员工中高绩效员工的占比，有时候可以将高绩效员工的离职率作为辅助考核指标	人力资源中心	10%

续表

指标类型	指标名称	指标含义	指标设置目的	数据提供部门	指标占比
内部流程指标	人才需求满足率	考核期内，实际到位的人才数量与应到位的人才数量相除计算出的数值。人才需求满足率应不低于某个水平	人才是公司经营发展必备的生产资料。人才如果不能及时到位，将会影响公司正常的经营发展。人力资源中心要保证人才及时到位	人力资源中心	10%
	员工出勤率	考核期内，员工的实际出勤时间与员工的应出勤时间相除计算出的数值。员工的出勤率应不低于去年同期水平	员工的出勤率影响着员工的劳动效率和人力费用率。出勤率长期保持在比较高水平的公司，员工的工作积极性往往也比较高。出勤率比较差的公司，员工的工作积极性有可能比较低	人力资源中心	5%
	劳动争议发生率	考核期内，发生劳动争议的件数与考核期内的员工总人数相除计算出的数值。劳动争议发生率应控制在一定范围内	劳动争议一方面影响着公司的声誉，另一方面影响着内部员工队伍的心态。合法合规、合情合理地用工，能够促进公司内部的和谐稳定	人力资源中心	5%
学习与成长指标	员工能力达标率	考核期内，所有正式员工的能力全部达到岗位的最低要求	员工的能力是达到岗位绩效要求的重要保证。对员工能力达标率提出要求有助于完善公司内部的人才培养机制，有助于落实师徒机制。但能力水平与绩效水平并不存在必然的联系，有时候为了保证员工绩效达标，也可以把员工绩效达标率作为辅助考核指标	人力资源中心	10%
	人才梯队完备率	考核期内，所有关键岗位都有后备人才	关键岗位的人才离职后，新补充的人才如果不能立即胜任工作，将会影响运营效率。对于关键岗位来说，外部招聘的人才很难在短时间内胜任岗位，最好的办法是依靠内部的人才梯队。当关键人才离职时，由其他岗位的人才补充。通过人才梯队建设，当有关键岗位人才离职时，接任者层层接任，公司只需要补充一个基础岗位就能满足人才发展的需求	人力资源中心	10%

5.3.9　行政中心的 BSC

C 公司的行政中心主要负责公司各项行政管理制度的落实，保证行政事务稳定运行，维护办公秩序，通过为其他职能部门提供行政支持工作，支持其他职能部门更好地完成目标，从而支持公司实现目标。

C 公司行政中心的 BSC 如表 5-19 所示。

表 5-19 C 公司行政中心的 BSC

指标类型	指标名称	指标含义	指标设置目的	数据提供部门	指标占比
财务指标	行政管理相关费用率	考核期内，公司行政费用与销售额相除后得到的比率。公司行政管理相关费用率应控制在某个范围内	公司的行政管理费用是重要的成本支出项目，有效管控行政成本能够提高公司的净利润	财务中心	20%
客户指标	内部满意度	考核期内，内部各部门对行政中心的满意度	行政中心是管理部门也是服务部门，行政中心对其他部门的行政服务能够帮助其他部门更好地创造价值。设置内部满意度指标能够提高行政部门的服务意识，提高行政部门的服务质量	人力资源中心	15%
	外部满意度	考核期内，行政中心负责的与公司存在往来交流的外部政府部门、机构等对公司的满意度	外部满意度指标有助于提升公司的外部形象，有益于公司形成良好的口碑	第三方机构	15%
内部流程指标	行政工作异常的次数	考核期内，行政中心负责的相关事务出现异常状况的次数。例如，出现投诉、失误、错误等的次数	行政工作异常次数指标是评判行政中心日常工作质量的依据。减少行政工作异常次数，有助于提高行政中心内外部的满意度，有助于促进公司的和谐、稳定发展	人力资源中心	20%
	员工满意度	考核期内，内部员工对行政中心相关工作的满意度。例如，对餐食的满意度、对住宿的满意度、对工作环境的满意度等	服务好全体员工是行政中心的重要职责之一，是行政中心存在的目的之一。员工对行政中心工作的满意度是评判行政中心日常工作质量的依据	人力资源中心	10%
学习与成长指标	员工离职率	考核期内，行政中心的员工离职率应控制在一定范围内	减少行政中心人才的流失，有助于稳定人才队伍，降低用人成本。人才队伍的稳定同时也有助于行政中心更好地为其他部门和全体员工提供服务	人力资源中心	10%
	员工能力达标率	考核期内，行政中心所有正式员工的能力应达到岗位最低要求	行政人员的能力达标，有助于行政中心更好地为公司各部门和全体员工提供服务。同时，该指标有助于行政中心强化人才培养和员工培训工作，有助于落实师徒机制	人力资源中心	10%

第**6**章

绩效管理程序

除了绩效管理工具之外，绩效管理程序是决定绩效管理实施成功与否的另一个关键。通用的绩效管理程序可以分成6步，分别是绩效指标分解、绩效计划、绩效辅导、绩效诊断、绩效结果反馈和绩效结果应用。绩效管理程序之间的逻辑顺序关系如图6-1所示。

图 6-1　绩效管理程序之间的
逻辑顺序关系

不是所有公司在实施绩效管理时都追求把绩效管理的全部程序做全、做精。对于一些处在初创阶段、规模较小，或者实施绩效管理时间不长的公司来说，在实施绩效管理时可以在理解绩效管理各程序的含义之后，对其中的一些程序做简化处理。

对于已经进入成熟期、经营稳定的公司，或者公司各级人员对绩效管理的各项程序已经比较熟悉且有能力全部实施的公司来说，应当按照绩效管理的通用程序实施绩效管理。

关于绩效管理程序的内容，前几章中已经分别在介绍绩效管理工具的用法时有所介绍。本章主要介绍对绩效管理工具的实施质量影响较大、在绩效管理程序中比较容易出问题的绩效计划沟通、绩效辅导和绩效诊断三大环节的实施方法、操作细节和注意事项。

6.1 绩效计划沟通

绩效计划的制定和实施质量决定了员工最终能否达成绩效目标。绩效计划沟通是上级和下级在制定绩效计划时进行的沟通。针对绩效计划的沟通方式对绩效计划能否达成有很大的影响。上级与下级在进行绩效计划沟通时，要注意团队文化、环境因素、员工性格等多种因素。上级应根据需要采取灵活多样的沟通形式。

6.1.1 绩效计划沟通的内容

上级在进行绩效计划沟通时，应遵循以下原则。

（1）上级和下级之间应当以一种平等互利的关系进行沟通。为了鼓励下级充分表达自己的看法，上级不要在沟通中让下级感到来自上下级关系的压力。

（2）上级应当尊重下级在自身岗位上的专业性，在沟通过程中更多地激发下级的积极主动性，更多地聆听下级的意见。

（3）在绩效计划沟通的过程中，上级对下级更多应采取引导的方式，和下级一起做决定，而不是代替下级做决定。下级在沟通过程中的参与程度越高，绩效计划制定环节就越成功。

在开始正式的绩效计划沟通之前，上级可以先进行一次最初的绩效计划沟通，作为绩效计划的预沟通。其主要目的是让下级了解制定绩效计划的目的，同时理解绩效管理的意义。上级可以在绩效计划预沟通时让下级了解如下内容。

（1）公司实施绩效管理的目的是什么？宗旨和原则是什么？

（2）公司实施绩效管理对团队、对员工分别有哪些好处？

（3）公司采取的绩效管理工具是什么？公司的绩效管理程序有哪些？有什么样的特点？

（4）在整个绩效管理工作中，上级会对下级做什么？下级需要对上级做什么？

（5）为了制定绩效计划，下级需要准备哪些信息或需要提前做好哪些准备？

（6）在制定绩效计划的过程中，上级和下级分别需要做什么？

上级在最初和下级进行绩效计划沟通时，要争取统一思想和观念，与下级就绩效管理的目的、意义和目标达成基本共识，为后续绩效管理工作的顺利开展并实施奠定思想基础。

在正式进行绩效计划沟通时，上级和下级需要沟通的绩效管理事项如下。

（1）公司的目标是什么？团队的目标是什么？下级的个人目标是什么？

（2）下级对完成个人目标的想法是什么？计划是什么？

（3）下级为了完成目标需要哪些资源？需要上级提供哪些支持？

（4）为了完成个人目标，上级认为下级应该采取的行动是什么？

（5）上级认为自己能够为下级完成目标提供的支持和帮助是什么？

6.1.2 绩效计划沟通的基本流程

上级对下级实施绩效计划沟通时的基本流程可以分成 5 步，如图 6-2 所示。

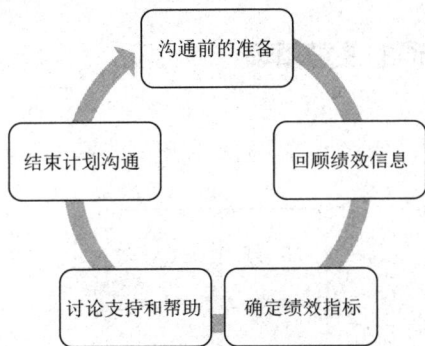

图 6-2 绩效计划沟通的基本流程

1．沟通前的准备

在开始绩效计划沟通之前，上级应和下级确定一个专门的时间进行绩效计划沟通。在这段时间内，双方都应把各自的工作放下，以专心进行绩效计划沟通。沟通时注意不要被打扰，以免双方的沟通思路被打断，影响沟通的效果。上级要注意营造沟通的氛围，不要给下级制造情绪压力。

2．回顾绩效信息

在进行绩效计划沟通时，上级应和下级就绩效相关问题做必要的信息回顾。回顾的内容包括考核期内公司的目标，团队的目标，下级在考核期内需要完成的工作目标，下级的岗位工作职责，下级应在什么时间之前完成这些目标等。

3．确定绩效指标

在回顾绩效信息之后，下级先说明想要制定的绩效指标以及制定这些绩效指标的原因。在下级说明结束后，上级可以提出质疑，并与下级共同讨论，确定绩效指标。针对设计指标的维度，双方可以从数量、质量、费用、时间4个维度进行量化。

4．讨论支持和帮助

有时候下级很难靠个人能力达成绩效目标。为了保证绩效目标达成，下级可以提出需要上级提供的资源、支持或帮助。在下级提出要求后，上级可以根据自己的理解以及实际情况，与下级一起协商实际提供的支持。

5．结束计划沟通

如果绩效计划的沟通顺利，下级可以签订绩效承诺书，向上级承诺要达成的绩效情况。如果沟通过程中有未达成共识的事项，上级和下级可以一起制定后续的跟进计划，为针对绩效计划的进一步沟通做好准备。

6.1.3 绩效计划沟通的注意事项

上级与下级在进行绩效计划沟通的过程中应注意 4 点，如图 6-3 所示。

图 6-3 绩效计划沟通的注意事项

1．提出意见

在绩效计划沟通的过程中上级要鼓励下级充分参与，鼓励下级提出意见。上级要充分倾听下级的不同意见，鼓励其说出自己的顾虑。上级通过对下级进行提问，摸清楚问题所在，并从下级的角度思考问题，了解其感受。如果下级存在抱怨，上级要及时给予正面的引导。

2．进行讨论

沟通双方要就绩效计划中的每项工作目标进行充分的讨论并达成一致，过程中上级要鼓励下级表达个人观点，争取得到下级的个人承诺。在讨论的过程中，沟通双方要明确每个绩效指标的评价标准和考核期限。

3．达成共识

上级和下级要对完成绩效计划需要的行动、资源和支持达成共识。这里需要注意，有的困难是主观的而不是客观的，上级要帮助下级克服主观上的困难。对于客观的困难，上级可以与下级讨论，并尽可能提供给下级必要的资源、支持和帮助。

4．总结结果

在就绩效计划讨论的最后，沟通双方要总结出讨论的最终结果和跟进的日期。上级要进一步和下级确认，确保下级能够充分理解和完成任务。在完成任务的过程中，上级应随时跟进和检查绩效计划的完成进度。

6.2　绩效辅导

在进行绩效辅导之前，上级先要弄清楚下级当前绩效存在问题的原因。下级工作绩效差的原因有很多，如下级的工作态度不好，下级缺乏经验，下级的能力不足，下级的情绪问题，上级自身没有将工作及时、准确地传达给下级，上级没有安排好工作等。上级只有清楚下级绩效存在问题的原因，才能有针对性地帮助下级改善绩效。

6.2.1　绩效辅导的 3 个阶段

绩效辅导的全过程可以分成 3 个阶段，分别是绩效辅导准备阶段、绩效辅导沟通阶段和绩效辅导追踪阶段，如图 6-4 所示。

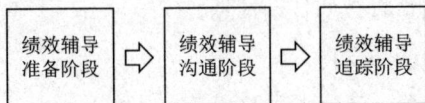

绩效辅导准备阶段 ⇨ 绩效辅导沟通阶段 ⇨ 绩效辅导追踪阶段

图 6-4　绩效辅导的 3 个阶段

绩效管理主体的上级和下级以及人力资源部，在绩效辅导的 3 个阶段对应的工作重点和工作任务均有所不同，具体如下。

1．绩效辅导准备阶段

在绩效辅导准备阶段，上级要做好以下工作。

（1）收集、分析和整理下级绩效的相关数据与信息，包括下级工作任务的完成情况，下级绩效指标的达成情况，下级对关键事件的处理情况等。

（2）对下级当前的绩效情况进行评价，找出下级当前的优点和缺点，找出下级做得好的方面以及需要改进的方面等。

（3）预测在绩效辅导过程中可能会出现的问题，下级可能会产生的反应、可能会存在的误解以及可能不了解的信息，提前准备相应的处理方法，做好沟通前的准备工作。

（4）针对下级的情况，选择适合下级情况的绩效辅导方式。

（5）选择绩效辅导的时间和地点，正式通知下级。

在绩效辅导准备阶段，下级要做好如下工作。

（1）收集和分析自己日常工作的绩效信息与数据。

（2）提前做绩效结果的总结和自我评价。

（3）查找当前存在的问题。

（4）思考自己需要获得的帮助。

在绩效辅导准备阶段，人力资源部要做好以下工作。

（1）向全体管理者培训绩效辅导的正确做法。

（2）向全体员工宣传绩效辅导的价值、作用。

（3）监督公司所有管理者和员工为开展绩效辅导做好准备。

2．绩效辅导沟通阶段

在绩效辅导沟通阶段，上级要做好以下工作。

（1）与下级共同讨论和查找绩效问题。

（2）与下级沟通绩效目标是否需要改变。

（3）与下级共同制定有效的行动计划。

（4）对下级提供帮助和支持。

在绩效辅导沟通阶段，下级要做好以下工作。

（1）积极配合上级实施绩效辅导。

（2）协助上级查找当前存在的绩效问题。

（3）制定下一个阶段的具体行动计划。

（4）调整和改变对应的日常工作行为。

在绩效辅导沟通阶段，人力资源部要做好以下工作。

（1）监督绩效辅导工作的开展情况。

（2）适时地参与绩效辅导工作。

（3）收集各部门绩效辅导的书面记录。

（4）检查、评估部门书面记录的质量。

3．绩效辅导追踪阶段

在绩效辅导追踪阶段，上级要做好以下工作。

（1）定期跟进绩效辅导后下级的工作计划的进展情况。

（2）定期评估绩效辅导的效果是否能达到预期。

（3）根据追踪结果，持续对下级实施绩效辅导。

在绩效辅导追踪阶段，下级要做好以下工作。

（1）主动提供工作计划进展情况。

（2）评估自己在工作执行中的问题。

（3）思考出现问题的原因和解决方案。

在绩效辅导追踪阶段，人力资源部要做好以下工作。

（1）监督各部门绩效辅导追踪工作的实施情况。

（2）协助各部门评估和修正绩效辅导追踪阶段的问题。

6.2.2　绩效辅导的 4 个程序

有的上级不知道如何对下级实施绩效辅导，有时候实施了某一项绩效辅导又忘了另一项。这时候，上级可以以 G（Goal，目标）、R（Reality，现实）、O（Options，选择）、W（Will，意愿）的绩效辅导内容模式为工具开展绩效辅导。

1．明确目标（Goal）

在绩效辅导的过程中，上级首先要与下级一起建立目标。目标是努力的方向，明确了方向，工作才有可能开展得有意义、有价值。

在明确目标方面，上级可以和下级共同探讨以下问题。

（1）本次绩效辅导主要想谈什么事情或者解决什么问题？

（2）通过绩效辅导，上级和下级希望得到什么结果？

（3）对于如何确定目标，上级和下级分别有哪些想法？

（4）目标是不是积极的、有挑战性的、可以达成的、可以衡量的？

（5）下级准备用多长时间达成目标？其执行力如何？

（6）下级的目标是否可以进一步分解成不同的阶段性目标？

2．认清现实（Reality）

在绩效辅导过程中，上级还要和下级一起了解当前的现实状况。上级和下级都要以事实为依据，不能依靠凭空的想象或拍脑袋做出决策。

在认清现实方面，上级和下级可以共同探讨以下问题。

（1）假如让下级打分，下级会给上级打多少分？

（2）发生了什么事情？当前的现实状况是怎么样的？

（3）下级如何评价自己当前的工作状况和出现的问题？

（4）为解决问题下级采取了哪些措施？结果怎么样？

（5）下级为了完成工作目标，过程中还需要谁提供帮助？

（6）下级是否能举出例子来证明自己的判断和想法？

3．选择方案（Options）

在绩效辅导的过程中，上级要和下级一起讨论方案。下级的行动方案不应完全由下级自己制定，因为这样制定出的方案可能会趋于简单；也不应完全由上级进行指示，因为这样制定出的方案可能不切实际。

在选择方案方面，上级和下级可以共同探讨以下问题。

（1）下级准备如何解决这些问题？

（2）还有谁能帮助下级解决这些问题？

（3）下级有没有其他更多的选择？

（4）若别人遇到该问题会怎么做？

（5）上级认为该问题应如何解决？

（6）上级可以提供什么样的建议？

4．达成意愿（Will）

在绩效辅导的最后，上级要和下级达成一致的意见。上级和下级的意见一致代表着双方沟通后都能接受制定出的方案，是一种管理和辅导的平衡。

在达成意愿方面，上级和下级可以共同探讨以下问题。

（1）下级下一步准备做哪些明确的、具体的事情？

（2）在不同的解决方案中，下级比较倾向哪一种？

（3）下级准备什么时候开始行动？何时完成行动？

（4）除了上级以外，还需要谁对下级提供帮助？

（5）下级在执行方案的过程中可能会遇到什么样的困难？

（6）下级准备用什么方式面对这些困难和阻力？

（7）上级和下级需要如何跟进该工作的进度？

6.2.3 适合对其实施绩效辅导的 5 类人群

上级在实施绩效辅导时，应根据下级不同的绩效情况、态度情况、能力情况，采取不同的、有针对性的绩效辅导方法。进步迅速者、表现进步者、表现退步者、未尽全力者、新人这 5 类人群非常适合上级对其实施绩效辅导。

1．进步迅速者

下级绩效进步比较迅速，不代表上级可以不管不顾，任由其自由发展。实际上，对于绩效进步比较迅速的下级，上级应重点关注。对这类人群实施绩效辅导的主要方式不是以指导和教育为主，而是以支持与鼓励为主，期望其获得更大的进步。

对于绩效进步比较迅速的下级，上级可以采取以下方法对其进行绩效辅导。

（1）给下级提供更多的工作机会。

（2）给下级提供更多展示自我的机会。

（3）增加下级与上级领导接触的机会。

（4）适时地在公开场合给予下级表扬和肯定。

（5）适时地给予下级正面的鼓励。

（6）适时地给予下级继续培训、学习或深造的机会。

（7）适当地给予下级更多的工作授权。

（8）适当地让下级承担更多的风险。

（9）协助下级制定长远的职业生涯发展规划。

2．表现进步者

下级绩效表现进步，可能代表其比较有潜力，可能代表下级曾经付出过努力，上级应多关注这样的下级。

对于表现进步的下级，上级可以采取以下方法对其进行绩效辅导。

（1）了解下级的绩效具体在哪些方面提升了。

（2）了解下级的优点和缺点，以及当前工作是否能够发挥下级的优点。

（3）及时地把下级的绩效改进情况反馈给下级。

（4）与下级沟通其下一步行动的想法和打算。

（5）适当地给下级增加一些工作任务和锻炼的机会。

（6）适当地给下级提供一些必要的指导和培训。

（7）教导下级如何有效地利用资源。

（8）强化对下级工作的检查并针对检查出来的问题展开讨论。

3．表现退步者

绩效表现退步的原因可能是下级出现了松懈，可能是下级的能力没有得到发挥，也可能是上级没有及时帮助这类下级。上级要重视绩效表现退步的下级，及时发现，及时辅导。

对于表现退步的下级，上级可以采取以下方法对其进行绩效辅导。

（1）深入发掘下级的绩效问题，与下级一起找出问题的原因。

（2）找出下级的优势和劣势，明确当前岗位是否适合下级。

（3）尝试与下级探讨岗位问题，了解下级对本岗位的看法。

（4）帮助下级制订绩效改进计划并确定任务和进度。

（5）在日常工作中多注意下级的工作行为是否存在问题。

（6）给予下级更多工作上的咨询或指导。

（7）如果下级的绩效持续得不到改善，需要定期向上级领导汇报。

4．未尽全力者

下级未尽全力的原因可能是下级的思想出了问题，可能是下级不喜欢当前的工作，也可能是下级与上级之间存在某种摩擦。上级要找到下级未尽全力的原因，激发下级工作的积极性。

对于未尽全力的下级，上级可以采取以下方法对其进行绩效辅导。

（1）了解下级未尽全力的原因和下级的真实想法。

（2）发掘下级在以往工作中做出的成绩并发掘下级的兴趣。

（3）尝试调整下级的工作内容或工作岗位，以符合下级的兴趣。

（4）发现下级工作中可能让其望而却步的障碍和困难，并帮助下级克服。

（5）阶段性地与下级一起解决工作中的疑难问题。

（6）更多地给予下级一些即时的反馈，表扬下级在工作中取得的成绩。

（7）给下级提供一些有针对性的学习项目。

5. 新人

新入职不久的下级是最需要实施绩效辅导的人群，这类人群往往对公司和团队不熟悉，虽保持着一腔热情开展工作，但因为不熟悉环境，可能对工作岗位存在适应期。上级要对这类人群给予必要的帮助。

对于新人，上级可以采取以下方法对其进行绩效辅导。

（1）不要过分苛责和要求新人的绩效结果。

（2）将工作重点放在新人能力的成长上。

（3）了解下级在能力上还存在哪些不足。

（4）给下级提供更多的培训和学习机会。

（5）与下级共同制定成长和发展计划。

（6）监督和促进下级的成长。

6.2.4 绩效辅导的 6 个步骤

上级对下级实施绩效辅导可以分为 6 步，如图 6-5 所示。

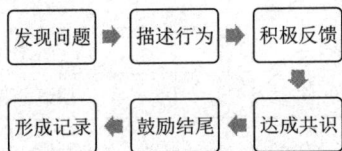

图 6-5 实施绩效辅导的 6 个步骤

第 1 步，发现问题。上级要营造良好的沟通氛围，主动说明对下级进行绩效辅导的目的；倾听并让下级积极参与绩效辅导工作；了解下级的目标进展情况、工作情况、态度情况，有意识地发现下级的问题。

第 2 步，描述行为。上级要描述下级的具体行为，而不是概括性地直接总结和推论。上级要解释这个行为对绩效目标可能产生的具体影响。上级可以向下级表达自己的感受，但是必须说明这只是主观感受，还需要进一步征求下级的想法，让下级能够自我分析，表达心声。

第 3 步，积极反馈。上级要积极地、真诚地、具体地表扬下级的行为（正面反馈），必要时可以嘉奖下级表现积极的行为。这里可以适度表达一些消极反馈（负面反馈），但消极反馈的比例不应超过积极反馈，最终应以积极反馈收尾。

第4步，达成共识。上级要与下级确认需要改善的工作内容、需要提高的技能、需要给予的资源和支持，并最终与下级达成一致。

第5步，鼓励结尾。在谈话快要结束时，上级要着眼于未来，对下级给予一定的鼓励、支持或帮助并规划正面的结果，让谈话以鼓励结尾。

第6步，形成记录。谈话的最后要按照公司的要求，形成书面的记录，写清楚上级与下级双方都认同的事情、具体的行动计划、改进的措施以及还有哪些没有达成一致的事项。

没有沟通就不是绩效辅导。在绩效辅导中，上级应就公司或团队内部发生的重要事件与下级进行定期和不定期的沟通，持续不断地进行辅导和持续改进，同时根据需要采用正式或非正式的沟通方式。

在绩效辅导过程中，上级和下级应遵循的原则如表6-1所示。

表6-1　绩效辅导中上级和下级应遵循的原则

上级应遵循的原则	下级应遵循的原则
坦诚率直	保持积极豁达的态度
客观地讨论具体行为和事实	虚心听取上级的意见
关注工作问题而不是个人问题	有所准备并愿意表达意见
维护下级的自尊	针对反馈意见提出问题
提供方法和建议	明确将来的目标和行动计划

上级通常可以把下级所有的绩效问题归结为态度、知识、技能和外部因素4个大类。要弄清楚下级究竟是在哪个大类出现了问题，上级可以重点关注并询问自己和下级以下问题。

（1）下级是否有正确的态度和自信心？

（2）下级是否有做这方面工作的知识和经验？

（3）下级是否具备应用知识和经验的相关技能？

（4）下级是否面临不可控的外部障碍？

（5）下级的问题是否属于组织层面的绩效问题？

（6）绩效问题是否来源于下级的工作目标不明确？

（7）下级是否清楚自己工作的完成情况？

（8）下级是否曾经良好地完成过工作目标？

上级在实施绩效辅导之前，要在工作中不断进行绩效过程的监控，不断地关注以下问题。

（1）下级的工作完成得怎样？还有哪些方面做得不好？

（2）下级是在实现目标的轨道上运行吗？

（3）如果偏离轨道，下级需进行哪些改变才能回到轨道上来？

（4）在支持下级的进步方面，自己能做些什么？

（5）是否发生了影响下级完成工作任务或工作的重要性次序的变化？

（6）如果发生了上述变化，在目标或任务方面自己和下级应做哪些改变？

6.3　绩效诊断

绩效诊断是通过各种方法，查找、分析和发现引起各类绩效问题的原因的过程。通过绩效诊断，绩效管理人员能够快速聚焦绩效问题的源头，从而形成有目的、有针对性的行动方案，更精准、快速地提升绩效水平。

6.3.1　绩效诊断的实用工具

比较简单有效的绩效诊断工具是吉尔伯特行为工程模型。

行为学家托马斯·F. 吉尔伯特（Tomas F. Gilbert）曾研究过影响公司绩效水平的因素。在调研了 300 多家公司以后，他形成了一系列的调研报告和著作。

其中，在 *Human Competence: Engineering Worthy Performance* 一书中，吉尔伯特提出了非常有价值的行为工程模型。通过这个工具，人力资源部可以更有针对性地进行绩效诊断，更有效地设置行动计划和每项任务的优先级。

吉尔伯特行为工程模型的大意是把影响公司绩效的因素分成 2 个大类，一个是环境因素，另一个是个体因素。环境因素主要来源于公司的内部或外部，个体因素来源于个人。

环境因素和个体因素又分别可以分成 3 个小的因素，所以，影响绩效的因素一共可以分为 2 个大类、6 个小类，它们的分类及比例关系如表 6-2 所示。

表 6-2　吉尔伯特行为工程模型中影响绩效的因素的分类及比例关系

环境因素	分类	信息	资源	奖励 / 后续结果
	影响占比 /%	35	26	14
个体因素	分类	知识 / 技能	素质	动机
	影响占比 /%	11	8	6

在这 6 个小类中，影响占比排第 1 的因素叫"信息"。它的含义是绩效信息的通畅性，包括明确清晰的工作行为标准和绩效目标，与此相应的明确又及时的绩效反馈，以及能及时获取所需信息的畅通渠道。

影响占比排第 2 的因素叫"资源"。它的含义是员工能够获取的资源条件，包括工具、系统、适当的流程，易于查阅的参考手册，充足的时间，专家或专家体系，以及充足的、安全的附属设施。

影响占比排第 3 的因素叫"奖励 / 后续结果"。它可以分为经济性和非经济性的奖励 / 后续结果，包括有形的奖励和无形的奖励，如对员工的认可、员工可以获得的晋升或处罚。它不是针对某个人的，而是针对整个公司中所有人的。

影响占比排第 4 的因素叫"知识/技能"。它的含义是通过各种职业技能培训，让员工获取到的能够胜任本工作的知识和技能。

影响占比排第 5 的因素叫"素质"。它包括员工的个人特点、性格特质、行为偏向、生理特质、心理或情绪特质，以及由生活状况、生活方式、生活环境等因素造成的个人认知和习惯上的局限性。

影响占比排第 6 的因素叫"动机"。它包括员工在某方面的价值认知、员工把工作做好的信心、员工的情绪偏向，以及员工被环境、文化、氛围等因素引发的主观情绪和能动性的变化。

采用吉尔伯特行为工程模型可以得出一个结论——对绩效影响最大的因素是环境因素，其影响占比的总和为 75%，而个体因素的影响占比仅为 25%。

但是大多数公司最经常、最习惯做的是为了改善下级的绩效，坚持不懈地想办法诊断和改变下级个体，而不是从环境层面，或者说从信息、资源、奖励 / 后续结果等这些层面去诊断和发现问题。实际上，改变环境往往对公司来说成本更低，效果也更好。

6.3.2　绩效诊断的具体步骤

吉尔伯特行为工程模型可以启发公司的绩效管理人员通过提出问题，诊断和发现公司当前存在的绩效问题。

绩效管理人员在利用吉尔伯特行为工程模型问自己问题时，应当按照重要性占比，依次从信息、资源、奖励 / 后续结果等环境因素，到知识 / 技能、素质、动机等个人因素的顺序提出问题。如果发现公司在前面的各项中存在问题，那么就需要首先解决靠前的问题，也就是环境因素层面的问题。

1．信息层面

在信息层面，绩效管理人员可以提出以下问题。

（1）有没有明确公司要往哪个方向努力？

（2）有没有制定公司要达到的具体目标？

（3）有没有明确地让员工知道目标是什么？

（4）有没有明确地让员工知道具体要做什么？

（5）有没有明确目标完成的标准是什么？

（6）员工绩效结果如何是否能够得到及时的通知？

（7）绩效反馈信息是否能够及时传达？

（8）绩效反馈信息是否足够准确且明晰？

（9）反馈信息是否与绩效实际密切相关？

（10）员工是否有获得绩效反馈信息的通畅渠道？

（11）是否有强制体系保证绩效反馈信息的传达？

（12）传达的绩效反馈信息是否能够指导员工的行为？

（13）上级是否能够给下级提供相关的工作指导？

2．资源层面

在资源层面，绩效管理人员可以提出以下问题。

（1）制度、流程、规范是否足够清晰明确？

（2）这些资源是否已经按最佳方式组合？

（3）是否形成了有助于完成任务的工具？

（4）员工是否能够快速获取这些工具？

（5）是否有足够的资源来支持目标达成？

3．奖励／后续结果层面

在奖励／后续结果层面，绩效管理人员可以提出以下问题。

（1）有哪些事项是员工必须达成结果的？

（2）有没有对员工完成任务的相应奖罚制度？

（3）有没有对表现优秀的员工的相应激励？

（4）该激励能否引导员工未来表现更优？

（5）对员工的激励是否与员工的表现相关？

（6）激励是否及时实施以防止员工丧失信心？

（7）应当实施的激励是否都已实施？

4．知识／技能层面

在知识／技能层面，绩效管理人员可以提出以下问题。

（1）员工是否具备完成任务所需的知识？

（2）员工是否具备完成任务所需的技能？

（3）优秀者是否具备他人不具备的知识？

（4）优秀者是否具备他人不具备的技能？

（5）优秀者的知识和技能能否有效复制？

5．素质层面

在素质层面，绩效管理人员可以提出以下问题。

（1）员工的天赋或智商是否会影响绩效？

（2）员工的其他各类素质能否影响绩效？

（3）素质对绩效结果的影响是否有例外？

6．动机层面

在动机层面，绩效管理人员可以提出以下问题。

（1）绩效激励对员工来说是否足够诱人？

（2）员工是否有足够大的可能完成绩效？

（3）对员工是否存在太多负激励而缺少正激励？

（4）有哪些动机层面的因素会影响员工的绩效？

6.3.3　绩效诊断的实施案例

美国有一家大型的交通客运公司，其主营业务是运营城市公交车和地铁。该公司曾经遇到一个很大的问题。

很多乘客为了方便，乘坐公交车或地铁时喜欢买月票，但是售票员的售票速度实在是太慢了。每到月初或月底的时候乘客集中购买月票，售票窗口都会排起很长的队。售票员经常会出错，如算错票价、找错钱。类似这样的事也曾因引起乘客的投诉而产生负面新闻，这家公司还为此上过当地的报纸。

这家公司一共有 400 多个售票员，其中绝大部分是以前的公交车司机。他们因为年龄偏大、健康状况不佳等原因不能再驾驶公交车了。他们的平均年龄在 55 岁左右，售票员的岗位是该公司为照顾他们而特意设立的。因为和工会有协议，公司不能轻易辞掉他们。

现在的问题是在不能换人的前提下，如何改善这种情况。

该公司曾经为此组织了大量的内部培训，教这些售票员怎样准确、快速地卖票，怎么做乘客服务，但是培训完了之后情况并没有明显的改善。公司觉得一定是自己在组织培训的方式或培训内容上出了问题。

无奈之下，公司经理找来一位人力资源管理方面的专家，想让这位专家开发一套培训体系或者再制定一个培训计划，以更好地培训这些售票员。

专家在了解了整个情况后没有马上给售票员做培训，而是问公司经理："是不是所有的售票员的速度都很慢或者都经常出错？有没有做得比较好的售票员呢？"

公司经理告诉专家："大部分都不行，只有一个叫'圣利奥站'的车站做得不错，那个站基本没有收到投诉。"

这位专家来到"圣利奥站"，就站在售票窗口边上默默地观察。

他看到一位乘客来到售票窗口，说想要买一张儿童月票、一张老人月票和两张成人月票。

售票员几乎马上回答："您好，一共 136 美元。"

该公司是这样设置票价的：儿童月票和老人月票属于优惠月票，一张 26 美元；成人月票一张是 42 美元。

这位专家心算了一下，他大概也得用半分钟的时间计算和确认这个数字。可这位售票员怎么算得这么快呢？

他觉得有些不可思议，于是观察得更仔细了。这时又来了一位买月票的乘客，这位售票员也只花了几秒就搞定了，非常迅速、准确。

这位专家既惊讶又好奇，他走上前去，以便更仔细地观察到底是怎么回事。这时，他发现售票员的工作台上放着一张硬纸板，上面是一张手工画的表格，如表6-3所示。

表6-3　案例演示表

		普通月票数								
		0	1	2	3	4	5	6	7	8
优惠月票数	0		42	84	126	168	210	252	294	336
	1	26	68	110	152	194	236	278	320	365
	2	52	94	136	178	220	262	304	346	388
	3	78	120	162	204	246	288	330	372	414
	4	104	146	188	230	272	314	356	398	440

这张表的顶端横向是 0～8，代表正常票价的购票数量；左端纵向是 0～4，代表老人票和儿童票这类优惠票的购票数量；表格的每一个格子里都有一个数字，代表着买 X 张普通月票、Y 张优惠月票一共需要支付的金额。

假如有位乘客要买 2 张儿童月票、2 张老人月票、3 张成人月票，一共应付多少钱呢？

售票员可以在这个表格的左端纵向找到 4，在顶端横向找到 3，表格里面对应的数字是 230，即应支付 230 美元。这样只用几秒钟的时间，售票员就能算出票价。

专家惊喜地发现，原来这件事情可以这么简单地解决！接下来要做的就是以这个表格为模板，把它做得更耐用、更大一些，印刷成彩色版本，塑封好了之后分发给每个车站。然后，把使用方法教给各个售票员。

结果，只花费 500 美元左右的材料费，以及几天的指导时间便解决了这个问题，售票员的售票速度整体提升了 70%，而且从此以后，售票员的出错率几乎为零。

6.3.4　绩效诊断的注意事项

绩效管理人员在进行绩效诊断时要特别注意如下事项。

1. 先客观再主观

在进行绩效诊断时，对于多类型的绩效指标，绩效管理人员应本着先客观再主观的原则进行诊断。能够用数据明确表示出来的绩效问题可以被绩效管理人员更精确地把握，应被优先进行诊断和处理；而偏主观感受的绩效问题应延缓处理。

举例 ━━━━━━━━━━━━━━━━━━━━━━━━━━━━━━

某部门的绩效指标 80% 是量化指标，20% 是来自其他部门的主观评分。该部门上年度整体绩效结果较差，公司总经理为此非常生气，责令人力资源部协助这个部门的负责人查找部门存在的问题，改善部门的绩效状况。

人力资源部在开展绩效诊断工作时，应首先针对 80% 的量化指标进行诊断，之后再针对 20% 的主观评分去询问各部门对这个部门所存在问题的看法、意见或建议。

2. 先环境再个人

当绩效出现问题时，大多数人通常第一时间想到的是怎么教育下级，怎么给下级做培训，怎么让下级听讲座，或者怎么提高下级的素质。而实际上，改变环境的成本往往更低、见效更快，甚至可能会更容易。

所以，当某部门的绩效结果较差，绩效管理人员在对该部门进行绩效诊断时，应按照吉尔伯特行为工程模型，依次从信息、资源、奖励 / 后续结果等环境因素到知识 / 技能、素质、动机等个人因素查找问题。

3. 先主要再次要

影响绩效结果的因素非常多，经过绩效诊断，绩效管理人员可能总结出几十项甚至上百项的问题需要解决。这时，在公司资源有限的情况下，绩效管理人员应对问题进行分类判断，先解决主要的、重要的问题，再解决次要的、不重要的问题。

举例 ━━━━━━━━━━━━━━━━━━━━━━━━━━━━━━

某公司在进行绩效问题诊断之后，把绩效问题分成既重要又紧急、重要但不紧急、紧急但不重要、既不重要又不紧急 4 个类别。该公司采取的策略是首先处理既重要又紧急的绩效问题，其次处理重要但不紧急的绩效问题，再处理紧急但不重要的绩效问题，最后处理既不重要又不紧急的绩效问题。

4. 先总结再改进

各部门不能盲目地进行绩效改进，在这之前一定要先进行绩效诊断总结。参照吉尔伯特行为工程模型，在找出问题之后，应首先总结出优秀的经验，然后再通过对优秀经验的推广进行绩效改进。

📕 举例 ————————————————————————————————————

　　某公司销售团队整体的业绩比较差，总经理想通过培训提高销售业绩。但人力资源部没有直接展开培训，而是首先找出销售业绩比较好的销售人员，总结这些销售人员为什么做得好，之后把他们的优秀经验萃取出来，并将其变成一个标准化的、大家都可以学习和用于解决问题的工具或方法，然后进行培训推广。

第 **7** 章

绩效管理工具实施
常见问题解析

公司选择适合的绩效管理工具之后，在实施绩效管理的过程中，常常会遇到很多实操层面的疑难问题，不知道该如何处理。本章选取了实施绩效管理工具过程中的常见问题，对这些问题进行解析，并给出解决方案。

7.1　人力资源部单部门努力

通常，公司的总经理或者公司的最高管理层很重视绩效管理，这也是公司实施绩效管理的原因。这时候，公司的人力资源部在最高管理层的要求下，也为绩效管理的实施做出了很多努力。

但是，各部门的管理者和员工往往认为绩效管理是公司强加在自己身上的，根本就不是自己的工作职责，而是人力资源部的事情。对于绩效管理，各部门的管理者通常认为是在"帮"人力资源部做事。

有的部门的管理者认为绩效管理是在浪费时间，自己的业务比较忙，业绩压力比较大，实施绩效管理影响了自己部门正常业务的开展，所以想把绩效管理工作推给人力资源部。

有的部门的管理者对下属实施评价之后，引发了下属对自己的负面意见；管理者不愿面对下属的这种负面意见，所以想把绩效管理工作全部推给人力资源部。

有的部门的管理者没有任何理由，直接拒绝执行绩效管理的常规操作。

这些情况都可能最终导致绩效管理工作"夭折"。

绩效管理是全公司的事，绝不是人力资源部一个部门的事。人力资源部只是绩效管理的组织协调部门，各级管理者才是绩效管理的主角。各级管理者既是绩效管理的被考核者，也是其下属绩效的考核者。

针对公司其他部门管理者的这种错误观念和行为，公司可以参考以下 3 种做法。

（1）必须保障公司最高管理层的参与，利用高层的力量保证公司各级管理者和员工的共同参与。最高管理层的行为是公司行为的风向标，最高管理层投入时间和精力来推行的工作，通常比较容易落地执行。如果高层不参与，绩效管理很难在公司得到有效的推行。

（2）可以联合绩效管理小组，在全公司范围内不间断地进行有关绩效管理思想、意识、方法和工具方面的培训，让公司上下都能真正认识到绩效管理工作的重要作用，并能够正确地实施绩效管理。开展培训时，公司也可以以某个典型的、做得比较好的或者做得不好的部门作为样本，让大家学习。

（3）可以从公司的制度和文化入手，强化公司的执行力，培养全公司上下重视绩效的文化。制度是硬措施，文化是软方式。制度可以从流程、程序、规则上规范公司绩效管理的实施。文化可以从意识、观念、思想上规范公司各级管理者和员工的行为。

要建设良好的公司文化，需要公司所有的管理者以及具有一定影响力的员工时时讲绩效。用公司文化影响各级管理者和员工的行为是一项长远的工程，公司文化的养成和推行同样离不开高层管理者的支持与配合。

7.2　绩效管理变成了走形式

很多公司实施绩效管理之后，绩效管理和实际管理变成了"两层皮"，绩效管理不是和公司整体的管理工作联系在一起的，而是变成了一项孤立的工作，变成了一种走形式的工作。各部门管理者平时会正常进行自己的经营管理活动，但到了绩效管理要求的绩效辅导、绩效反馈的环节，往往随便填一填表格来应付和糊弄人力资源部。

有的公司管理者认为，绩效管理就是做给别人看的。例如，有的公司质量管理体系审核需要绩效管理的工作证明；有的公司为了上市，需要证明公司具备绩效管理能力；有的公司为了评一些管理类奖项，需要绩效管理的证据等。

这些公司为了满足自身的某些需求，抱着完成任务、应付了事的心态实施绩效管理，把绩效管理变成了一项与自己公司的真实管理和战略不衔接的工作。

实际上，绩效管理既不是一项单独的工作，也不是一项多余的工作。绩效管理应是与各级管理者日常的经营管理活动紧密联系在一起的。绩效管理的本质是一种员工管理方法，是所有团队管理者都需要掌握的一项技能和工作方法。

针对绩效管理变成走形式的问题，公司应做好以下 3 点。

（1）通过内部宣传，在向公司各层级宣传绩效管理的正确理念和操作方法的同时，确保公司各层级的参与。一项工作当公司全体人员都参与进来时，它就会慢慢变成公司日常工作和文化的一部分。就算有的部门在走形式，但总有一些在宣传教育之后能够理解绩效管理内涵的部门，这些部门会把绩效管理和真实的经营管理衔接起来。

（2）可以把绩效管理的一些事项纳入管理流程，将其规定为管理者必须做的事情。刚开始推行绩效管理时先不要追求做的质量有多好，先追求"有没有"，再追求"好不好"。当各部门习惯了这种并入公司管理流程的绩效管理模式时，绩效管理慢慢地就会发挥其应有的作用。

（3）强化监督、检查和指导。有时候，执行某项制度最好的办法是不断实施监督和检查。当公司全方位、无缝隙地检查绩效管理工作时，绩效管理工作就变成不得不做而且不能糊弄的工作。这时候通过公司的引导，渐渐地，各部门就会把这项工作变成与自己实际的经营管理工作衔接的一项真实的工作。

7.3　如何减少主观评价成分

绩效评价中常常会有主观评价，尤其是对一些行政管理类岗位来说。对于这类岗位，要想完全消除主观评价并不现实，但公司可以通过一些方法来减少主观评价成分，让评价相对更客观。

要减少主观评价，公司可以从以下 2 个维度努力。

（1）人选标准，标准选人。要减少主观因素，最好的办法就是事先定好标准，然后用标准来做评价。例如，评价某行政专员岗位绩效的某个维度是每月完成的报告数量，当报告数量达到某个值时代表绩效达标，当报告数量小于某个值时代表绩效不达标。

这个维度的核心就是尽量把无法量化的管理工作量化。多数管理工作都可以被量化。只不过有的量化只是在某个逻辑下成立，而且不同的管理工作，量化的成本是不一样的。所以，有的管理工作值得量化，有的管理工作不值得量化。

（2）少数服从多数。在评价某些岗位的绩效时，不适合设置量化的标准，通过主观评价的成本更低、效率更高。在这种情况下可以成立一个绩效评价小组，通过小组的群体意见来防止个人意见过于主观。

生活中往往会有这样的情况：一个人的意见是"主观"，一群人的意见就变成了"民主"。其实一群人的意见也是主观意见，但它比一个人的意见更容易被人们接受。所以，要减少主观评价，也可以通过成立小组，纳入更多人的意见来平衡，尤其是关键人物的意见。

除了以上 2 个维度之外，也可以使用关键事件法来减少评价的主观成分。关键事件法比较适合用来评估岗位职责难以量化，但是工作的流程和行为标准相对容易明确的岗位。

关键事件法以事实为依据，管理者在进行绩效评价时不仅要注重对行为本身的评价，还要考虑行为所处的情境。这种绩效评价方法的内容通常是员工的特定行为，而不是员工的个性、态度或者品质。

关键事件法可以用来为员工提供明确的信息，让员工知道自己在哪些方面做得比较好，在哪些方面还有进步的空间。使用这种方法不仅能获得一个岗位的静态情况，还能够获得这个岗位的动态情况。

关键事件法需要确定员工为了完成工作要做出的相关行为，并且选择那些最重要、最关键的行为作为记录并评判结果。当然，这里的行为有时候是积极的、公司希望看到的，有时候是消极的、公司不希望看到的。

在应用关键事件法时，一般由目标岗位的上级收集下级履行职责过程中的一系列行为。通过对这些行为中最成功、最有效的事件和最失败、最无效的事件进行分析和评价，由上级和下级进行面谈讨论后，改进员工的绩效。

应用关键事件法时要描述的内容如下。

（1）事件发生的背景或原因。

（2）员工有效的行为。

（3）员工无效的行为。

（4）员工关键行为的结果。

（5）员工能否控制行为结果。

在上级和下级能够总结与运用这些信息之后，人力资源部可以汇总各岗位的关键事件情况分析记录，对其进行分类并总结出不同岗位的关键行为和关键行为的具体要求。

公司设计和实施关键事件法的过程可以分成以下 4 步。

1．识别关键事件

运用关键事件法进行绩效评价时，最重要的工作是对关键事件的识别。关键事件识别存在偏差，会对后续的一系列评价工作产生误导。

识别关键事件对应用者有比较高的专业要求，如果应用者对岗位了解不深或者经验较少，就很难在短时间内识别出岗位的关键事件。

为了有效识别关键事件，公司可以通过成立专业小组来实现，具体包括如下步骤。

（1）成立岗位分析小组，小组成员中应包含对岗位有一定了解的专业人员。

（2）岗位分析小组中要包括懂得关键事件法运用原理并有操作经验的人员。

（3）分析过程中组员要充分互动、沟通和讨论，要兼听，不要盲目听信片面之言。

公司也可以利用其他分析方法，如可以利用工作日志法、个别访谈法、调查问卷法。

2．记录信息资料

识别关键事件时，分析人员需要观察和记录的关键信息及资料至少应包括以下几点。

（1）关键事件发生的前提条件。

（2）关键事件发生的背景和过程。

（3）关键事件发生的直接或间接原因。

（4）关键事件的具体行为表现。

（5）关键事件发生之后的结果。

（6）员工控制和把握关键事件的能力。

3．归纳总结特征

汇总关键事件分析和设计过程中的所有资料后，岗位分析小组要归纳和总结出这个岗位的主要特征、具体的行为控制要求和需要的具体行为表现。

4．形成规范应用

公司可以根据归纳总结的各岗位的关键事件情况，在公司的相关岗位推行关键事件评价方法，可以要求部门按考核期形成部门关键事件评估结果表，如表7-1所示。

表 7-1　部门关键事件评估结果表

部门	姓名	关键事件描述					打分	评估日期	评估人签字
		情景	目标	行动	结果	其他补充			

人力资源部应熟悉关键事件法的应用和设计原理，以便在公司中进行更加灵活的应用。例如，有的公司要求部门管理者在月度、季度或年度的报告中统一指出自身或团队成员绩效较优的行为或较差的行为；有的公司把关键事件评价和量化的绩效评价方法相结合。

美国通用汽车公司（General Motors Corporation，GM）从 1955 年开始运用关键事件法对员工的绩效进行评价。在实施关键事件法之前，GM 成立了绩效评价委员会，负责领导和实施绩效评价工作。

绩效评价委员会对公司各岗位进行了分析和调研，制定了针对不同岗位的评价项，包括身体条件、身体协调性、算数运算能力、了解和维护机械设备能力、生产率、与他人相处的能力、协作性、工作积极性、理解力等。绩效评价委员会还要求生产一线的管理人员针对下属的关键事件进行描述。

描述的要求包括以下几点。

（1）事件发生的背景。

（2）事件发生时的环境。

（3）行为的有效性或无效性。

（4）事实后果受个人控制的程度。

例如，GM 有一位管理人员对他的一位下属在协作性方面的记录如表 7-2 所示。

表 7-2　GM 关键事件记录样例

日期	姓名	有效行为	无效行为
某年某月某日	约翰	虽然今天并没有轮到约翰值班，但他还是主动留下来加班到深夜，协助其他同事完成了一份计划书，以便公司第二天能够顺利与客户签订合同	公司总经理今天来视察，约翰为了表现自己，当众指出了杰克和麦克的错误，导致同事之间的关系紧张

GM 使用关键事件法获得了良好的效果。各岗位员工的有效行为越来越多，无效行为越来越少，公司的管理效益得到快速提升。

当时 GM 绩效评价委员会的主任，也就是人力资源部的负责人说："大多数员工并不愿意做错事，如果管理者能不厌其烦地指出员工的不足之处，他们就会设法纠正自己的行为。"

关键事件法的结构化评估样表如表 7-3 所示。

表 7-3 关键事件法的结构化评估样表

姓名	员工编号	部门名称	岗位名称

员工的有效行为

员工的无效行为

管理者为改变员工的无效行为采取了哪些措施？

该岗位的说明书是否有需要修改的部分？建议如何修改？为什么？

考评者（直属上级）评语

签字：　　　　　　　日期：

被考评者自述（可以包括结果申诉，也可以解释有异议之处）

签字：　　　　　　　日期：

双方面谈纪要（包括双方协商一致的部分和未统一的问题）

签字：　　　　　　　日期：

这种结构化的表格能够让管理者根据各项要求，以文字的形式记录员工的行为，做到有理可依、有据可查。关键事件法结构化能够便于管理者参与，使采取关键事件法进行绩效评价变得相对简单，聚焦性、准确性也都有所提升。

7.4　全用客观量化指标是好事吗

为了保证绩效评价体系的客观性和公平性，许多绩效管理人员在设置绩效指标时，希望把所有的绩效指标都设置成客观的、定量的指标。这样就能有效避免下级产生负面情绪，减少绩效申诉。

但是，将绩效指标全部设置成定量的指标，并不一定意味着绩效评价的结果就能公正、公平。同时，公平和公正的绩效管理体系，也并不一定需要把所有的绩效指标设置成客观的、定量的指标。

绩效指标其实并不是越量化越好，也不是越客观越好。量化和客观不是绩效指标应当追求的第一目标。绩效指标存在的目的是做评价，从而得出某个结论。要达到这个目的，绩效管理人员应当首先考虑评价的效率。

实际上，那些特别强调并要求绩效指标必须全部量化的管理者，往往是因为他们不愿意面对自己对下级做出评价后下级可能会有的反应。当然，也有可能这些管理者不具备对下级工作做出评价的能力。总之，从某种意义上说，这样的管理者往往是想逃避责任或不称职的。

在绩效管理的实践中，从管理的成本、必要性、效率等各个维度考虑，把每一项指标都量化和客观化是不现实的。尤其是对很多支持性岗位来说，这既不现实，也没有必要。

绩效管理的过程不是简单的数据统计过程，绩效管理的过程中一定要发挥上级和下级的主观能动性，是双方都为了更好地实现某个目标而共同努力的过程。所以，绩效管理过程中的客观、公正实际上体现在考核双方的管理沟通上，而不是数据结果上。

如果过分强调量化，反而容易出现问题。例如，很多公司设置绩效指标时会给部门设置一项培训计划完成率，其含义是在规定的时间内，部门需要按照年初的培训计划来实施培训。要完成这项指标其实并不难，单就这项指标的完成情况来看，其对公司最终目标的达成并不一定具有绝对的正面意义。

与当初制定培训计划时相比，有的部门的条件已经发生了变化。如部门员工近期都为了工作在忙，但因为指标已经制定好了，所以为了完成指标，硬着头皮也要培训。这样的培训缺乏目的性和必要性，效果往往很差，实际上既浪费了员工的时间，又增加了公司的管理成本，得不偿失。可是从量化结果上看，培训计划完成率这项指标却完成了。

不是所有的指标都需要被量化，只有当绩效指标可以被量化、相对容易被量化、相对容易被测量时，量化指标才有必要。如果某项指标不具备可以被量化的指标的特点而硬要量化，结果将演变成为了量化而量化、为了绩效考核而绩效考核，绩效管理最终很可能会演变成一种形式，而不是帮助公司解决问题、实现目标的工具。

当然，这里绝不是说量化指标和客观指标不好，也不是说以后公司的绩效管理不需要重视量化指标和客观指标，而是绩效管理人员在设置绩效指标的过程中，不要过分强调量化指标和客观指标的应用，也不要把一些原本不需要量化和客观的指标非要变成量化指标或客观指标。

用过于复杂的方法追求量化指标和客观指标没有意义。实际上，上级更了解下级的绩效情况。绩效管理人员在设置绩效指标时要重视上级的主观评价的作用，也要重视行为类指标的作用。

7.5 如何平衡绩效管理的过程和结果

公司的绩效考核可以分为月度考核、季度考核和年度考核，月度考核和季度考核的绩效指标大多来源于年度绩效指标的分解。很多人认为，当公司有了年度绩效考核之后，就没有必要再做季度绩效考核或者月度绩效考核，认为同时采用月度考核、季度考核和年度考核属于重复考核，是在浪费时间。

实际上，月度考核、季度考核是为了把握绩效考核的过程，年度考核是绩效考核的结果，它们有不同的功能，不能因为有了年度考核就取消月度考核和季度考核。

很多公司把绩效管理做成了年初定目标、中间放手不管、年底看结果、用绩效结果来兑换年终奖金的简单方式。同时又感叹自己公司的绩效怎么总是流于形式。如果公司抱着有了年度考核就要取消月度考核和季度考核的方式来做绩效管理，那么绩效结果就会流于形式。

有效的、不流于形式的绩效管理需要大量的过程管理，包括绩效沟通、绩效辅导、绩效反馈，这些过程管理才是绩效管理的精髓。

在制定了绩效目标、确定了绩效计划之后，必然需要在运行的过程中不断地对目标和计划实施评估。如果员工走偏了或者员工的能力没有达标，管理者就需要对员工进行一定的绩效沟通和绩效辅导。

通过实施绩效沟通和绩效辅导，上级和下级之间能够持续地就绩效完成情况进行沟通，保证下级始终明确组织 / 部门 / 团队的目标和方向。特别是当组织 / 部门 / 团队的战略目标或工作重点发生调整或变化时，这种沟通就显得更加重要。

因为有了绩效的过程管理，员工才能得到相应的成长，才不会把绩效考核仅仅当成挑自己工作上的毛病，而是和公司一起共同成长。可以说，判断一个公司实施绩效管理的质量，主要就是看这个公司有没有实施有效的过程管控。

所以，在年度绩效评估的基础上，进行过程中的月度绩效评估和季度绩效评估非常必要。这里的绩效评估，不一定只是用绩效评估结果来发工资、奖金，更重要的是为了改善公司的整体业绩、提高工作效率，实现员工和公司的双赢。

不论多大规模的公司，都要做阶段性评估。挣扎在"生死线"上的公司，更要做这种阶段性的绩效评估，不能因为"嫌麻烦"而选择忽略。管理者平常应该及时地向员工反馈绩效结果，及时辅导员工的绩效问题，必要时要对绩效计划进行调整。

7.6　实施绩效管理，过程却过于复杂

很多刚开始实施绩效管理的公司，公司的高层管理者或 HR 对实施绩效管理没有概念，实施时追求"大而全"，强调一切绩效管理程序必须齐全，强调一些工作必须到位。由于既要强调绩效辅导又要强调绩效反馈，还要保证绩效指标的设置和权重科学合理，结果导致绩效管理的工作量非常大，反而影响正常的业务开展。

公司刚开始推行绩效管理时，往往会导致管理成本增加。这时候公司要注意简化流程，不应让绩效管理运行得过于复杂，不应让管理成本无节制地增加。绩效管理要运行到什么程度，应根据公司的实际情况确定。

公司不应为了管理而管理，而应为了解决问题而管理。公司做管理要么是为了提高效益或效率，要么是为了降低成本或风险。如果公司做的管理在这4点上一点都没占，那么这时候的管理一定是无效的。这个原理不仅对绩效管理有效，对整个公司的管理也都适用。

针对绩效管理过于复杂的问题，公司可以参考的应对方法有以下3个。

（1）根据公司的实际情况和能够承受的管理成本，公司可以重新评估并简化绩效管理的过程。不必过分拘泥于成型理论的方法或其他公司的操作方法，可以适当变换，采取适合自己公司现况的绩效管理方法。

（2）对于处在创业期的公司，可以选择OKR或MBO这类实施起来相对比较简单的绩效管理工具，同时采取相对简单的绩效管理程序。对于管理成本过高的绩效管理工具或方法，这个时期的公司可以考虑不使用。

（3）公司可以尝试找到绩效管理效率低的原因并进行评估，有针对性地进行改进。例如，有的公司绩效管理效率低的原因可能只是绩效管理人员的沟通管理能力有问题，那么针对这个绩效管理人员，公司可以实施培训或替换。

7.7 有了绩效管理，却没有解决问题

很多公司的管理者对绩效管理的效果抱有不切实际的幻想，认为绩效管理就是一剂灵丹妙药或者一针强心剂，能够一用就灵，一劳永逸。这些管理者认为员工平时工作不积极是因为没有绩效管理，现在有了绩效管理，员工就有了指标和目标，员工就会积极工作，自己就省事了。

其实，绩效管理能取得多大的成效和公司的基础管理水平有很大关系，而公司的基础管理水平不是在短期内就能快速提高的，所以公司推行绩效管理不可能解决所有问题，管理者也不必对绩效管理抱有过高的期望。

有的管理者会把绩效管理和激励混为一谈，认为只要做了绩效管理，就等于组织有了激励机制，员工的工作热情、积极性和主动性就必然提高。实际上，绩效管理对员工来说确实有一定的激励性，但并不等同于激励。

绩效管理本身确实具备激励效果，但相对而言，公司中的激励机制涉及的内容和范围更加广泛。公司中的激励机制可以包括精神激励、薪酬激励、荣誉激励、

股权激励、积分激励等各种不同的形式。

一套完整、健全的激励机制由很多因素组成，绝不是单一维度的绩效管理就可以代替的。公司的绩效管理和激励机制之间是互相作用、互相补充、互相促进、共同发展的关系，都是为实现公司的最终目标服务。

另外，绝不是实施绩效管理以后管理者就可以高枕无忧了。如果有绩效管理可以代替日常正常管理的观点，那是管理者懒散的表现。实施绩效管理，不是为了给管理者"省事"，不是定好了指标和目标以后，管理者就可以不管不问了。

实际上，绩效管理不仅不能够代替或免除管理者日常的沟通与管理。相反地，管理者在实施绩效管理的过程中能否持续不断地与员工保持有效的沟通和信息传递才是决定绩效管理能否有效实施的关键。所以有人给绩效管理下的定义是：上级与下级协商一致，并在过程中持续不断进行双向沟通的动态管理过程。

沟通打通了上级与下级之间的思想和情感，降低了上下级之间产生误会和猜疑的可能性。它贯穿了绩效管理的全过程，能够及时消除绩效管理实施过程中的阻力，保证考核能够相对客观、合理，从而能够提高下级的积极性。

根据笔者的经验，实施绩效管理之后，很多时候管理者在管理方面的工作量不但不会减少，反而普遍会有所增加。这种工作量的增加并不一定是坏事，因为工作量增加的主要原因是管理者平时该沟通的事情没有沟通，该做的事情没有做，现在实施了绩效管理后规定必须要做。

公司在推行绩效管理之前，要保证公司的核心管理团队了解绩效管理的作用，然后从公司的实际情况出发，扎实地推进绩效管理工作。要明确管理者（尤其是最高管理者）在推进绩效管理工作过程中的责任和定位，让公司的各级管理者对绩效管理保持正确的认识，不要存在一些幻想。

7.8　有了绩效管理，员工却没有成长

有的公司在实施绩效管理的过程中过分重视考核，过分重视员工应达成的结果，而没有关注过程中的绩效辅导和绩效反馈，缺乏有效的监控手段。有的公司实施的绩效辅导和绩效反馈没有发挥相应的作用，员工没有得到相应的成长，使得员工认为绩效考核就是在挑自己的毛病。

　　绩效管理的全部流程都非常重要，公司不能只重视考核的环节，绩效计划、绩效辅导、绩效沟通才是绩效管理真正的精髓。管理者平常应该及时向员工反馈绩效结果，及时辅导员工的绩效问题，必要时对绩效计划进行调整。

　　人力资源部要注意强化这种绩效管理机制的监察工作。当公司实施绩效管理之后，如果发现员工没有成长，可以通过以下3个方面来有针对性地解决这个问题。

　　（1）一方面，公司要把绩效管理程序，如绩效辅导和绩效反馈严格流程化，并把需要输出的、必要的格式化表格作为证据留存。另一方面，公司要把绩效的监督和检查流程化，也需要输出格式化的表格。通过固化的流程，先养成公司各部门的习惯，再逐渐引导。

　　（2）要注意培养各级管理者的绩效辅导能力。很多时候，各部门管理者除了不习惯对下属进行绩效沟通和辅导之外，还有可能存在他们不知道如何对员工实施绩效辅导的情况。因为不会做，所以不想做，也不愿意做。更高层的管理者不断倡导和辅导中、基层管理者，能够让中、基层管理者逐渐掌握对员工实施绩效辅导的方法。

　　（3）把绩效结果的应用和员工的能力挂钩。也就是说，公司在运用绩效结果时，除了要关注员工绩效水平的高低，也要看员工能力水平的高低。如果员工的能力水平比较低，那么即使员工的绩效水平高，在这些员工的绩效结果兑现上公司也可以慎重考虑。

　　这样做还能够发挥绩效管理的另一项作用——促进员工能力成长。这样就能促进各部门管理者主动培养员工的能力。这时，人力资源部也要为员工能力的发展和开发做好承接。

7.9　有了绩效管理，员工却没了士气

　　有的公司的管理层中有人认为，绩效管理会影响员工士气。他们认为公司在没有实施绩效管理时，团队内部其乐融融，氛围好，但实施了绩效管理以后，很多员工好像都很抵触，造成了员工士气低下。所以这些管理者在实施绩效管理时，总是在思想上不支持或不配合，消极推行。

　　实施绩效管理的目的不是让全体员工满意。在任何组织内部，有规则就会有

抵触。实际上，那些在推行绩效管理之后就有了情绪的员工，原本也是那种管理没有触达、管理工作上有疏漏的员工。这些员工大多只是担心实施绩效管理之后，他们平时工作中的问题会充分显现出来。

公司在推行绩效管理之前，可以在遵循科学性、保证合理性的同时兼顾实用性，以便绩效管理有效落地。但任何管理制度都不可能面面俱到，公司出台任何一项制度和规则，都会有人赞成，有人反对。因为任何一项管理制度都会让有的人受益，让有的人认为自己没有受益；都会让有的人满意，有的人不满意。

公司推行绩效管理是从公司整体发展和全局性的角度考虑，虽然可以适当考虑和照顾员工的主观意愿和情绪，但如果在所有方法都用尽之后仍然有抵触或不满意的员工存在，公司也不必过分在意，毕竟公司的进步才是主流，公司的发展才是硬道理。

7.10 达成绩效管理目标后，公司却未达成战略目标

很多公司实施绩效管理之后，公司各部门或者其他员工的绩效目标都完成了，但是公司整体的战略目标或公司整体的绩效目标却没有实现。

出现这种情况通常有 2 种可能的原因。

（1）绩效指标的分解有问题，分解过程中没有充分考虑按照公司整体目标和战略自上而下地分解，可能过多地考虑了自下而上的分解。

（2）公司把绩效管理做成了束缚员工行为的工具，过分重视管控而不是激发，没有发挥出绩效管理的战略导向作用。

公司实施绩效管理一定要考虑战略导向，绩效管理的最终目的不只是提升绩效，更不是为了管理而管理，绩效管理是为了实现公司的战略目标，让员工能够为实现战略目标而努力。

当出现这类情况时，公司可以参考以下 3 种做法。

（1）基于公司的战略目标实施绩效考核指标的分解，要注意自上而下地分解。分解方法可以参考组织目标、流程目标、任务目标的 3 层级分解法，也可以用画价值结构图的方法，还可以用画战略地图的方法。

（2）在指标分解完以后，公司可以做进一步的检查评估工作，也就是模拟绩

效结果的评价过程。如果各岗位绩效达标但公司目标却没有实现，那就说明绩效指标分解有问题，这时公司就要重新制定绩效指标。

（3）有时候出现这种情况可能是因为员工根本都不知道公司的战略目标是什么，即公司的战略不透明或不清晰，只有少数人知道公司到底想达到什么样的目标。这时公司的其他人员就算努力，也不知道自己到底是为什么而努力。这时可以参考OKR工具的实施方法，实现战略目标全公司透明。

第 **8** 章

AI 在绩效管理中的应用

随着人工智能（Artificial Intelligence，AI）技术的发展，AI 在绩效管理中的应用正逐步改变传统的绩效管理方法，逐渐提升绩效管理的效率。本章将探讨 AI 如何在绩效评估、个性化绩效提升方案以及预测与预防绩效问题等方面发挥重要作用。

8.1 AI 驱动的绩效评估

绩效评估是绩效管理中至关重要的一环，准确的绩效评估不仅能反映员工的工作表现，还能为员工的发展提供方向。随着 AI 技术的不断进步，AI 驱动的绩效评估正在取代传统的手工方法，带来更高效、更准确和更客观的评估体系。

8.1.1 数据驱动制定绩效考核标准

通过 AI 技术和大数据技术，公司可以分析内部和外部的多维度数据，制定科学、合理和可量化的绩效考核标准，从而提高绩效考核的准确性和公平性，更好地反映公司的实际需求和员工的真实表现。

1. 数据收集与整合

AI 系统需要从多个来源收集数据，以全面了解公司的绩效现状和行业标准。这些数据包括但不限于以下几点。

（1）历史绩效数据：包括员工的历史绩效评估结果、工作完成情况、项目成果等。

（2）员工数据：包括员工的职位、技能、工作年限、培训记录等。

（3）市场数据：包括行业基准、竞争对手的绩效标准、市场趋势等。

（4）运营数据：包括公司的战略目标、业务指标、财务数据等。

（5）反馈数据：包括员工的反馈、客户满意度调查结果、同事评价等。

通过对这些数据的整合与分析，AI 系统能够全面了解公司的绩效现状和行业标准，识别出制定绩效考核标准的关键因素。

2. 数据分析与标准制定

基于数据分析结果，AI 系统能够制定科学的绩效考核标准，具体包括以下几点。

（1）关键绩效指标：通过对历史绩效数据和运营数据的分析，AI 系统能够识别出影响公司绩效的关键因素，制定具体的关键绩效指标。例如，AI 系统可以根据销售数据和市场趋势，制定销售人员的销售额指标。

（2）目标设定：AI 系统通过分析员工数据和市场数据，设定合理的绩效目标。例如，AI 系统可以根据行业标准和员工的历史表现，设定销售增长目标或客户满意度目标。

（3）标准化考核：通过对反馈数据和市场数据的分析，AI 系统能够制定标准化的考核标准，确保绩效评估的公平性和一致性。例如，AI 系统可以根据客户满意度调查结果，制定服务人员的绩效考核标准。

3．实施与监控

AI 系统通过对绩效考核标准的实施和效果监控，确保考核标准的有效性，具体包括以下几个方面。

（1）标准实施：根据 AI 系统制定的绩效考核标准进行具体的实施安排。例如，公司可以根据系统建议，将绩效考核标准应用到各部门和岗位，确保每位员工都有明确的绩效目标。

（2）效果监控：通过实时监控和数据分析，评估绩效考核标准的实施效果，确保考核目标的实现。例如，AI 系统可以监控员工的绩效表现，评估绩效考核标准的有效性，及时调整标准。

8.1.2 实时绩效反馈透明绩效评估

AI 技术和大数据技术可以提供实时、透明的绩效反馈，帮助员工了解自己的工作表现并及时改进，从而提高绩效管理的效率和透明度，促进员工的积极性和参与度，提升整体绩效。

1．数据收集与整合

AI 系统需要从多个来源实时收集数据，以全面了解员工的工作表现和绩效。这些数据包括但不限于以下几点。

（1）工作任务数据：包括任务分配、完成情况、工作质量等。

（2）考勤数据：包括出勤记录、加班记录、请假记录等。

（3）沟通记录：包括邮件、聊天记录、会议记录等。

（4）客户反馈：包括客户满意度调查、投诉记录、表扬记录等。

（5）绩效评估数据：包括定期的绩效考核结果、目标完成情况、同事和上级的反馈等。

通过对这些数据的整合与分析，AI系统能够实时了解员工的工作表现和绩效，并提供即时反馈。

2．实时反馈机制

基于实时收集的数据，AI系统能够提供即时的绩效反馈，具体包括以下几点。

（1）即时反馈通知：AI系统可以根据员工的工作表现和绩效数据，自动生成即时反馈通知。例如，AI系统可以在员工完成一项任务后立即发送反馈，表扬其出色的工作表现或提出改进建议。

（2）持续绩效追踪：AI系统可以持续追踪员工的绩效表现，生成实时的绩效报告。例如，AI系统可以实时更新员工的绩效指标，展示其工作进展和目标完成情况。

（3）透明绩效评估：AI系统可以将绩效评估结果透明化，确保员工能够随时了解自己的绩效情况。例如，AI系统可以生成可视化的绩效评估报告，展示员工的工作表现、目标完成情况和反馈意见。

3．实施与监控

AI系统通过对实时反馈机制的实施过程和效果的监控，确保绩效反馈的有效性和透明度，具体包括以下几点。

（1）反馈实施：根据AI系统生成的反馈通知和绩效报告进行具体的实施安排。例如，公司可以根据系统建议，及时与员工沟通其工作表现，提供改进建议或奖励措施。

（2）效果监控：通过实时监控和数据分析，评估实时反馈机制的实施效果，公司可确保绩效反馈的目标实现。例如，AI系统可以监控员工的绩效改进情况，评估反馈机制的有效性，及时调整反馈策略。

8.1.3 定制化绩效报告生成与分析

AI技术和大数据技术可以为公司提供个性化、精确的绩效报告，帮助管理层和员工深入了解绩效情况，制定有效的改进措施，从而提高绩效报告的生成效率，提供更具针对性和实用性的绩效分析。

1．数据收集与整合

AI系统需要从多个来源收集数据，以全面了解员工的绩效表现。这些数据包括但不限于以下几点。

（1）工作任务数据：包括任务分配、完成时间、质量评估等。

（2）考勤数据：包括出勤记录、加班记录、请假记录等。

（3）项目数据：包括项目进度、任务分配、完成情况等。

（4）沟通记录：包括邮件、聊天记录、会议记录等。

（5）绩效评估数据：包括绩效考核结果、评估反馈、目标完成情况等。

（6）客户反馈：包括客户满意度调查、投诉记录、表扬记录等。

通过对这些数据的整合与分析，AI 系统能够全面了解员工的工作表现，为生成定制化绩效报告提供数据支持。

2．报告生成与分析

基于收集到的数据，AI 系统能够生成定制化的绩效报告，具体包括以下几点。

（1）自动化报告生成：系统根据预设的模板和规则，自动生成绩效报告。例如，AI 系统可以自动生成月度、季度和年度绩效报告，展示员工的工作表现和绩效指标。

（2）定制化报告定制：AI 系统根据不同部门和岗位的需求，定制化生成绩效报告。例如，AI 系统可以根据销售部门的需求，生成包含销售额、客户满意度和目标完成率的定制化报告。

（3）深入数据分析：AI 系统通过数据分析和挖掘，提供深入的绩效分析。例如，AI 系统可以分析员工的任务完成情况和客户反馈，识别出影响绩效的关键因素，并提出改进建议。

3．实施与监控

AI 系统通过对定制化绩效报告的生成和效果监控，确保报告的有效性和实用性，具体包括以下几点。

（1）报告实施：根据 AI 系统生成的绩效报告进行具体的实施安排。例如，公司可以根据报告中的数据和建议，调整绩效考核标准和工作任务分配。

（2）效果监控：通过实时监控和数据分析，评估定制化绩效报告的实施效果，确保绩效管理目标的实现。例如，AI 系统可以监控员工的绩效改进情况，评估报告中的建议是否有效，及时调整策略。

8.2　AI 个性化的绩效提升方案

在竞争激烈的商业环境中，员工的持续发展和绩效提升有助于提升公司的绩效水平。AI技术的应用，不仅能帮助公司更有效地识别员工的培训需求，还能为每位员工量身定制个性化的提升方案，从而激发员工的潜力，提升整体绩效。

8.2.1 智能推荐学习资源与路径

通过AI技术和大数据技术，公司可以分析员工的绩效数据和发展需求，个性化推荐最适合的学习资源和路径，从而提高其学习的效率和效果，同时能帮助员工更好地实现职业发展目标，提升公司的整体绩效。

1．数据收集与整合

AI系统需要从多个来源收集数据，以全面了解员工的学习需求和发展目标。这些数据包括但不限于以下几点。

（1）绩效数据：包括绩效考核结果、目标完成情况、工作任务数据等。

（2）员工数据：包括职位、技能、工作年限、培训记录等。

（3）学习记录：包括员工的学习历史、培训课程参与情况、学习效果评估等。

（4）职业发展目标：包括员工的职业发展计划、晋升目标、技能提升需求等。

（5）市场数据：包括行业标准、新兴技能需求、市场趋势等。

通过对这些数据的整合与分析，AI系统能够全面了解员工的现状和学习需求，为推荐学习资源和路径提供数据支持。

2．学习资源推荐与路径规划

基于数据分析结果，AI系统能够智能推荐最合适的学习资源和路径，具体包括以下几点。

（1）学习需求分析：系统通过分析绩效数据和员工数据，识别员工的技能短板和学习需求。例如，AI系统可以发现某些员工在特定技能上的不足，推荐相关的学习资源。

（2）个性化的学习资源推荐：AI系统根据员工的职业发展目标和学习需求，推荐个性化的学习资源。例如，AI系统可以为希望晋升的员工推荐管理培训课程，为技术人员推荐高级技术培训课程。

（3）学习路径规划：AI系统通过分析学习记录和市场数据，规划最佳的学习路径。例如，AI系统可以根据员工的学习历史和职业发展目标，推荐一系列逐步提升其技能的课程和资源。

（4）学习效果预测：AI系统通过数据分析和机器学习算法，预测不同学习资源和路径的效果。例如，AI系统可以评估某些学习资源对员工的技能提升的预期效果，帮助员工选择最佳的学习方案。

3．实施与监控

AI系统通过对学习资源推荐与路径的实施和效果监控，确保学习计划的有效性，具体包括以下几点。

（1）学习资源实施：根据AI系统推荐的学习资源和路径，进行具体的实施安排。例如，公司可以根据AI系统建议，安排员工参加相关学习课程，确保每位员工都能获得合适的学习资源。

（2）效果监控：通过实时监控和数据分析，评估学习资源和路径的实施效果，确保学习目标的实现。例如，AI系统可以监控员工的学习进度和效果，评估学习资源对员工技能提升的作用，及时调整学习计划。

8.2.2 个性化的绩效改进建议与追踪

AI技术和大数据技术可以分析员工的绩效数据，提供个性化的改进建议，并实时追踪改进过程和效果，从而提高绩效改进的针对性和有效性，帮助员工持续提升工作表现，最终促进公司整体绩效提升。

1．数据收集与整合

AI系统需要从多个来源收集数据，以全面了解员工的工作表现和改进需求。这些数据包括但不限于以下几点。

（1）绩效数据：包括绩效考核结果、目标完成情况、工作任务数据等。

（2）员工数据：包括职位、技能、工作年限、培训记录等。

（3）反馈数据：包括上级、同事和客户的反馈意见，员工的自我评估等。

（4）学习记录：包括员工的学习历史、培训课程参与情况、学习效果评估等。

（5）市场数据：包括行业标准、市场趋势、竞争对手的绩效改进措施等。

通过对这些数据的整合与分析，AI系统能够全面了解员工的现状和改进需求，为提供个性化的绩效改进建议提供数据支持。

2．个性化绩效改进建议

基于数据分析结果，AI系统能够提供个性化的绩效改进建议，具体包括以下几点。

（1）技能提升建议：AI系统通过分析绩效数据和员工数据，识别员工的技能短板，提供具体的技能提升建议。例如，AI系统可以建议员工参加特定的培训课程，提升其在某些关键领域的技能。

（2）工作方法改进：AI系统通过分析工作任务数据和反馈数据，提供改进工作方法的建议。例如，AI系统可以建议员工优化工作流程，提高工作效率和质量。

（3）目标设定与调整：AI系统通过分析目标完成情况和市场数据，提供合理的目标设定与调整建议。例如，AI系统可以建议员工设定更具挑战性的目标，推动其不断进步。

（4）行为改进建议：AI系统通过分析反馈数据和自我评估，提供行为改进建议。例如，AI系统可以建议员工改善沟通技巧，提高团队合作能力。

3．实施与追踪

AI系统通过对绩效改进建议的实施和效果追踪，确保改进措施的有效性，具体包括以下几点。

（1）改进措施实施：根据AI系统提供的改进建议，实施具体的举措。例如，公司可以根据AI系统的建议，安排员工参加相关培训课程，优化工作流程，设定合理的目标。

（2）效果追踪：通过实时监控和数据分析，评估改进措施的实施效果，确保绩效改进目标的实现。例如，AI系统可以监控员工的绩效改进情况，评估改进建议的有效性，及时调整改进策略。

8.2.3　团队绩效整体分析与提升

AI技术和大数据技术可以综合分析团队的绩效数据，识别影响团队绩效的关键因素，制定并实施科学的提升策略，从而提高团队协作和整体效率，促进团队成员的共同进步。

1．数据收集与整合

AI系统需要从多个来源收集数据，以全面了解团队的工作表现和协作情况。这些数据包括但不限于以下几点。

（1）团队绩效数据：包括团队目标完成情况、项目进度、工作质量等。

（2）个人绩效数据：包括团队成员的个人绩效考核结果、工作任务数据、目标完成情况等。

（3）沟通与协作数据：包括团队内部的沟通记录、会议记录、任务分配与完成情况等。

（4）反馈数据：包括团队成员的互评、上级反馈、客户满意度等。

（5）环境数据：包括工作环境、资源配置、工具使用情况等。

通过对这些数据的整合与分析，AI 系统能够全面了解团队的工作表现和协作情况，为制定团队绩效提升方案提供数据支持。

2．团队绩效分析与策略制定

基于数据分析结果，AI 系统能够提供科学的团队绩效提升策略，具体包括以下几点。

（1）团队目标分析：AI 系统通过分析团队的目标完成情况，评估团队目标的合理性和达成度。例如，AI 系统可以识别出哪些目标未能达成，分析其原因并提供改进建议。

（2）团队协作分析：AI 系统通过分析团队的沟通与协作数据，识别团队内部的协作问题。例如，AI 系统可以发现某些团队成员之间的沟通不畅，建议改进沟通方式或提供相关培训。

（3）关键绩效因素识别：AI 系统通过数据分析，识别影响团队绩效的关键因素。例如，AI 系统可以分析团队成员的工作任务分配和完成情况，识别出影响绩效的瓶颈环节。

（4）团队培训与发展：AI 系统根据团队成员的个人绩效数据和反馈数据，制订团队培训与发展计划。例如，AI 系统可以建议团队成员参加特定的培训课程，提升团队整体技能水平。

3．实施与监控

AI 系统通过对团队绩效提升策略的实施过程和效果的监控，确保提升措施的有效性，具体包括以下几点。

（1）提升措施：根据 AI 系统制定的提升策略，实施具体的举措。例如，公司可以根据 AI 系统建议，优化团队目标、改进团队协作方式、提供团队培训等。

（2）效果监控：通过实时监控和数据分析，评估团队绩效提升策略的实施效果，确保提升目标的实现。例如，系统可以监控团队的绩效改进情况，评估提升策略的有效性，及时调整提升方案。

8.3　AI 预测与预防绩效下降问题

在公司管理中，预防性措施往往比事后补救更加有效。AI 技术的引入，使得公司能够通过大数据分析和机器学习，提前识别和预防绩效问题，实现持续的绩效改进和优化，确保员工和组织的持续高效运作。

8.3.1　绩效数据可视化与报告

AI 技术可以将复杂的绩效数据转化为直观、易懂的图表和报告，帮助管理层和员工全面了解绩效情况，从而提高绩效管理的透明度和效率，为绩效改进提供有力的数据支持。

1. 数据收集与整合

AI 系统需要从多个来源收集数据，以全面了解员工和团队的绩效表现。这些数据包括但不限于以下几点。

（1）绩效数据：包括绩效考核结果、目标完成情况、工作任务数据等。

（2）考勤数据：包括出勤记录、加班记录、请假记录等。

（3）沟通记录：包括邮件、聊天记录、会议记录等。

（4）客户反馈：包括客户满意度调查、投诉记录、表扬记录等。

（5）培训数据：包括培训参与情况、培训效果评估等。

通过对这些数据的整合与分析，AI 系统能够全面了解员工和团队的绩效表现，为数据可视化与报告提供基础数据。

2. 数据可视化与报告生成

基于收集到的数据，AI 系统能够生成多种形式的绩效数据可视化图表和报告，具体包括以下几点。

（1）图表生成：AI 系统通过数据分析和可视化工具，生成各种图表，包括柱状图、折线图、饼图、热力图等。例如，AI 系统可以生成展示员工月度绩效的柱状图、展示团队目标完成情况的折线图等。

（2）定制化报告：AI 系统根据不同的需求，生成定制化的绩效报告。例如，AI 系统可以为管理层生成综合性的绩效报告，展示公司整体绩效情况；为员工生成个性化的绩效报告，展示个人绩效表现和改进建议。

（3）实时数据更新：AI 系统支持实时数据更新，确保绩效数据和图表的及时、准确。例如，系统可以实时更新员工的绩效数据，展示最新的绩效表现和趋势。

3．实施与监控

AI 系统通过对绩效数据可视化与报告的实施过程和效果的监控，确保数据可视化与报告的有效性，具体包括以下几点。

（1）报告实施：根据 AI 系统生成的图表和报告，实施具体的举措。例如，公司可以根据 AI 系统生成的综合性绩效报告，调整绩效管理策略；员工可以根据个性化的绩效报告，了解自己的绩效表现和改进建议。

（2）效果监控：通过实时监控和数据分析，评估绩效数据可视化与报告的实施效果，确保绩效管理目标的实现。例如，AI 系统可以监控绩效数据的使用情况，评估图表和报告的有效性，及时调整数据可视化策略。

8.3.2 建立应用绩效预测模型

AI 技术和大数据技术可以分析历史绩效数据和多维度因素，预测未来绩效趋势和潜在问题，从而提高绩效管理的前瞻性，为决策提供科学依据，帮助公司及时调整策略，提升整体绩效。

1．数据收集与整合

AI 系统需要从多个来源收集数据，以全面了解员工和团队的历史绩效和相关影响因素。这些数据包括但不限于以下几点。

（1）历史绩效数据：包括过去的绩效考核结果、目标完成情况、工作任务数据等。

（2）员工数据：包括职位、技能、工作年限、培训记录等。

（3）考勤数据：包括出勤记录、加班记录、请假记录等。

（4）沟通记录：包括邮件、聊天记录、会议记录等。

（5）客户反馈：包括客户满意度调查、投诉记录、表扬记录等。

（6）环境数据：包括工作环境、资源配置、工具使用情况等。

通过对这些数据的整合与分析，AI 系统能够全面了解影响绩效的因素，为建立绩效预测模型提供基础数据。

2．绩效预测模型构建

基于数据分析结果，AI 系统能够构建科学的绩效预测模型，具体包括以下几点。

（1）数据预处理：AI 系统对收集到的数据进行清洗与处理，去除噪声和异常值，确保数据的准确性和一致性。例如，AI 系统可以自动识别并去除重复的出勤记录和错误的工作日志。

（2）特征提取与选择：AI 系统通过机器学习算法，从大量数据中提取并选择关键特征。例如，AI 系统可以分析员工的工作任务数据和客户反馈，识别出影响绩效的关键特征。

（3）模型训练与验证：AI 系统通过机器学习算法，训练并验证绩效预测模型。例如，AI 系统可以使用历史绩效数据和关键特征，训练回归模型或分类模型，预测未来绩效趋势和潜在问题。

（4）模型优化与调整：AI 系统通过持续学习和优化，不断调整预测模型的参数和结构，提高预测的准确性和稳定性。例如，AI 系统可以根据最新的数据和实际情况，调整模型的特征选择和算法参数，确保预测模型始终保持最佳状态。

3．实施与监控

AI 系统通过对绩效预测模型的实施过程和效果的监控，确保预测结果的有效性，具体包括以下几点。

（1）预测结果实施：根据 AI 系统生成的绩效预测结果，实施具体的举措。例如，公司可以根据系统预测的绩效趋势，调整绩效管理策略和资源配置，确保未来实现绩效目标。

（2）效果监控：通过实时监控和数据分析，评估绩效预测模型的实施效果，确保实现预测目标。例如，AI 系统可以监控实际绩效与预测绩效的差异，评估预测模型的准确性和有效性，及时调整预测策略。

8.3.3　提前发现潜在绩效下降问题

AI 技术和大数据技术可以分析绩效数据和相关影响因素，识别绩效下降的早期信号和潜在问题，从而提高绩效管理的预见性，帮助公司及时采取纠正措施，防止绩效问题恶化。

1. 数据收集与整合

AI 系统需要从多个来源收集数据，以全面了解员工和团队的绩效表现和相关影响因素。这些数据包括但不限于以下几点。

（1）绩效数据：包括绩效考核结果、目标完成情况、工作任务数据等。

（2）员工数据：包括职位、技能、工作年限、培训记录等。

（3）考勤数据：包括出勤记录、加班记录、请假记录等。

（4）沟通记录：包括邮件、聊天记录、会议记录等。

（5）客户反馈：包括客户满意度调查、投诉记录、表扬记录等。

（6）环境数据：包括工作环境、资源配置、工具使用情况等。

通过对这些数据的整合与分析，AI 系统能够全面了解员工和团队的绩效表现，为识别潜在绩效问题提供基础数据。

2. 早期信号识别与问题预测

基于数据分析结果，AI 系统能够识别绩效下降的早期信号和潜在问题，具体包括以下几点。

（1）数据预处理：AI 系统对收集到的数据进行清洗与处理，去除噪声和异常值，确保数据的准确性和一致性。例如，AI 系统可以自动识别并去除重复的出勤记录和错误的工作日志。

（2）异常检测：AI 系统通过机器学习算法，检测绩效数据中的异常情况。例如，系统可以识别出某些员工的绩效突然下降，提示潜在问题的存在。

（3）模式识别：AI 系统通过数据分析，识别出影响绩效的关键模式和趋势。例如，系统可以分析员工的工作任务数据和客户反馈，识别出绩效下降的早期信号。

（4）问题预测：AI 系统通过数据分析和预测模型，预测未来可能出现的绩效问题。例如，AI 系统可以根据历史数据和当前趋势，预测某些员工或团队可能面临的绩效问题，并提供预警。

3. 实施与监控

AI 系统通过对潜在绩效问题的识别和预警，确保问题能够及时被发现和解决，具体包括以下几点。

（1）问题预警实施：根据 AI 系统识别的早期信号和预测结果，实施具体的预警举措。例如，公司可以根据 AI 系统预警，及时与相关员工沟通，了解问题原因并采取纠正措施。

（2）效果监控：通过实时监控和数据分析，评估问题预警的实施效果，确保问题能够得到及时解决。例如，AI 系统可以监控绩效改进情况，评估预警措施的有效性，及时调整策略。

结语
绩效管理工具选择

本书介绍了当前被高频使用的 5 种绩效管理工具。实际上，这 5 种绩效管理工具虽然各有特点，但也有很多相似之处。它们之间的共同点多于它们之间的差异。在使用这 5 种绩效管理工具时都要遵循基本的绩效管理程序，不能脱离绩效管理程序单独存在。

公司应当如何选择适合自己的绩效管理工具呢？

选择绩效管理工具需要考虑多种因素。处在不同行业、不同发展阶段的公司，可以采用的绩效管理方法和构建出来的绩效管理体系完全不同。

在初创期，公司的内部制度和流程不完善，管理一般会比较粗放。这个时期的管理以人治为主，管理者的经营管理能力决定了公司的发展状况。在这个时期，公司的战略通常只有大方向，并不明确具体。公司的关键任务是持续地经营下去。

在初创期，公司可以采用的绩效管理工具是 OKR，采用的绩效评价方法通常是强制排序法、强制分布法。许多公司在初创期为了减少管理成本，只定义工作的大方向，不设置绩效管理的具体指标。

在成长期，公司规模开始迅速扩张，公司的经营目标逐渐明确，逐渐形成清晰的战略，需要公司自上而下协同努力，共同实现战略。这时候，如何通过绩效管理统一各部门的目标，提高各部门的效率就显得非常重要。

在成长期，公司可以采用的绩效管理工具是 MBO、OKR，采用的绩效评价方法通常是 360 度评估。这个时期的要务是让每个员工确定自己的绩效目标并付诸行动。

在成熟期，公司的业务已经比较成熟，外部的市场相对稳定，内部各岗位也相对平稳。如果公司已经经过 5 年及以上时间的绩效管理，公司整体的绩效管理过程也将同样趋于稳定。

在成熟期，公司可以采用的绩效管理工具是 KPI、BSC。通过对各岗位日常工作中 KPI 的提炼、分解、定义，能够有效提升公司整体的绩效水平。

在衰退期，公司的某些业务开始萎缩。公司进入产品的调整、技术的创新、资源的整合时期，并为下一轮的成长做准备。在衰退期，公司可以采用的绩效管理工具并不固定。在这个时期，绩效管理的关键词是创新。公司应根据实际情况创新绩效管理方法，而不应拘泥于某一种特定的形式。

所有的绩效管理工具都具有各自的优缺点，不是每一种绩效管理方法都适用于每一个公司，也没有哪一种绩效管理工具可以让公司忽视正常管理。公司应当根据自身实际情况选择适合的绩效管理工具，只有这样才能达到绩效管理的目的，提高公司的绩效水平。